新时代大学生
思想政治教育获得感研究

吴凯丽 ◎ 著

中国社会科学出版社

图书在版编目（CIP）数据

新时代大学生思想政治教育获得感研究 / 吴凯丽著.
北京：中国社会科学出版社，2024. 10. -- ISBN 978-7-5227-3728-7

Ⅰ. G641

中国国家版本馆 CIP 数据核字第 2024DX5236 号

出 版 人	赵剑英
责任编辑	刘　艳
责任校对	陈　晨
责任印制	郝美娜

出　　版	中国社会科学出版社
社　　址	北京鼓楼西大街甲 158 号
邮　　编	100720
网　　址	http：//www.csspw.cn
发 行 部	010-84083685
门 市 部	010-84029450
经　　销	新华书店及其他书店

印　　刷	北京君升印刷有限公司
装　　订	廊坊市广阳区广增装订厂
版　　次	2024 年 10 月第 1 版
印　　次	2024 年 10 月第 1 次印刷

开　　本	710×1000　1/16
印　　张	16.75
字　　数	238 千字
定　　价	98.00 元

凡购买中国社会科学出版社图书，如有质量问题请与本社营销中心联系调换
电话：010-84083683
版权所有　侵权必究

目 录

前　言 …………………………………………………………（1）

绪　论 …………………………………………………………（1）
  第一节　选题背景及研究意义 ………………………………（1）
  第二节　国内外研究述评 ……………………………………（6）
  第三节　研究思路、框架与方法 ……………………………（26）

第一章　概念界定与相关理论 …………………………………（30）
  第一节　概念界定 ……………………………………………（30）
  第二节　理论基础 ……………………………………………（42）
  第三节　理论借鉴 ……………………………………………（53）

第二章　大学生思想政治教育获得感的理论阐释 ……………（60）
  第一节　大学生思想政治教育获得感的内涵实质 …………（60）
  第二节　大学生思想政治教育获得感的构成维度 …………（70）
  第三节　大学生思想政治教育获得感的基本特征 …………（77）

第三章　新时代大学生思想政治教育获得感的生成理路 ……（85）
  第一节　新时代大学生思想政治教育获得感的
      生发语境 ……………………………………………（85）

第二节　新时代大学生思想政治教育获得感的
　　　　　　生成来源 ………………………………………… (98)
　　第三节　新时代大学生思想政治教育获得感的
　　　　　　生成过程 ………………………………………… (103)
　　第四节　新时代大学生思想政治教育获得感的
　　　　　　生成规律 ………………………………………… (109)

第四章　新时代大学生思想政治教育获得感的现状分析 ………… (115)
　　第一节　调查设计与实施 ……………………………… (115)
　　第二节　调查结果的基本概况 ………………………… (123)
　　第三节　新时代大学生思想政治教育获得感的
　　　　　　问题透视 ………………………………………… (143)

第五章　新时代大学生思想政治教育获得感的影响因素 ………… (157)
　　第一节　教育对象因素 ………………………………… (157)
　　第二节　教育者因素 …………………………………… (166)
　　第三节　教育内容因素 ………………………………… (172)
　　第四节　教育载体因素 ………………………………… (178)
　　第五节　教育环境因素 ………………………………… (183)

第六章　新时代提升大学生思想政治教育获得感的路径 ………… (191)
　　第一节　强化大学生时代新人担当以催生获得感的
　　　　　　内生动力 ………………………………………… (191)
　　第二节　把脉教育者铸魂育人使命以充盈获得感的
　　　　　　供给源泉 ………………………………………… (198)
　　第三节　优化教育内容供给以夯实获得感的认同根基 … (206)
　　第四节　释放教育载体活力以整合获得感的传播渠道 … (212)
　　第五节　着力净化育人环境以营造获得感的良好氛围 … (217)

第七章 结论与展望 …………………………………………（226）

参考文献 ……………………………………………………………（232）

附录 A 新时代大学生思想政治教育获得感访谈提纲 …………（245）

附录 B 新时代大学生思想政治教育获得感调查问卷 …………（248）

后　记 ………………………………………………………………（257）

前　言

　　进入新时代以来，思想政治教育的地位和作用更加彰显，以习近平同志为核心的党中央将其提到治党治国的战略高度。当前"两个大局"呼唤高校思想政治教育坚守立德树人使命，培养担当民族复兴大任的时代新人。然而，以往高校思想政治教育重在从"供给侧"一端考量思想政治教育的实效性，对大学生的"需求侧"关照有所不足，在一定程度上导致大学生主体虚位、教育内容供需错位与大学生思想政治教育获得感缺位。因此，显扬"人"的价值，凸显"人"的需要，以大学生的"获得感"作为高校思想政治教育顶层设计贯穿始终的价值理念与高校思想政治教育工作的落脚点显得尤为重要与迫切。如此，既可折射出高校思想政治教育的实效性，又可观测大学生思想政治教育接受状况，还可以动态调适思想政治教育供给与大学生精神需求之间的矛盾，推动高校思想政治教育高质量发展。

　　本书以马克思主义人学理论、社会存在与社会意识关系的理论、思想政治教育要素理论以及习近平关于高校思想政治教育的重要论述为理论基础，立足新时代的宏观语境，以大学生思想政治教育获得感为论题，以获得感的提升为旨归，借助文献研究法、调查研究法和跨学科研究法，从"获得感"概念入手，首先对大学生思想政治教育获得感进行"理论一般"的学理阐释，如其内涵实质、构成维度与基本特征；其次，切入新时代这一特定研究论域，从新时代大学生思想政治教育获得感的生发语境出发，对新时代大学生思想政治教育获得感的生成来源、生成过程与生成规律进行了探索阐析；再次，基于问卷调查与实证分析，剖析新时代大学生思想政治教育获得感的实然状况，甄别了影响大学生思想政治教育获得感的具体因素；最后，根据影响因素提出相应的对策建议，形成了一个较为完整的理论分析框架。

本书主要得出以下结论：

（1）"获得感"这一范畴具有鲜明的本土特色、时代气息和唯物史观意蕴，正由一个抽象的政治理念向老百姓感性的日常生活延展。将获得感移植至思想政治教育领域，昭示出思想政治教育的研究视点和实践发力点聚焦至大学生群体，彰显出"以学生为中心"的教育理念与价值追求。

（2）新时代大学生思想政治教育获得感有其特有的生成理路。首先，新时代思想政治教育形势变化、高校思想政治教育范式转换以及大学生思想政治教育论域变化三者共同构成了新时代大学生思想政治教育获得感命题的生发语境；其次，新时代大学生思想政治教育获得感具有经验整合、实践反思和逻辑推理三种习得方式；再次，新时代大学生思想政治教育获得感的生成历经"匹配适应—有效传输"的触发萌生阶段、"同化顺应—图式优化"的受益形成阶段和"评估反馈—调控强化"的迭代升华阶段三个阶段；最后，新时代大学生思想政治教育获得感的生成遵循主客统一律、情理交融律、优势积累律和适应超越律四大规律。

（3）新时代大学生思想政治教育获得感存在一些亟待重视的困局。通过文献考察和问卷调查研究发现，大学生思想政治教育获得感不乏向好的一面，如获得需要强烈且个性多样、获得动因复杂且多维交织、获得渠道多元且交互联动以及获得心态积极且开放包容。同时，不容忽视的是部分大学生获得感欠佳，如获得感的全面性有待优化、获得感的发展性有待引导、获得感的高阶性有待升华、获得感的持久性有待延伸。而影响新时代大学生思想政治教育获得感的因素是多维的，包括教育者、教育对象、教育内容、教育载体和教育环境"五大因素"，这些因素需在对策设计中着重考虑并给予回应。

（4）提升新时代大学生思想政治教育获得感需着眼影响获得感的"五大因素"，并观照各因素之间的关联，从强化大学生时代新人担当、把脉教育者铸魂育人使命、优化教育内容供给、释放教育载体活力、着力净化育人环境五个维度入手，以催生获得感的内生动力、充盈获得感的供给源泉、夯实获得感的认同根基、整合获得感的传播渠道、营造获得感的良好氛围，实现新时代大学生思想政治教育获得感的整体提升。

本书所具有的创新性在于：

（1）从马克思主义哲学角度揭示了大学生思想政治教育获得感的内涵实质。当前学界对于大学生思想政治教育获得感的研究多局限于知识论和方法论范畴，对其"何以可能""如何生成""如何运行"等本体维度的探讨还不够深入，缺乏系统思辨。鉴于此，本书尝试基于马克思主义哲学视角进行研究，从本体层面、认识层面、价值层面和方法层面全方位揭示大学生思想政治教育获得感的内涵实质。作为一种感受性的评价范畴，大学生思想政治教育获得感是对思想政治教育活动与大学生主体之间关系样态的表征，是大学生的实在感、认同感、超越感和效能感统合而成的系统感受，具有"物质性与精神性并存""过程性与结果性同在""趋同性与差异性俱在""现实性与发展性共进"的特征。

（2）学理性厘清新时代大学生思想政治教育获得感的生成轨迹与逻辑进路。本书以大学生思想政治教育获得感为研究论题，以新时代为研究论域，可见，新时代既是获得感研究的时空论域，也是获得感生发的具体语境。新时代的社会存在发生巨大变化，作为社会意识范畴的思想政治教育随之发生域意转换。然而当前关于新时代语境下大学生思想政治教育获得感研究的文献数量相对有限，且研究处于散点式、经验化的探索阶段。本书以历史唯物主义的科学精神和辩证唯物主义的实践理性为基点，从学理上厘清新时代大学生思想政治教育获得感的生发语境、生成来源、生成过程以及生成规律。既体现了本书研究的论域之新，也从学理上深化了研究。

（3）尝试建构新时代大学生思想政治教育获得感的理论分析框架。本书在思想政治教育学科视域下，综合接受美学、哲学解释学、教育学等学科的理论工具，提出"问题—解答"式的理论研究模型。从问题导向出发，通过回应"何以生发""如何生成""何以影响""如何应对"等新时代大学生思想政治教育获得感的基本问题，初步建构起一个相对自洽的新时代大学生思想政治教育获得感的分析框架，系统论述了新时代大学生思想政治教育获得感的生成理路、实然状况、影响因素和提升策略，深化了对新时代大学生思想政治教育获得感的分析与认识。

绪 论

第一节 选题背景及研究意义

一 选题背景

马克思指出:"真正的批判要分析的不是答案,而是问题。"① 习近平总书记指出:"要有强烈的问题意识,以重大问题为导向。"② 只有从理论上厘清研究针对的"问题",才能廓清研究论域,进而锚定研究坐标,为后续解决问题奠定坚实基础。

其一,从战略背景看,进入新时代以来,思想政治教育的地位和作用更加彰显,成为党治国理政的重要方面。思想政治教育的活动空间不断向社会公共领域拓展,逐渐延展为治国理政层面的一种全域性活动,"贯穿党的建设和国家治理各领域各方面各环节"③。纵观党的革命、建设和改革的长期历史进程与伟大实践可知,思想政治教育始终是中国共产党的优良传统,覆盖至社会发展的不同领域之内、不同群体之间和不同层面之上,贯穿于党治国理政的全过程。"获得感"一词是顺应时代发展而新生成的名词,是对如何满足人民日益增长的美好生活需要的时

---

① 《马克思恩格斯全集》(第40卷),人民出版社1982年版,第289页。
② 《习近平谈治国理政》(第一卷),外文出版社2018年版,第74页。
③ 《中共中央 国务院印发〈关于新时代加强和改进思想政治工作的意见〉》,《人民日报》2021年7月13日第1版。

代回应，具有鲜明的本土特色、时代气息和唯物史观意蕴。2015 年，"让人民群众有更多获得感"①被首次提出，可见，"获得感"的首次亮相是基于共享发展理念的语境，折射出中国共产党"以人民为中心"的执政理念。此后，习近平总书记还在不少场合、不同领域作出诸多关于"获得感"的高瞻远瞩的论述。如"'十二五'规划圆满收官，广大人民群众有了更多获得感"②；"让人民群众获得感、幸福感、安全感更加充实、更有保障、更可持续"③；让人民群众"有更多、更直接、更实在的获得感、幸福感、安全感"④。"获得感"一词逐渐成为党治国理政的重要概念和范畴，并因其坚定正确的价值立场、深刻的思想内涵、包容的理论品格、生动的话语表达方式成为党政文件、新闻报道、学术研究以及日常生活领域之中的高频热词，使用范围不断辐射扩展。"获得感"由一个抽象的政治理念向老百姓具体感性的日常生活延展。

其二，从时代背景看，"两个大局"客观上呼唤加强新时代思想政治教育工作。古语云，"先谋于局，后谋于略，略从局出"。把握局势是谋划工作的基本出发点。当前"两个大局"对意识形态工作提出新要求。党的十八大以来，世界局势变革动荡显著，国内改革进入深水区面临的险滩暗礁愈多。习近平总书记指出："当前世界正经历百年未有之大变局，国际形势复杂多变……我们面临的风险挑战之严峻前所未有。"⑤党的十九大报告指出，"要坚决打好防范化解重大风险、精准脱贫、污染防治的攻坚战"⑥，将防范化解重大风险写入党的重要文献置于治国理政顶层设计的重要方面，毋庸置疑，防范化解意识形态领域的重

---

① 《习近平主持召开中央全面深化改革领导小组第十次会议强调：科学统筹突出重点对准焦距 让人民对改革有更多获得感》，《人民日报》2015 年 2 月 28 日第 1 版。
② 《国家主席习近平发表二〇一六年新年贺词》，《人民日报》2016 年 1 月 1 日第 1 版。
③ 《习近平谈治国理政》（第三卷），外文出版社 2020 年版，第 138 页。
④ 《习近平谈治国理政》（第三卷），外文出版社 2020 年版，第 183 页。
⑤ 《中共中央关于坚持和完善中国特色社会主义制度 推进国家治理体系和治理能力现代化若干重大问题的决定》，人民出版社 2019 年版，第 50 页。
⑥ 习近平：《决胜全面建成小康社会 夺取新时代中国特色社会主义伟大胜利——在中国共产党第十九次全国代表大会上的报告》，人民出版社 2017 年版，第 27—28 页。

大风险也是其中应有之义。国际上，意识形态话语权纷争竞夺胶着。尤其是新冠疫情全球"大流行"更是加剧了国际经济、科技、政治等格局的深刻调整，"发生的有利于马克思主义、社会主义的深刻转变"①，西方国家断然不会放之任之，而是不断加大意识形态渗透力度。从国内看，社会领域面临价值共识分化、政治认同淡化、社会精神碎片化等风险，社会主义意识形态安全面临严峻挑战，这些都呼唤思想政治教育工作进入新阶段、转换新思路和采取新方式以应对思想文化领域的重大变革。

思想政治教育作为塑造人的精神实践活动，其本质是实现社会主导意识形态的社会化，其主导性功能是意识形态功能，其主要任务是进行意识形态教育，肩负着为党育人、为国育才的使命和任务。当前立足中华民族伟大复兴战略全局，大学生作为未来的建设者和接班人，筑牢其意识形态安全防线，提升其思想政治素质，维护其意识形态安全是护航其顺利成长成才的重要保障。从"获得感"的视角切入，观测并反思大学生有何需求、期待何在，以动态调适思想政治教育供给与大学生精神需求之间的矛盾，解决大学生"不获""少获"的问题，提升思想政治教育的价值张力，推动高校思想政治教育高质量发展。

其三，从现实背景看，"获得感"的使用范围逐渐拓展，开始映射至思想政治教育学科领域，逐渐与大学生群体、思想政治教育活动、思想政治理论课教学等关联起来，成为思想政治教育研究领域内的一个崭新论题，大学生思想政治教育获得感相关话题的学术关注度连年提升。增强大学生的获得感，已经成为新时代高校思想政治理论课改革的出发点、落脚点和创新点，也是衡量思想政治教育实效性的重要指标。获得感作为一个主观性评价范畴，基于一定的"客观获得"，并与主体主观感知能力息息相关。提升大学生思想政治教育获得感是坚持以学生为中心工作思路的最佳注解，也是高校思想政治教育工作的落脚点。从某种程度上看，获得感是基于"供给"对"需求"的适配性。由此，引出了

---

① 中共中央党校（国家行政学院）：《习近平新时代中国特色社会主义思想基本问题》，人民出版社、中共中央党校出版社2020年版，第269页。

这一命题内在关涉的两大核心问题：新时代思想政治教育供给与新时代大学生思想政治教育需求。

新时代思想政治教育"供给侧"发生变化。新时代，思想政治教育发展面临崭新的时空场域，其内容、形式、载体和环境等方面都发生了巨大的变化，既拓宽了思想政治教育的发展格局，也对其发展提出崭新的要求，这奠定了本书的逻辑前提。站在新时代的历史方位，习近平总书记指出"坚持把优先发展教育事业作为推动党和国家各项事业发展的重要先手棋，不断使教育同党和国家事业发展要求相适应、同人民群众期待相契合"[①]，突出体现了党和国家对教育的重视，同时也昭示出党和国家对教育从规模增长向质量提升转变的殷切期待，也呼唤着教育理念的转变，即应突出学生的主体作用。大学生思想政治教育获得感直接指向"大学生"这一群体，势必要求教育工作者转变教育理念，从传统的以"教"为主转向以"学"为主，坚持以学生为中心的教育理念，将学生获得感作为思想政治教育工作的逻辑触发点与评价观测点。

新时代大学生是成长于新时期的"个性的一代"，也深深打上"网络原住民"的烙印，同时正处于人生的"拔节孕穗期"[②]。随着社会主要矛盾的转变与人的需要层次的升级，大学生诉求有血有肉、有"情"有"义"的思想政治教育，即教育内容更加关切多样化需求，教育方式更加凸显艺术性与个性化，教育评价更加立体、多元、综合化等。思想政治教育应坚持立德树人的教育理念，紧扣"人的需要"，显扬人的价值，以促进人的发展为旨归。从学理上把握大学生思想政治教育获得感的内涵实质、构成维度与基本特征等基础理论，锚定"新时代"论域，剖析新时代大学生思想政治教育获得感的生成理路、厘清存在问题，通过强化大学生时代新人担当、把脉教育者铸魂育人使命、提供优质的思想内容供给、运用合宜的载体、净化育人环境等路径，提升大学生思想政治

[①]《习近平在全国教育大会上强调：坚持中国特色社会主义教育发展道路 培养德智体美劳全面发展的社会主义建设者和接班人》，《人民日报》2018年9月11日第1版。

[②]《习近平谈治国理政》（第三卷），外文出版社2020年版，第329页。

教育获得感。

二 研究意义

(一) 理论意义

第一,有利于澄清人们对大学生思想政治教育获得感的理论认知。剖析本书论题"新时代大学生思想政治教育获得感"可知,新时代是研究背景与基点,大学生思想政治教育获得感提升是研究旨归,而"大学生思想政治教育获得感"是研究所指向的对象,因而是一个很关键的概念,需对其进行明确界定。本书认为,获得感是一个具有鲜明中国特色和马克思主义意蕴的概念,内含"以人民为中心"的价值理念。思想政治教育获得感不是思想政治教育与获得感的简单线性相加。本书立足马克思主义哲学视角,基于本体层面、认识层面、价值层面和方法层面四个维度全方位揭示大学生思想政治教育获得感的内涵实质,进而阐释其构成维度与基本特征,力图廓清基本学理。

第二,有利于拓宽思想政治教育研究的论域边界。思想政治教育具有鲜明的时代性与实践性,"随着时代的变迁与社会的发展……其内涵、形式、地位、价值都会发生变化"[①],对其认识和研究也应持有与时俱进的态度。"获得感"概念与"思想政治教育"概念进行耦合,将以往的研究视点由"以教育者为中心"转移至"以学生为中心",更加凸显和关注教育对象的现实需求和实际收获,从横向上拓展了研究视域。

第三,有利于丰富思想政治教育学科话语体系,提升我国意识形态话语权。获得感这一本土概念,诞生于全面深化改革的特定时代背景,体现了以人民为中心的发展理念,是立足中国实践、观照中国现实,以本土概念和范畴来回应中国问题、阐释中国道路和中国精神的生动典范。大学生思想政治教育获得感这一概念为衡量思想政治教育有效性提供了新的视角,具有很强的亲和力和表征力,充实了思想政治教育学科话语体系,有

---

① 梁建新:《穿越意识形态终结的幻象:西方意识形态终结论思潮评析》,中国社会科学出版社2008年版,第183页。

利于增强思想政治教育的话语权,借以提升我国意识形态话语权。

(二)实践意义

第一,有助于提高高校思想政治教育的实效性。要想使思想政治教育由抽象理论转变为指引实践的具体做法,必须坚持问题导向,结合现实境遇进行研究。获得感是中国特色社会主义的新范畴,深刻体现了"以人民为中心"的发展理念,同时,具有很强的现实观照性和分析阐释力。将这一概念移植到思想政治教育领域,借鉴其思维方法论,从大学生获得感的视域审视、把握与反思当前高校思想政治教育现状,从而树立起"学生本位"理念,不断指引我们以更开阔的视野、更强的现实针对性、更精准的内容供给去接洽大学生日益增长的精神文化需要,提高思想政治教育的实效性。

第二,有助于为实现教育"立德树人"的根本任务提供支撑。"立德树人"既锚定了新时代教育的根本任务,也刻画出新时代对人才素质的要求。把脉大学生思想政治教育获得感的生成规律,通过知识传授、价值引领、德性锤炼等,不断提高大学生的思想政治素质,提升其获得感,助力"立德树人"根本任务的落实。

第三,有助于培育担当民族复兴大任的时代新人。"时代新人"昭示出新时代青年群体将担负的历史重任和艰巨使命,同时呼唤时代新人应具备新思想、实现新作为。锚定新时代发展坐标,瞄准大学生思想政治教育获得感这一"靶向",通过精准供给、动态调适、实践反馈等机制,提高高校思想政治教育供给与大学生价值需求之间的适配度,培养有理想、有本领、有担当的时代新人。

第二节 国内外研究述评

一 国外研究现状

国外没有专门的"思想政治教育"概念,在 Web of Science 中以

"the Ideological and Political Education"为关键词进行检索，呈现的成果多为中国学者所发表的外文文章，但并不意味着国外没有思想政治教育实践。事实上，其多以"政治教育"（Political Education）、"公民教育"（Civic Education）和"社会化教育"（Socialized Education）形式呈现。如美国开设公民学课程，学者 Coelho Márcia 和 Menezes Isabel 认为"在面对新的学习空间的出现、公众日益多样化、对生产力和表现力的呼唤以及对社区和公益的重大参与的希望等全球性挑战的当下，公民教育一直存在"[1]。Donbavand Steven 和 Hoskins Bryony 认为公民教育可以在建立一个所有群体平等参与政治进步的公平社会方面发挥关键作用。[2] 学者梅里亚姆（Charles Merriam）指出美国公民教育的"隐蔽性"，即更多地采取社会服务、大众传媒、案例分析等隐蔽性较强的途径与方法对学生进行教育。[3] 印度尼西亚学者 Zaky Luthfi、Henni Muchtar、Prayoga Bestari、Atri Waldi 和 Wibowo Prasetiyo 立足全球化境遇，提出"公民教育作为一种多维教育，旨在通过课程所包含的主题，在印尼学生中培养全球公民意识"。新加坡开设好公民课程、日本多采取动漫等独特形式进行公民道德思想和道德文化建设等。

同时，"获得感"是诞生于全面深化改革历史背景与新时代语境下、具有鲜明马克思主义唯物史观意蕴的、体现中国特色的一个本土概念，目前对其的研究也主要集中于国内。国外虽没有关于"获得感"的直接研究，但国外社会治理中的"满意度""包容性发展""幸福感""主观幸福感"等概念与其有相似之处。"满意度"也是一种主体为我层面的主观评价性概念，也体现出国外政府与社会对民众主观收获与感知的关注，其相关研究可为"获得感"研究提供一定的思路借鉴。同时，通过

---

[1] Coelho Márcia, Menezes Isabel, "University Social Responsibility, Service Learning, and Students' Personal, Professional, and Civic Education", *Frontiers in Psychology*, Vol. 12, 2021.

[2] Donbavand Steven, Hoskins Bryony, "Citizenship Education for Political Engagement: A Systematic Review of Controlled Trials", *Social Sciences*, Vol. 10, Issue 5, 2021, p. 151.

[3] Charles Merriam, *The Making of Citizen: A Comprative Study Id Methods of Ciciltraining*, Chicago: University of Chicago Press, 1931.

查阅图书馆书籍和在中国知网外文文献库以"幸福感"（the Sense of Well-being）为题名进行查询，经过梳理可知，学者们主要从"幸福感""主观幸福感""学生满意度"方面进行研究。

（一）关于幸福感的研究

追求幸福感是人类内在精神追求之一，人类也在孜孜不倦探索幸福感的相关议题。目前国外学者从不同的哲学观点出发进行研究，形成了两大流派：一派认为人们生活的目标是追求快乐和幸福，因而侧重从感官快乐的角度出发来研究主观幸福感（Subjective Well-being）；另一派则认为人是现实的产物，人的幸福感不能脱离其所处的社会关系，也不能脱离现实的人的心境进行抽象研究，因而侧重从精神充实与快乐的角度来研究幸福感，形成了心理幸福感（Psychological Well-being）流派。相关研究成果主要集中于以下三个方面：尝试从理论角度界定幸福感的定义、揭示其内涵；探索幸福感的测量维度与指标；厘清影响个体幸福感的一些因素。德国学者迪纳（Diener）从20世纪80年代开始关注这一话题，他对幸福感进行了概念界定与维度划分。Vitters 和 Nilsen（2002）着重研究主观幸福感（SWB），他们认为对主观幸福感的考量要结合人们对生活的满意度进行审视，同时还要兼顾情绪波动对幸福感的影响，例如积极情绪会助长幸福感的积淀，而消极情绪则会消解幸福感的养成。在幸福感的测量方面，1999年 Lyubomirsky 和 Lepper 提出了一个全球幸福感量表，该量表包含4个问题，通过在不同文化国家的实验证明其具有较好的效度。

（二）关于主观幸福感的研究

主观幸福感（Subjective Well-being）旨在从主体自身视域出发，从感性的角度去观测与衡量自身的内在感受，因而可谓展示个体生活质量的一个重要窗口，也是衡量社会发展状况的重要指标之一。[①] 属于积极心理学的重要范畴。20世纪中叶，西方一些学者开始关注并研究主观幸

[①] E. Diener, "Subjective Well-being", *Psychological Bulletin*, Vol. 95, No. 3, 1984, pp. 542–575.

福感的相关议题。最初学者们多从经验角度出发进行描述介绍，随着经验积累与研究的深入，他们开始尝试从理论层面进行阐发，目前研究深度更进一步，通过实证来印证相关结论的科学性。目前国外学者主要着眼于探索主观幸福感的影响因素。

1. 从社会文化方面看，当前国外学者主要就主观幸福感的文化适用性进行分析，表现为两种殊异的观点。以 Christopher 为代表的"文化特定性"派别认为，主观幸福感具有鲜明的文化特定性，是一种具体的、历史的存在，其植根于特定的文化内部，不存在超越特定文化的抽象幸福感。[1] 而以 A. T. Brook 和 J. Garcia 为代表的学者们从大文化观进行审视认为，人类的文化具有一定的共通之处，不同文化的研究成果可以相互借鉴、参考，因而他们试图寻找一些非区隔化的测评指标，尝试构建一套适用性广泛的理论。[2] 与此同时，不同学者就文化差异与主观幸福感预测之间的关系进行研究，取得了一些成果。Diener 将集体主义文化与个体主义文化统而观之，置于比较视域得出一个结论，即个体的心境在个体主义文化之中更容易收获一种"安全感"与"自信感"，这些因素可以提高其生活满意度。[3] Fulmer 等则研究文化的开放度与人们幸福感的相关度。研究发现，人们所处文化环境的开放程度越高，人们的精神与思想越是可以自由舒展，人们的幸福感也相应地提高。Suh、Diener 和 Updegraff 等受 Diener 研究成果的启发，转换研究视角来思量不同文化对满意度的影响发现，不同层面的文化受不同影响因子影响的权重各不相同。如在集体主义文化下，人们的生活满意度更易受其所处时代背景、社会关系、人际环境等的影响；而在个体主义文化下，人更容易"向内"探源，其生活满意度更多取决于一个人是否有乐观的稳定的心态、

---

[1] J. C. Christopher, "Situating Psychological Well-being: Exploring the Cultural Roots of Its Theory and Research", *Journal of Counseling & Development*, Vol. 77, No. 2, 1999, pp. 141 – 152.

[2] A. T. Brook, J. Garcia, & M. Fleming, "The Effects of Multiple Identities on Psychological Well-being", *Personality & Social Psychology Bulletin*, Vol. 34, No. 12, 2008, pp. 1588 – 1600.

[3] E. Diener, "Cross-Cultural Correlates of Life Satisfaction and Self-esteem", *Journal of Personality and Social Psychology*, Vol. 68, No. 4, 1995, pp. 653 – 663.

是否有着平静的开阔的心境等。① 此外，一些研究表明宗教信仰与人们的主观幸福感在某种程度上也存有关联。②

2. 从个体适应方面看，当前国外学者将研究视点聚焦个体心理韧性、心理适应性对其主观幸福感的影响。对这一现象有着较深入研究的学者有 Brickman、Coates 和 Bulman。他们认为，人们的情绪、心态与感受容易受到外在偶然因素或事件的影响，受外在因素刺激之后，人的主观感受会产生相应的应激反应，而反应程度的大小与刺激的大小存在正相关关系。但是，这并不意味着人们的情绪或感受会"深陷"外在刺激不能自拔，相反地，经过一段时间的心理适应与情绪沉淀，人们的幸福感大概率上又返回到受外在刺激之前的状态。这也就是心理学上的"幸福的跑步机"（Hedonic Treadmill）理论。即幸福感之于个人往往是一个相对的"确数"，这个数值是由他们早年生活阅历以及体验感的总和所决定的，一般不会随着外在刺激产生太大的波动，即使有波动也会经过一段时间恢复到常数水平，往后再通过增加财富、成就事业、获得名望等方式来提升幸福感并不会有太显著的效果。③ 此方面的研究表明，民众主观幸福感的感知需建立在对相关心理适应机制的了解基础之上，而这方面的研究又恰恰具有一定的专业性，因而需先对民众进行相关科普宣传以掌握必要的分析工具。

（三）关于学生满意度的研究

学生"满意度"的研究发端于20世纪60年代的美国。当时美国教育委员会想从整体上了解大学新生对学校各方面的满意度，开发并使用

---

① E. M. Suh, E. Diener, & J. A. Updegraff, "From Culture to Priming Conditions: Self-Construal Influences on Life Satisfaction Judgments", *Journal of Cross-Cultural Psychology*, Vol. 39, No. 1, 2008, pp. 3 – 15.

② E. Diener, L. Tay, & D. G. Myers, "The Religion Paradox: If Religion Makes People Happy, Why are So Many Dropping Out?", *Journal of Personality and Social Psychology*, Vol. 101, No. 6, 2011, pp. 1278 – 1290.

③ D. Mochon, M. I. Norton, & D. Ariely, "Getting Off the Hedonic Treadmill, One Step at a Time: The Impact of Regular Religious Practice and Exercise on Well-being", *Journal of Economic Psychology*, Vol. 29, No. 5, 2008, pp. 632 – 642.

CIRP（Cooperative Institutional Research Program）这一项目进行调研。此后，很多国家也开始重视学生的满意度这一议题。如英国、澳大利亚、德国、法国等国家纷纷通过一些民间独立机构或者官方调研了解大学生的满意度。这些与"大学生思想政治教育获得感"研究表现出一定的趋同性。当前国外学者的研究成果主要集中于以下三方面：一是聚焦学生满意度的基础理论，试图从理论上探索学生满意度的影响因素、改进举措等问题，夯实研究基础。如 Debnath 教授在长期跟踪调研中发现，学生在未来找到心仪的工作的概率与其对学校的满意度成正比；Li-Wei Mai 则认为学校应以育人为本，提升教育质量方能提升学生的满意度。二是聚焦如何对学生的满意度进行测量，一些官方、民间机构开发出一些量表，如美国高校的 CSEQ、SSI 量表。三是从学理与实证双视角厘清学生满意度的指标评价体系，并尝试构建分析的模型框架，如 Dwayne D. Gremler 和 Michael A. Mc Collough 设计的测评模型。

二 国内研究现状

2015 年，随着习近平总书记指出"让人民群众有更多获得感"后，越来越多的学者开始将这一话题纳入自己的研究视野。截至 2021 年 9 月，以 CNKI（中文知网）为数据源、以"获得感"为关键词进行检索获得相关期刊文章 6777 篇，涉及思想政治教育、企业管理、教育学、城乡治理等不同研究领域，涵盖学生、农民、市民、企业员工等不同群体，包括党媒党报报道评论、调研报告、期刊杂志、学术论文等不同呈现形态，涉及新时代、全面深化改革、精准扶贫、乡村振兴等不同论题，可谓产出了丰硕的成果，为我们从不同角度认知"获得感"的内涵、本质与特征提供了前期基础。以"思想政治教育获得感"为题进行检索，共有 224 篇文献；以"大学生思想政治教育获得感"为题进行检索，共 110 篇文献；以"新时代大学生思想政治教育获得感"为题进行检索，共 49 篇文献。当前国内学者的研究集中于：

（一）关于新时代的研究

1. 关于新时代内涵的研究

党的十九大报告中关于"新时代"的政治判断，从"五个是"与

"三个意味着"的宏观视角进行整体把握。当前学者对新时代的解读总体上也是基于"五个是"的框架对其进行细致描述与阐释。栗战书（2017）在《人民日报》就"五个是"的文本描述进行逐条解读，增强人们对这一政治判断的深入理解。王立胜[①]（2018）认为对"新时代"的解读必须结合具体语境以力避"过泛"现象，其从时代内涵着眼，通过剖析时代概念、特征、性质及相应的主题过渡至"新时代"概念。除"五个是"外，他还指出新时代的空间限制应为中国国内，不可泛化至整个世界；同时他认为新时代的起点应该划至2012年党的十八大的召开。陈红娟[②]（2018）认为，"新时代"这一命题的提出是基于时代问题的转换，要打开视野从大历史观的角度进行把握与理解，同时还要考量社会主要矛盾转变的因素。黄金辉、王驰[③]（2019）指出，对新时代的理解除了要关注社会主要矛盾转变这一客观因素之外，还有两个主观性因素值得关注。一是人民主体地位的发挥；二是强有力的执政党的政治担当。郝清杰[④]（2018）从唯物史观出发，立足现实、展望未来、瞻望高处指出新时代的三"新"之处：站在新的历史起点、谋划出新的顶层设计、开启了新的时代征程。田克勤[⑤]（2018）从民族复兴之维、社会主义之维和现代化之维三个层层递进的维度对新时代的内涵进行全方位解读。孙明增[⑥]（2018）从中国共产党的发展、中华民族伟大复兴的历史征程、世界社会主义发展前景、人类社会和国际秩序发展四个维度进行层层剖析，全面勾画了新时代的内涵。黄蓉生、丁玉峰（2017）从历史、理论、实践和价值四个维度分析新时代的历史方位、理论深意、实

[①] 王立胜：《"新时代"的深刻意蕴与重大意义》，《新华日报》2018年2月14日第11版。

[②] 陈红娟：《中国特色社会主义进入新时代的历史逻辑与价值意蕴》，《思想理论教育》2018年第1期。

[③] 黄金辉、王驰：《理解新时代中国特色社会主义历史方位的三个基本维度》，《理论视野》2019年第12期。

[④] 郝清杰：《中国特色社会主义进入新时代的多维辨析》，《思想教育研究》2018年第1期。

[⑤] 田克勤：《中国特色社会主义新时代内涵的多维思考》，《马克思主义理论学科研究》2018年第2期。

[⑥] 孙明增：《中国特色社会主义进入新时代的历史意义与时代价值》，《红旗文稿》2018年第6期。

践基础以及价值意蕴。王润芳（2017）从"新时代的旗帜和道路、新时代的奋斗目标、新时代的中心任务、新时代中国的走向和新时代的世界格局"[①]五个方面对新时代的内涵进行把握。

2. 关于进入新时代判断依据的研究

韩庆祥、陈曙光[②]（2018）指出，新时代社会各领域进入新发展的层级和境界，意味着社会整体转型升级向更高水平跃升；新时代我国社会主要矛盾发生重大转化。梅荣政[③]（2017）从党的指导思想、社会主要矛盾变化、党的历史使命和实现目标的时期特点四个方面论证我国进入新时代的依据，并指出对这一概念的运用一定要紧扣我国发展新的历史方位这一基点，不可扩展至世界历史发展的层面去使用。郝清杰（2018）盘点了我国2010年以来社会生产力水平的提高、社会主要矛盾的转化、未来三十年发展目标的确立、中国与世界关系的重大变动、习近平新时代中国特色社会主义思想的产生五个方面的发展变化，得出一个结论，即进入新时代是历史和实践逻辑发展的必然结果。查朱和、陈娟（2018）认为中国特色社会主义进入新时代需从现实依据、理论依据、国际背景和重要节点四个方面进行全方位考量与审视。[④] 邓纯东（2017）认为我国发展环境和条件的变化、社会主要矛盾的变化、党和国家事业发展主要任务的变化以及新思想的产生，是我国进入新时代的四大现实依据。[⑤] 还有一些学者，如黄蓉生、石仲泉、张春梅等也对此问题进行了相关论述。将学者们的观点进行比较可知，他们基本都是立足党的十九大报告文本展开深度论证或全面阐释，对中国特色社会主义进入新时代依据的认识有相当程度的共识。

[①] 王润芳：《新时代：中国特色社会主义事业的历史新坐标——浅析中国特色社会主义新时代的新内涵、新意义和新使命》，《中共珠海市委党校珠海市行政学院学报》2017年第6期。

[②] 韩庆祥、陈曙光：《中国特色社会主义新时代的理论阐释》，《中国社会科学》2018年第1期。

[③] 梅荣政：《中国特色社会主义进入了新时代》，《思想理论教育导刊》2017年第11期。

[④] 查朱和、陈娟：《"中国特色社会主义进入了新时代"的几个理论问题探讨》，《学校党建与思想教育》2018年第3期。

[⑤] 邓纯东：《新时代中国特色社会主义的若干问题》，《马克思主义研究》2017年第12期。

3. 关于新时代特征与价值意蕴的研究

林伯海[①]（2018）指出，新时代具有新的历史起点、新的矛盾转化、新的历史任务三大特征。白显良、崔建西[②]（2018）将新时代的基本特征概括为发展性、复杂性、人民性、阶段性和国际性。黄蓉生、丁玉峰[③]（2017）指出，新时代的显著特征体现在"强起来"三个字上，即：党的理论创新取得重大新成果，党的指导思想"强起来"；教育、医疗、脱贫攻坚等方面的进展使得人们生活水平"强起来"；奋斗的战略目标"强起来"。多数学者，如邓纯东（2017）、金民卿[④]（2017）均沿着中华民族复兴之维、世界社会主义运动之维和人类文明发展之维三个层面对新时代论断的价值意义进行剖析。学者姚元军[⑤]（2018）也基本持有相似观点，他从实践意义、理论意义和世界意义三个维度分析新时代的重大价值意义。

（二）关于获得感的研究

以 CNKI（中文知网）为数据源，对"获得感"进行"知识元检索"，通过当前学术关注度指数与相关成果的学科分布总结其研究热点和发展趋势。结果表明，"获得感"这一崭新的议题提出之后，国内学界关于其研究成果也随之呈直线上升趋势，不同学科领域的学者进行了广泛研究。目前研究成果多见诸期刊论文和学术论文，相关著作较少，通过西安交通大学图书馆文献数据库仅搜索到谭旭运（2020）所著的《获得感：一种社会心理分析》和何兰萍等（2019）著的《公共服务供给与居民获得感——基层社会治理的一个解释框架》两本专著。而现有学术论文研究主要集中于

[①] 林伯海：《中国特色社会主义新时代的基本特征》，《邓小平研究》2018 年第 1 期。

[②] 白显良、崔建西：《中国特色社会主义新时代的特征论析——兼论中国社会主要矛盾的转化》，《重庆大学学报》（社会科学版）2018 年第 4 期。

[③] 黄蓉生、丁玉峰：《中国特色社会主义进入新时代重大判断的四维理解》，《学习与实践》2017 年第 12 期。

[④] 金民卿：《理解中国特色社会主义新时代重大意义的三个维度》，《青海社会科学》2017 年第 6 期。

[⑤] 姚元军：《中国特色社会主义新时代的意义、内涵及主要任务——基于马克思主义时代观的解读》，《中共四川省委党校学报》2018 年第 1 期。

获得感的内涵界定、构成要素以及提升路径等方面。

1. 关于获得感内涵界定的研究

当前学者基本采取以下三种研究视角进行分析：从构词角度进行界定；通过与近义词进行比较厘清内涵；通过概念界定方式进行剖析。其一，从构词角度进行界定。张品[①]（2016）、黄冬霞（2017）、阎国华（2018）等均认为"获得感"是由"获得"和"感"两个词构成的复合词，是主体基于实实在在的"客观获得"，在主观层面形成正向感受，继而引发形成一种积极情感体验。其二，通过与近义词进行比较得出概念。康来云（2016）将"获得感"与"幸福感"进行比较认为，获得感也是一个幸福标尺，但具有更高的含金量，更加注重以人为本的理念，涵盖的内容更加全面，衡量标准更加具体，全方位全过程地关注人民利益。曹现强[②]（2017）认为，准确把握"获得感"的内涵，需对其产生背景进行探源，需认识到其产生的三个重大背景条件：一是我国正进行着全面深化改革；二是适逢我国转变经济社会发展模式的关口；三是我国致力于追求共享发展的目标。对获得感的理解须综合考虑以上三个背景，切忌将其简单解释为"幸福感"或者"主观生活质量"等看似意思相近实则大相径庭的概念。邢占军、牛千[③]（2017）认为，相较于幸福感，获得感更趋向"外部指向"，且具有更强的操作性。其三，侧重于从主观感受角度进行界定。刘经纬等[④]（2018）指出，获得感是一种实在性的感觉，这种感觉是人的一种满足情绪与积极正向的情感体验，其产生的前提是人是实实在在有所收获的。王习胜（2018）认为，"获得"这一范畴是与"需要"相对应的。"获得与否""获得多寡"总是相对主体的"需要"和"诉求"而言的。获得感是人的各种需要满足之后油然

---

① 张品：《"获得感"的理论内涵及当代价值》，《河南理工大学学报》（社会科学版）2016年第4期。
② 曹现强、李烁：《获得感的时代内涵与国外经验借鉴》，《人民论坛·学术前沿》2017年第2期。
③ 邢占军、牛千：《获得感：供需视阈下共享发展的新标杆》，《理论学刊》2017年第5期。
④ 刘经纬、郝佳婧：《高校思想政治教育获得感生成探赜》，《思想教育研究》2018年第4期。

而生的一种主观感受。

2. 关于获得感特征的研究

关于获得感的特征，学者们从不同的层面进行研究，有些学者从宏观层面即全面深化改革的"人民获得感"角度进行研究，有些学者从民生、教育、医疗等具体领域进行中观研究，还有相当一部分学者聚焦思想政治理论课或高校思想政治教育进行微观阐述。由于中观层面的具体领域研究与本书关系不大，此处不再赘述，而微观层面的思想政治教育获得感是本书所针对的议题，将在以下章节进行具体描述。因而，此处就宏观层面的代表性研究成果进行梳理，期冀从整体上把握获得感的基本特征，为剖析与理解大学生思想政治教育获得感提供一定的方法论借鉴。齐卫平[①]（2017）认为，公众的获得感具有四大特征：一是真实性，因为获得是基于客观存在的一种真实收获；二是综合性，公众的获得是多种多样的，包括物质和精神的不同层面；三是差异性，不同主体的不同心理预期以及不同的感知能力决定了获得感的个体差异性突出；四是提升性，即公众获得感不是静止固定和停滞不前的，而是随着时代发展变化具有不同的呈现"面相"和不同目标追求，人们的心理预期会随之升高。曹现强（2017）认为，人民获得感具有两大特征：一是包容性，他指出尤其要关注边缘群体和弱势群体的获得感，使改革成果惠及每一个人；二是公平公正性，即获得感应该是"所有人"而非"个别人"的获得。田旭明[②]（2018）认为，人民获得感具有四大特征：一是时代性，即人民"获得什么"与"获得多寡"受自己所生活的时代条件的限制与制约，人民的获得不可能超越自己所生活的时代。二是务实性，即获得感不是空洞的政治标语，不是包装华丽的数据，也不是虚无缥缈的口号标榜，而是一种真切的幸福感、安全感以及尊严感等的统一；不仅是外

---

① 齐卫平：《论党治国理政能力与公众获得感的内在统一》，《人民论坛·学术前沿》2017年第2期。

② 田旭明：《"让人民群众有更多获得感"的理论意涵与现实意蕴》，《马克思主义研究》2018年第4期。

在"物"的占有，也体现为精神的充盈与满足。三是全面性，即包括对象和内容的全面性。四是可持续性，即获得不仅仅体现在当下，还具有未来向度，增添了人们对未来的安全感。潘建红等[①]（2018）梳理了习近平的"人民获得感思想"，全面阐述了这一思想的生成逻辑，厘清其理论内涵与特征，他们认为，获得主体是全体人民、获得内容具有全面性、获得的领域比较宽泛、获得方式是共建共享。

3. 关于获得感存在问题及提升对策的研究

齐卫平（2017）指出，当前公众的获得感存在四个问题：一是地区发展不平衡和城乡二元体制导致一部分人存在一定的相对剥夺感；二是一些阶层和群体靠党的政策获得财富，一部分人存在一定的社会公平公正缺失感；三是一些"土豪"与生活困难的弱势群体形成鲜明对比，公众存在获得事实差距感；四是存在一定的盲目攀比感。杨金龙等[②]（2019）从社会学角度进行分析，从经济、政治、安全、公共服务与自我实现获得感五个维度进行实证研究，勾勒出当前人民获得感的整体现状及各维度存在的问题，分析了中国人民获得感的现实情态。林学启[③]（2018）认为，社会发展和改革过程中存在的一些问题，如收入分配不均、环境污染严重等问题都会在一定程度上影响人民获得感的积淀。

关于获得感的提升路径，当前不同的学者从不同的视角展开研究，有些学者基于宏观理念层面进行谋划，有些学者基于中观运行层面进行分析，还有些学者从某一学科或议题的微观角度进行审视。如邢占军等[④]（2017）从供需视域进行分析指出，要想提升民众的获得感，要从满足民众的需求着眼，这也是提升获得感的关键一环。邵雅利[⑤]（2018）

---

① 潘建红、杨利利：《习近平"人民获得感思想"的逻辑与实践指向》，《学习与实践》2018年第2期。
② 杨金龙、张士海：《中国人民获得感的综合社会调查数据的分析》，《马克思主义研究》2019年第3期。
③ 林学启：《如何增强人民的获得感幸福感安全感——学习贯彻党的十九大精神系列党课之二十五》，《党课参考》2018年第4期。
④ 邢占军、牛千：《获得感：供需视阈下共享发展的新标杆》，《理论学刊》2017年第5期。
⑤ 邵雅利：《共享发展增强人民获得感》，《人民论坛》2018年第3期。

提出通过共享发展来增强人民获得感,不仅要做大"蛋糕",还要分好"蛋糕",让人民体会到政策的温暖和改革的硕果。此外,还有很多学者从不同的研究领域,如精准扶贫、提升公共服务能力①、增强党内政治生态建设②、提升地方政府公信力③、社会心理服务④等方面提出增强人民获得感的具体现实路径,为我们了解如何提升人民获得感提供了不同学科借鉴。

4. 关于思想政治教育获得感的研究

国内学界关于思想政治教育获得感的关注从 2017 年开始,2017—2021 年研究成果数量呈直线上升趋势,主要集中于对其基本内涵、内容结构、生成逻辑、现存问题以及提升路径等方面的研究。

(1) 关于思想政治教育获得感概念内涵的研究

现有成果大致基于结果视角、过程视角、过程与结果双视角三种致思路径进行探究。从结果视角看,韩一凡(2017)认为,思想政治教育的获得感实质上是一种意识形态的获得感,体现在教育对象在"三观"和行为实践的方法论方面均有所获得。从生成视角看,程仕波等⑤(2017)、黄冬霞等⑥(2017)、宁文英等⑦(2018)均认为,获得感内在包含两重含义:一是教育对象通过思想政治教育活动获取了一定的精神利益;二是教育对象可以感知到自身的收获并产生了积极体验。从过程视角看,王习胜⑧(2018)从"思想咨商"这一崭新的视角展开研究指

---

① 曹海军、薛喆:《"三社联动"机制下政府向社会力量购买服务的三个阶段分析》,《中国行政管理》2018 年第 8 期。
② 王立峰、潘博:《政治系统论视角下新时代党内政治生态建设研究》,《学习与探索》2019 年第 2 期。
③ 翁列恩、陶铸钧:《地方政府公信力影响因素研究》,《理论探讨》2019 年第 3 期。
④ 伍麟、刘天元:《社会心理服务体系建设的现实困境与推进路径》,《中州学刊》2019 年第 7 期。
⑤ 程仕波、熊建生:《论思想政治教育获得感》,《思想教育研究》2017 年第 7 期。
⑥ 黄冬霞、吴满意:《思想政治教育获得感:内涵、构成和形成机理》,《思想教育研究》2017 年第 6 期。
⑦ 宁文英、吴满意:《思想政治教育获得感:概念、生成与结构分析》,《思想教育研究》2018 年第 9 期。
⑧ 王习胜:《"思想咨商"助力提升思想政治教育"获得感"》,《教学与研究》2018 年第 1 期。

出,思想政治教育获得感一方面是教育者通过灌输和"教化"而产生的,另一方面是思想困惑和困扰被"点化"之后而获得的。鉴于"思想咨商"与思想政治教育获得感具有内在契合之处,他提出通过思想咨商与思想政治教育在内容、方式、路向三方面的结合来提升思想政治教育获得感。赵静[①](2020)指出,获得感是学生在教育过程之中或之后因获得产生的心理客观状态和主观体悟,从内容横向、生成纵向和来源深向三方立体构筑获得感。

(2)关于思想政治教育获得感内在结构的研究

有些学者基于横向断面就其构成内容进行静态审视,有些学者基于纵向层面就其生成过程进行动态把握,有些学者基于深向层面对其结构进行追根溯源式剖析。黄冬霞等(2017)认为,思想政治教育获得感不是单一维度的,而是统摄心理、思想和行为三个层面,在心理层面产生肯定的正向感受,于思想上产生认同感,且可以满足并指导教育对象的行为实践。刘经纬等(2018)认为,思想政治教育获得感包含由浅及深的三个层次:表层多表征为情感上的共鸣;再深一层是思想上的跃升;更深一层是行为的规范与养成。阎国华[②](2018)认为,思想政治教育获得感的内在要素包括两部分内容:显著的实际获得与积极的主观体验。学者程仕波[③](2020)从思想政治教育的内涵维度出发,他认为思想政治教育获得感理应涵盖教育对象在思想、政治、道德和文化四个层面的发展与跃升,分别体现为一种充实感、通透感、滋养感和升华感,是"四感"合一。赵静(2020)认为,思想政治教育获得感是横向、纵向和深向三个维度结构的内在统一体。横向结构指的是获得感所涵盖的内容;纵向结构重在刻画其"生而成之"所经历的过程与阶段;深向结构重在刻画获得感"从何而来"。汪康[④]

---

① 赵静:《大学生思想政治教育获得感的内涵与结构》,《思想理论教育》2020年第3期。
② 阎国华:《高校思想政治理论课获得感的内在要素与形成机制》,《思想理论教育》2018年第1期。
③ 程仕波:《论大学生思想政治教育获得感的结构及其优化》,《教育评论》2020年第8期。
④ 汪康:《大学生思想政治教育获得感探析》,《河北工业大学学报》(社会科学版)2019年第1期。

(2019）认为，大学生思想政治教育获得感包含四重向度：价值感、认同感、归属感与使命感。

（3）关于大学生思想政治教育获得感特征的研究

当前学界有"三特征说"和"四特征说"。"三特征说"的代表如黄小红（2018）认为，大学生思想政治教育获得感具有个体差异性、持续发展性和学生共享性。朱宏强（2020）[①] 认为，新时代大学生思想政治教育获得感更加注重教育质量内涵、更加关注服务学生全面发展、更加对接学生内在需求。"四特征说"的代表如张业振[②]（2018）指出，思想政治教育获得感具有四个特征：一是能动性，即思想政治教育获得感的生成不是从天而降的，而是需要教育对象充分发挥主观能动性积极参与并主动获取，且获得感的高低在一定程度上与个体的主观能动性成正相关关系；二是真实性，即思想政治教育获得感不是虚无缥缈的，也不是虚假"冠名"的"被获得感"，其以一定的真实存在为依托；三是正向性，即思想政治教育获得感一定是对思想政治教育的增量发展，而不是负向消解；四是持续性，即思想政治教育获得感不是一时的冲动和"快感"，而是理性体验和评价的产物，其效用体现在当下与未来两重向度，对于人的未来发展具有支撑作用。

（4）关于思想政治教育获得感生成理路的研究

当前学者主要从心理学、教育学、教育实践等不同视角展开研究。第一，从心理学的视角进行研究。朱宏强（2020）认为，思想政治教育获得感的形成逻辑是：大学生积极参与奠定前提基础；优质有效的内容供给是关键现实基础；落脚点是大学生需求得以满足并产生了积极的情绪体验，体现为预期—参与—满足的生成逻辑。第二，从教育学角度进行探索。学者张业振（2018）综合考虑教育者和教育对象两个方面的因

[①] 朱宏强：《大学生思想政治教育获得感的时代蕴涵》，《学校党建与思想教育》2020年第21期。

[②] 张业振：《论思想政治教育获得感的内涵、逻辑及其实现》，《思想政治教育研究》2018年第6期。

素探讨了获得感的生成逻辑,这两大主体的获得感遵循不同的逻辑理路。第三,从思想政治教育实践的角度进行研究。如张学亮[1](2017)从优化供需的视角切入,认为提升思想政治教育获得感的关键是紧扣学生"需求侧",合理判定学生需要和期待、精准投放教学内容、注重创新教学形式、将理论与实践紧密结合是思想政治教育获得感生成的内在逻辑。刘晓霞等(2020)认为,要提升教育供给双方的契合度,促使教育期望转变为内在认同,同时还要在教育内容方面多下功夫、根据时代发展调整教育方法、不断提升师资传授魅力、完善教育体制机制等,促进思想政治教育获得感在教育实践中不断凸显。第四,借鉴相关学科理论进行研究。如何红娟[2](2020)从耗散理论出发,认为思想政治教育获得感生成的关键环节是价值的体认与外化,具体经历了三个阶段:输入—生成—转化。第一阶段是教育对象被输入一定的价值理念;第二阶段是教育对象自觉进行价值体认与内化;第三阶段是在相应价值取向的指导下进行实践。

(5)关于思想政治教育获得感现存问题的研究

有些学者从宏观教育理念层面进行分析;有些学者聚焦大学生思想政治教育的主渠道即思政课进行剖析,以获取管窥见豹式结论。王易、茹奕蓓[3](2019)认为,教育对象对思想政治教育认知不足,难以建立合理预期,缺乏学习兴趣和主动性,导致"最先一公里"难以迈开脚,成为思想政治教育获得感的现实障碍;教育领域存在供给不平衡、不充分现象,难以有效对接教育对象的需求,导致教育说服力不强、亲和力不足、感染性不够、吸引力欠缺,这些成为亟待解决的"中梗阻"现象;教育对象对所学内容敏感性不足,难以将所学知识有效内化为价值信仰,导致"有所获得"但"没有感觉",在一定程度上削弱了思想政

---

[1] 张学亮:《论大学生思想政治理论课获得感的逻辑生成》,《思想理论教育》2017年第7期。
[2] 何旭娟、张星星:《基于耗散结构理论的思想政治教育获得感研究》,《当代教育论坛》2020年第6期。
[3] 王易、茹奕蓓:《论思想政治教育获得感及其提升》,《思想理论教育导刊》2019年第3期。

治教育的价值认同度，因而难以打通"最后一公里"，消解了思想政治教育获得感。张翼（2020）认为，当前存在获得感缺位、获得感流失和获得感受限困境。何家敏（2020）认为，大学生思想政治教育获得感存在三对矛盾：供需不平衡导致的生成乏力、情感隐匿性与考核指标的矛盾导致的评估梗阻和外在环境的负面消解引发的发展困境。张一①（2018）认为，大学生思想政治教育获得感的制约因素主要有三个：一是现有教学内容难以满足学生需求，体现为理论讲解空泛、浅表，难以回应新时代背景下成长起来的具有独立思维能力的学生；同时教学内容对现实的观照不够，难以解答学生困惑。二是教学过程中忽视学生主体的地位，注重单向灌输，难以与学生思想进行碰撞交流；实践教学开展力度不够，难以将理论所学与实践进行呼应升华。三是教师的话语表达形式不符合新时代学生的接受特点，话语过于抽象干瘪、缺乏艺术性和生活气息。石文卓②（2019）认为高校思想政治教育获得感的影响因素包括课前准备、课堂教学与课后反馈三个环环相扣的部分。其中，课前准备包含备课与备学生，备课要体现理论的深度与温度，备学生要掌握学生的群体特征和思想期待进行精准供给；课堂教学要注重将理论讲清晰透彻、运用接地气的语言、合理组织实践教学等环节；教学反馈环节要注重及时对学生释疑解惑，消除阻碍学生理论认知和积极学习体验的因素，同时还要优化考评体系，全面评估学生知识掌握、素养提升、品质积淀等方面，尽可能全方位客观立体地反映学生获得情况。此外，还有一些学者从当前思政课建设的客观现实进行审视，认为思政课课程建设和学科建设程度，教育者的个体素质、个人特质以及学生的主体意识和期待视野，高校协同育人的生态环境等方面也是大学生思想政治教育获得感的重要影响因素，以上各方面存在的欠缺指涉至思想政治教育过

---

① 张一：《大学生思想政治理论课获得感的制约因素及提升策略》，《思想理论教育导刊》2018年第12期。

② 石文卓：《高校思想政治理论课获得感的影响因素分析》，《思想理论教育导刊》2019年第8期。

程中均会消解大学生的获得感。

（6）关于思想政治教育获得感提升路径的研究

学者们基于不同的研究视角和研究旨趣，从不同角度进行探索并提出一些建设性的对策。张一（2018）紧扣思政课教师这一关键主体进行探索指出，要更新教学理念、拓展教学内容、改进教学方法、优化教师队伍。张翼（2020）聚焦"供给侧"视域指出，通过优化供给内容、方式、载体和策略，全方位联动提升思想政治教育获得感。常开霞等[①]（2020）从大学生"需求侧"视域进行分析指出，通过改进需求侧、推动"需求"与"供给"深度融合来提升思想政治教育获得感。谢玲玲（2020）也持这一观点，她紧扣学生这一主体指出，要满足学生期待和升华实践感悟。何红娟（2020）基于耗散结构理论指出，需在教育内容、主体和方法三方面着力下功夫，即提供开放先进的内容、激活主体的能动性和采取多元灵活的方法。姚锋（2020）认为要从教育主体、教育对象、教育内容和教育方法四个方面进行布局，即提升教师专业素养、调动学生主体作用、优化教育内容、转变教育方式。全佳松（2020）认为大数据对提升思想政治教育获得感有所助益：拓宽了发展渠道、可以精准对接需求，因而可通过着力提升数据意识和数据素养来提升思想政治教育获得感。付安玲[②]（2018）也关注到大数据对人的思想政治教育的影响，如：提升人的数据素养和智慧，使人们的生命存在更加宽阔；通过大数据消解网络虚拟空间不良因素对人的社会交往的影响，促使人的社会存在更加妥帖；激发人的数据创新思维和意识，构建起更加饱满、充实的精神存在，最终实现人们精神层面的满足，从而超越有限生命，获得更高层次和更高境界的获得感。邢盈盈[③]（2019）指出，应解决思

[①] 常开霞、李挺徤：《需求侧视域下思想政治教育获得感及其提升》，《中北大学学报》（社会科学版）2020年第5期。

[②] 付安玲：《大数据时代思想政治教育"获得感"的人学意蕴》，《思想教育研究》2018年第2期。

[③] 邢盈盈：《论新时代高校思想政治教育的供需矛盾》，《扬州大学学报》（高教研究版）2019年第4期。

想政治教育的供需矛盾，具体策略是：更新供给理念；坚持"内容为王"；平衡供给场域。

三 研究现状评价

通过查阅搜集国内外文献，以"新时代""获得感""思想政治教育获得感""新时代大学生思想政治教育获得感"为主题词进行检索并对基于不同学科背景、不同研究视角的高质量期刊、有较高代表性的相关论文进行综述，当前研究主要存在以下问题：

从研究内容看，存在"有热度""没深度"、"外围"研究较多"根本"揭示不足的问题。通过查阅相关文献可知，当前学者们或是基于一线的实际教学经验注重从经验层面对大学生思想政治教育获得感进行阐发，或是从思想政治教育学科基本理论框架出发进行分析，从不同层面、不同维度展开对大学生思想政治教育获得感问题的研究，研究不断向纵深拓宽，问题意识也更加凸显，取得了较为丰硕的成果。然而，受近代知识论、方法论价值取向的影响，目前学界关于大学生思想政治教育获得感的研究多局限于知识论和方法论范畴，而立足马克思主义理论视角对其展开哲学维度分析的研究较为缺乏，以致大学生思想政治教育获得感"何以可能""如何生成""如何表现"等本体维度的探讨还不够深入，缺乏系统思辨，这就为本书的研究提供了一定的空间。

从研究视角看，研究的"政治"色彩浓厚，而"学术"探索不足。同质化研究较多，视野偏狭。如关于获得感的内涵实质，学者们基本基于相似的研究视野和维度，研究结论基本趋同，进一步研究可拓宽视野或者转换视角。目前已有的文献对获得感的研究多从政治学、公共管理学或社会学的视角进行研究，对其研究多处于宏观政策阐释层面，中观现实观照与微观论述有所不足。研究成果以政策宣讲解读类文献居多，理论探究类文章较少。对大学生思想政治教育获得感问题的研究同样如此。因此，本书尝试借鉴接受美学、哲学解释学、教育学等相关学科理论，于广阔的学术视野中展开全面系统的学理分析阐释，以期深刻剖析、全面把握大学生思想政治教育获得感的内涵实质、构成维度、基本特征与生成理路等。

从研究方法看，理论探讨、经验总结居多，实证研究较少。获得感的引入重在提供一种新的教育理念与研究视角，但这并非意味着大学生思想政治教育获得感不可测量。大学生思想政治教育获得感是一种主观评价性范畴，大学生"获得与否""获得多少""影响获得的因素"需要一定的"量化数据"作支撑进行具象表征，而当前实证研究较少，这对本书的研究提出了新的方法要求。目前学界对大学生思想政治教育获得感的研究主要仍停留在经验层面和理论探讨层面，尽管学者们从不同方面列举了一些影响大学生思想政治教育获得感的因素，却未通过具体调查数据得以印证确认。相关研究仅有关于思想政治理论课获得感的实证调查，且成果甚少。进一步研究可通过设计相应的指标体系就大学生思想政治教育获得感现状及影响因素进行实证调研，以期与理论研究相互印证，增强研究的说服力。

从研究地域看，本土研究较多，而国外研究相对薄弱。获得感作为一个诞生于全面深化改革背景和中国特色社会主义实践场域的本土概念，集中体现了以习近平同志为核心的党中央治国理政的基本理念，具有鲜明的中国特色，也体现了马克思主义唯物史观意蕴。当前对获得感的研究主要集中于国内，国外直接性研究成果较少，仅有对相近相似概念如"幸福感""主观幸福感"等的阐释，虽然为我们研究获得感提供了一定的借鉴，然而二者的理论品格、价值意蕴可谓大相径庭。且幸福感与获得感的评价内容、评价标准完全不同。幸福感更侧重强调主体的心理感受，主观性更强，容易流于空泛；而获得感更强调实际获得，是在实实在在的客观获得基础上的一种主观感受，是客观性与主观性的统一。进一步研究可对以上这些相关概念进行理论辨析，从而加深对各自的理解。

从研究程度看，研究的系统性有待增强。通过查阅相关文献可知，当前的研究成果分布并不均衡，期刊论文多于硕博论文，研究还比较零散。就硕博论文而言，硕士论文较多，相关博士论文仅一篇，且主要聚焦大学生思想政治理论课获得感，可见目前的研究深度还有继续推进的空间。与此同时，不容忽视的是，随着新时代的到来，伴随教育理念的转型和对人才培养新格局的呼唤，如何针对性提升新时代大学生思想政治教育获得感，当前学界研究还很薄弱，这些为本书的研究提供了一定的空间。

综上可知，后续可供进一步研究的空间如下：一是注重从本体维度把握获得感的概念内涵，从马克思主义哲学视角勾画获得感的内涵全景；二是统合原有的零散化研究和碎片化研究，并深化研究，剖析大学生思想政治教育获得感的内涵实质、构成维度与基本特征，比较全面地呈现大学生思想政治教育获得感的内涵与外延；三是聚焦新时代这一崭新的时空场域，厘清新时代大学生思想政治教育获得感的生成理路，如其生发语境、生成来源、生成过程及生成规律等；四是通过实证调研把握新时代大学生获得感的现状、甄别影响因素，形成理论与实践的互相印证，增强研究的说服力。

第三节　研究思路、框架与方法

一　研究思路

本书以马克思主义理论与思想政治教育理论为基础，综合运用文献研究法、调查研究法和跨学科研究法，在对大学生思想政治教育获得感进行基本学理分析的基础上，切入新时代语境，构建新时代大学生思想政治教育获得感的理论分析框架，并进行实证调研分析，旨在探讨新时代大学生思想政治教育获得感"何以生发""如何生成""何以影响""如何应对"等基本问题。

首先，对大学生思想政治教育获得感进行比较系统的学理分析，阐释其内涵实质、构成维度与基本特征；其次，从新时代大学生思想政治教育获得感面临的新境遇出发，考察新时代大学生思想政治教育获得感的生发语境、生成来源、生成过程与生成规律;再次,在理论研究的基础上,结合线下访谈与线上调查对新时代大学生思想政治教育获得感状况进行实证分析,梳理新时代大学生思想政治教育获得感的现状,总结获得感存在的问题;最后,甄别出影响新时代大学生思想政治教育获得感的"五大因素",并针对性提出提升新时代大学生思想政治教育获得感的路径。

二 研究框架

本书在结构上主要分为四部分,包括八个章节:

第一部分:文献梳理(含绪论、第一章)。绪论部分主要介绍了本书选题是基于怎样的背景;指出本书可能具有的意义;梳理国内外相关文献,并进行述评;交代本书的研究思路、框架与方法。第一章从厘定"新时代"概念入手,阐释了"获得感""大学生思想政治教育获得感"两个概念;阐述马克思主义人学理论、思想政治教育要素理论等本书所依托的基础理论;阐释教育学、美学、解释学等本书赖以借鉴的相关学科理论。

第二部分:理论研究(含第二章、第三章)。第二章对大学生思想政治教育获得感进行了理论阐释。本章从学理上剖析大学生思想政治教育获得感的内涵实质、构成维度与基本特征,以期较为全面地把握这一论题的基本理论。第三章分析了新时代大学生思想政治教育获得感的生成理路,包括其生发语境、生成来源、生成过程和生成规律。

第三部分:实证研究(含第四章、第五章)。第四章,新时代大学生思想政治教育获得感的现状分析。在访谈调研与问卷调查分析的基础上,梳理总结出当前大学生思想政治教育获得感的现状及部分大学生获得感存在问题的具体表现。主要问题有:获得感的全面性有待优化、获得感的发展性有待引导、获得感的高阶性有待升华、获得感的持久性有待延伸。第五章,新时代大学生思想政治教育获得感的影响因素。该部分在文献研究的基础上,结合自制的调查问卷甄别厘清了影响新时代大学生思想政治教育获得感的"五大因素"并进行条分缕析。

第四部分：对策结论（含第六章、第七章）。第六章，新时代提升大学生思想政治教育获得感的路径。本章从催生获得感的内生动力、充盈获得感的供给源泉、夯实获得感的认同根基、整合获得感的传播渠道、营造获得感的良好氛围五个维度对提升新时代大学生思想政治教育获得感进行了基本路径设计。第七章，结论与展望。总结本书的主要结论、研究的创新之处，并对未来的研究进行展望。

本书的框架结构如图 0-1 所示。

三　研究方法

（一）文献研究法

文献研究法就是通过梳理、分析目前既有文献来发现文献资料与自己研究课题的逻辑相关点，以其支撑并服务自己研究的方法。通过检索目前国内外学术界关于大学生思想政治教育获得感的相关著作、期刊论文、报刊新闻、网络资源等资料，对已有的研究成果进行梳理、分析与借鉴，形成对新时代大学生思想政治教育获得感的基本认识。

（二）调查研究法

本书参照获得感研究的一般范式，结合新时代大学生的特点与思想政治教育面临的新境遇，设计了《新时代大学生思想政治教育获得感调查问卷》，通过专业网络问卷发放平台——问卷星进行了调研，以此充分掌握当前大学生思想政治教育获得感的第一手资料。进而通过 SPSS 统计分析软件工具对收集到的数据进行分析、整理，得出大学生获得感的现状，为后续原因分析与对策建议提供客观依据。

（三）跨学科研究法

本书立足马克思主义基本理论与思想政治教育学科基础理论，充分吸收和借鉴接受美学、哲学解释学和教育学等多学科的相关理论，拓展大学生思想政治教育获得感的研究视角，在交叉、借鉴、融合中加深理解，以更加全面、深入、准确地挖掘新时代大学生思想政治教育获得感的相关问题。

绪 论

绪 论
- 文献梳理
  - 选题背景与问题的提出
  - 研究意义
  - 国内外研究评述
  - 研究思路、框架与方法

概念界定与相关理论
- 概念界定
- 理论基础
- 理论借鉴

大学生思想政治教育获得感的理论阐释
- 理论研究
  - 内涵实质
    - 本体层面的实在感
    - 认识层面的认同感
    - 价值层面的超越感
    - 方法层面的效能感
  - 构成维度
    - 获取知识的成就感
    - 体验情感的共鸣感
    - 锤炼意志的坚韧感
    - 坚定信仰的崇高感
    - 规范行为的自觉感
  - 基本特征
    - 物质性与精神性并存
    - 过程性与结果性同在
    - 趋同性与差异性俱在
    - 现实性与发展性共进

新时代大学生思想政治教育获得感的生成理路
- 生发语境
  - 时代场域维度
  - 高校教育维度
  - 主体境遇维度
- 生成来源
  - 经验整合
  - 实践反思
  - 逻辑推理
- 生成过程
  - 触发萌生阶段
  - 受益形成阶段
  - 迭代升华阶段
- 生成规律
  - 主客统一律
  - 情理交融律
  - 优势积累律
  - 适应超越律

新时代大学生思想政治教育获得感的现状分析
- 实证研究
  - 问卷调研
  - 调研结果
  - 问题表现

新时代大学生思想政治教育获得感的影响因素
- 教育对象因素
- 教育者因素
- 教育内容因素
- 教育载体因素
- 教育环境因素

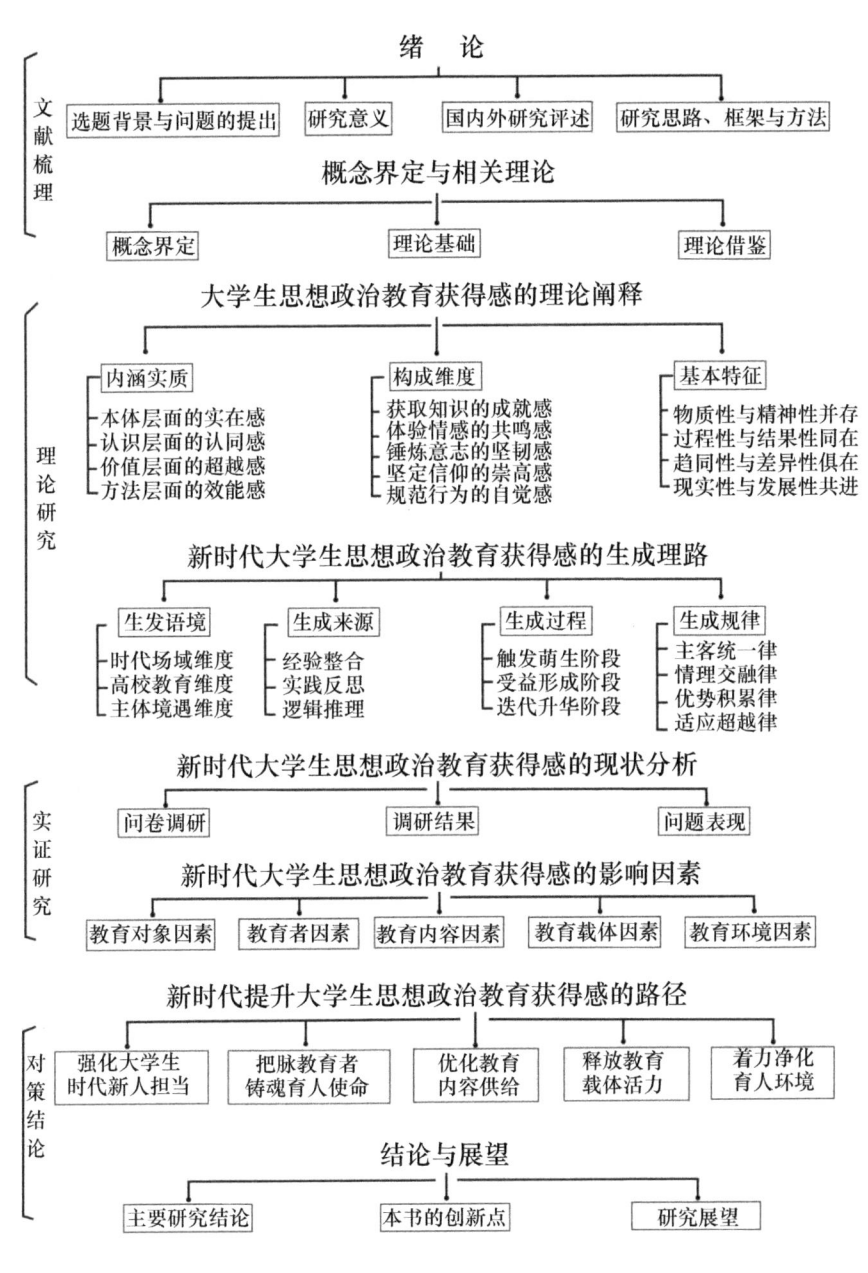

新时代提升大学生思想政治教育获得感的路径
- 对策结论
  - 强化大学生时代新人担当
  - 把脉教育者铸魂育人使命
  - 优化教育内容供给
  - 释放教育载体活力
  - 着力净化育人环境

结论与展望
- 主要研究结论
- 本书的创新点
- 研究展望

图 0-1 框架结构图

第一章
概念界定与相关理论

概念界定是开展研究的逻辑前提，也是廓清研究论域边界的必要之举。厘清新时代、获得感、大学生思想政治教育获得感等概念的内涵，并明晰研究所依据的理论，方能奠定本书的基础。

第一节 概念界定

一 新时代

"中国特色社会主义进入了新时代，这是我国发展新的历史方位。"[①] 如何理解"新时代"？当前学者们从不同角度进行阐述论证。理解新时代的基石在于理解"时代"的意涵和划分标准，核心在于把握新时代"新"在何处。

（一）时代的内涵

"时代"一词含义众多，基本上是"指历史上以经济、政治、文化等状况为依据而划分的某个时期"[②]。目前学者们多在以下三种意义上使

[①] 习近平：《决胜全面建成小康社会 夺取新时代中国特色社会主义伟大胜利——在中国共产党第十九次全国代表大会上的报告》，人民出版社2017年版，第10页。

[②] 中国社会科学院语言研究所词典编辑室编：《现代汉语词典》（第6版），商务印书馆2012年版，第1177页。

用"时代"一词。一是置身人类历史发展的长河，扭住生产力发展水平这一根本动力，将历史划分为不同的发展阶段，如石器时代、铁器时代、信息时代等。二是置身个体生命发展的广阔视野，统观个体生命发展所历经的诸阶段，将不同的阶段称为不同的时代，如儿童时代、老年时代等。三是指"年代"，多用来表示时移世易，也即指涉年代不同、世事变迁。"时代"一词被诸多学者高频使用，以《马克思恩格斯全集》为例，其中"时代"一词的出现与使用超过3000次。

当前学界关于时代的概念并未形成定论，可谓见仁见智。从通常意义上看，学者们从广义或狭义上使用这一概念。广义的时代概念是遵循马克思主义唯物史观中生产力决定生产关系的基本原理，置身人类历史发展的长河，扭住生产力发展水平这一根本动力，基于一种宏大的视角进行致思，统观人类社会形态发展演进的整体脉络进而将其划分为不同的"时代"。而在狭义层面上使用这一概念时，往往是基于一定的研究视域和论域，特指社会历史发展的某个阶段。马克思主义经典作家既从广义层面使用"时代"这一词，旨在于掌握历史发展脉络的长河中揭示人类社会发展规律。如"每一历史时代的经济生产……是该时代政治的和精神的历史的基础"[1]，这一论述指明了"时代"划分的依据与标准。又从狭义层面使用"时代"一词，如"资产阶级时代……它使阶级对立简单化了"[2]，重在表明资本主义这一特定历史时代的特点。以上论述有助于我们将宏观与微观相结合全面体悟"时代"一词的意涵。

（二）新时代的内涵

习近平总书记在党的十九大报告中指出："经过长期努力，中国特色社会主义进入了新时代，这是我国发展新的历史方位。"[3] 当今我国发展所处的"新时代"可从以下三个层次进行理解。第一层次的"时代"即

---

[1]《马克思恩格斯文集》（第2卷），人民出版社2009年版，第9页。
[2]《马克思恩格斯文集》（第2卷），人民出版社2009年版，第32页。
[3] 习近平：《决胜全面建成小康社会 夺取新时代中国特色社会主义伟大胜利——在中国共产党第十九次全国代表大会上的报告》，人民出版社2017年版，第10页。

宏观层面的"大时代",指的是世界历史发展的总趋势和总方向,是对历史发展方向最高层次的战略判断。这一层次的概念是从大历史观的角度所言的。正如习近平所言,"从世界社会主义500年的大视野来看,我们依然处在马克思主义所指明的历史时代"①。再如列宁所言,"十月革命的胜利开始了人类'从资本主义过渡到共产主义'的一整个历史时代"②。在这一层面可以明确看出,我们今天所处的"大时代"没有发生转折性变化,历史发展的总趋势和总方向也不会发生变化。第二层次的"时代"为中观层面的时代,是由大时代划分出的"时代",即大时代的阶段性划分。时代的发展变化决定了不同的历史阶段具有不同的主题。主题是当时带有全球性战略性的问题。而我国当今所处的"时代"是以和平与发展为主题的"时代"。对不同阶段时代主题的判断和把握,可以使我们准确把握大时代的阶段性变化及其特征,及时进行必要的战略调整。第三个层次的"时代"为微观层面的时代,党的十九大报告中所提出的"新时代"特指我国发展的新的历史方位。

综上,本书认为,新时代是非转折性的时代,是服从于广义的"大的历史时代"的,没有脱离当今以和平与发展为主题的这一"时代",也没有改变我国仍处于社会主义初级阶段的基本国情,同时又是具有巨大增量的一个"时代"。特指中国特色社会主义已经站在一个新的历史起点上,进入一个新的历史阶段,处在一个新的历史方位上。对这一新的历史方位的锚定基于以下两点:一是关于其时间节点的确定,新时代的时间起点应为党的十八大,因为中国特色社会主义进入新时代不是一蹴而就的,而是"经过长期努力",事实上,"从党的十八大起,我国发展处在一个新的历史起点上,中国特色社会主义进入了新时代"③。二是关于其实质内容的刻画,习近平总书记在十九大报告中用"三个意味

---

① 《习近平谈治国理政》(第二卷),外文出版社2017年版,第66页。
② 《列宁全集》(第28卷),人民出版社1990年版,第235页。
③ 曲青山:《学习领会党的十九大报告需准确把握的几个重大问题》,《学习时报》2017年11月13日第1版。

着"深刻阐述了我国进入新时代所带来的历史意义、时代意义和世界意义;用"五个是"从不同的角度描述与展望了新时代的图景。

(三) 新时代的基本特征

"新时代之'新',首先在于我们进入了一个新的发展阶段,发展环境、发展条件都发生了新的变化,目标任务也发生了新的变化。"①"新时代"这一新的社会存在引发社会各领域的深刻变革,而其映射在思想政治教育领域表现为新时代大学生思想政治教育获得感牵涉的诸因素发生变化。第一,新时代新思想扩展获得新内容。习近平新时代中国特色社会主义思想是因应时代发展而产生的新的理论成果,充盈了大学生思想政治教育的内容,也为大学生提供了可资获得的新内容。用新思想武装大学生头脑、指导大学生实践,可以扩展大学生思想政治教育获得感的源泉。第二,新时代新使命锚定获得新目标。新时代实现中华民族伟大复兴的历史使命呼唤高校思想政治教育坚守正确的政治方向,也呼唤人才素质的提升,这就昭示出新时代大学生应追求更高远的目标。在思想政治教育过程中引导大学生将个人发展与社会发展统一起来,而大学生在追求与实现目标的过程中也会积淀起一定的获得感。第三,新时代新追求催生获得新动力。新时代"我国社会主要矛盾已经转化为人民日益增长的美好生活需要和不平衡不充分的发展之间的矛盾"②,这一变化是关系全局的历史性变化,映射在高校思想政治教育领域体现为大学生心理期待的变化与精神文化需要的增长。大学生对思想政治教育有了更高的诉求,也推动其以更强的精神动力投入思想政治教育学习与实践,并在此过程中收获更多的获得感。第四,新时代新媒体拓宽获得新渠道。新时代随着信息技术的迭代发展,诞生了很多新的教育手段与渠道,尤其是传统媒体与新媒体的"联姻"拓宽了高校思想政治教育的渠道,也

---

① 中共中央宣传部:《习近平新时代中国特色社会主义思想三十讲》,学习出版社2018年版,第2页。

② 习近平:《决胜全面建成小康社会 夺取新时代中国特色社会主义伟大胜利——在中国共产党第十九次全国代表大会上的报告》,人民出版社2017年版,第11页。

为大学生自主获取知识、提升能力提供了新的渠道，进而推动大学生思想政治教育获得感的生成与强化。

二 获得感

"获得感"作为一个本土概念，诞生于全面深化改革的关键时期，具有鲜明的本土特色、时代气息和唯物史观意蕴。"获得感"的首次亮相是置于党治国理政的宏大叙事框架，基于共享发展理念的宏观语境，折射出中国共产党"以人民为中心"的执政理念。获得感因其坚定正确的价值立场、深刻的思想内涵、包容的理论品格、生动的话语表达方式成为党政文件、新闻报道、学术研究以及日常生活领域之中的高频热词，适用范围逐渐扩展，引起了经济学、计量学、心理学、社会学、政治学、公共管理学等不同领域的专家学者的研究热潮。

（一）获得感的概念界定

目前学界对"获得感"概念界定主要采取以下视角：视角一是从构词角度进行界定；视角二是通过与近义词进行比较以厘清内涵；视角三是侧重于从主观感受角度进行界定。其中，视角一与视角三可谓殊途同归，因为"获得感"是由"获得"与"感"组成的复合词，本身就是一个偏正词组，从构词角度进行分析的落脚点就是"感"，即一种积极的、正向的主观感受。视角二是通过与近义词比较进行界定，这样的研究视角也值得关注，但其研究视点并未投射聚焦至获得感本身，对其内涵的揭示不够深刻。目前的研究成果存在描述阐释多而本质揭示不足、政治性强而学理性凸显不足、对其认识论与方法论分析较多而本体论探索不足的缺陷。可见，仅仅将获得感置于比较分析框架之下或者主观感受的形而上层面，在理论上会陷入肤浅化，实践上会陷入庸俗化。本书尝试从马克思主义哲学角度对其进行本体维度的探索。对获得感概念的界定关乎后续大学生思想政治教育获得感问题的研究，因而，本书将首先对获得感进行概念界定，获得感这一概念由"获得"与"感"两个词素组成，而"获得"这一词素又由"获"和"得"两个语素组成。

在汉语中,"获得"古已有之,汉代哲学家焦延寿在其著作《易林》中写道,"蒙庆受福,有所获得,不利出域"。从"获"与"得"这两个语素的原初含义来看,"获"从犬,蒦声,本意为猎得禽兽,如《孟子·滕文公下》有"终日而不获一禽";"得"字根据金文字形可知,右边是"贝"(财货)加"手",左边是"彳",本意为得到、获得,如汉代晁错《论贵粟疏》有"(商贾)亡农夫之苦,有阡陌之得"。由"获"与"得"相结合的"获得",意为"取得;得到(多用于抽象事物)",重在强调客观层面的收获和得到。一直以来,"获得"一词的含义基本保持一致。获得表示主体对事物本身的占有,占有的目的是自身的发展。从结果上看,获得表征主体对事物占有的结果;从过程上看,获得包括主动获取与被动接受两种形式;从内容上看,获得内容包括具象事物与抽象事物;从根源上看,获得源于个体的内在需要,而需要满足之后的一种状态即为"获得感"。因而,从马克思主义哲学视角看,"获得"是对"原本拥有"的"先在结构"的一种突破超越,属于"增量发展"的部分,要么体现为"量"的增长与叠加,要么体现为"质"的跃迁与提升,总之是呈现为一种向上发展的态势。而"感"则表征一种感觉或感想,与人的主观感受相连,强调人的一种主观能动性。"获得"是"感"产生的前提和内因,"感"是"获得"的升华和外显。当然,对获得感的认知不能停留在主观感知层面,而要将其视作一个结构系统,从获得内容、获得结构、获得途径、获得层次、获得时效等层面剖析它的内涵。

综上,本书认为,获得感是人们通过社会实践获取社会收益而形成的主观感受。也即主体在改造客观世界的实践活动中产生并拥有了"增量"发展部分,且这部分"增量"发展为人的主观能动性所察觉与体认,并内化为人的一种力量,实现了人自身的某种超越,呈现出一种客观的积极心理状态。

(二)获得感的内涵解析

获得感诞生于全面深化改革的背景,有着特定的意涵,其不是一个扁平的、抽象的概念,而是体现为人们在纵横两个维度对"获得"的感知：从横向维度看，获得感建基于不同个体之间的比较，人们往往会将自身获得与他人获得进行横向比较，内在诉求着机会均等和待遇公平；从纵向维度看，获得感是个体基于历时性维度的考察与感知，较之"先前"，人们在"当前"有了"增量发展"，同时人们会不满足于当下获得，还期冀在未来可以拥有更多现实的或潜在的获得。结合我国新时代语境审思可知，"获得感"是新时代人民群众在共享改革成果中因实实在在的收获而满足自身需求，进而产生的一种持续的、正向的、积极的主观感受。这种感受是实在感、认同感、超越感和效能感综合而成的系统感受。获得感这一概念体现了本体论、认识论、价值论与方法论的统一。从本体层面看，获得感是基于"先在结构"优化发展的一种实在感；从认识层面看，获得感是客观获得与主观认识相统一的一种认同感；从价值层面看，获得感是主体有所获得之后精神世界生发出的一种超越感；从方法层面看，获得感是在实践确证中产生的一种效能感。就个体而言，获得感如何度量呢？它实际上是人们实际获得与心理预期之间的商数。商数越高则意味着获得感也高；反之，则越低。这就启示我们在实际生活中，既要下大力气增强人们的实际获得，同时要注意引导人们树立合理的心理预期，使二者之间保持合理的张力，既不会因为盲目的心理预期"消解"实际获得感，也不会因为心理预期过低"忽视"实际获得感。

（三）获得感的基本特征

获得感具有真实性、正向性、差异性、可持续性等特征。获得感基于一定的"得"，这种"得"是客观真实产生的而非虚无缥缈的，是一种真真切切的存在，以物质或精神的形式存在；获得感具有正向性，它是基于"得"而非"失"，是对人的发展的一种增益或促进，而非消解或阻滞；获得感由于个体先在结构的参差而具有差异性；获得感的"意义"不仅仅局限在当下，还体现为未来向度，增强了人们对未来的安全感与满足感。值得注意的是，随着获得感逐渐成为各领域研究的热词，对其的运用切忌简单嫁接或机械叠加，而需针对性考量不同主体内在矛盾的特殊性。

（四）获得感与相关概念的辨析

在实际生活中，有时容易将获得感与满足感、认同感、幸福感相混淆，当然，这四者之间有着一定的共同点，都是表征主体的一种主观心理感受。同时，它们又相互区别，存在一定的不同之处，因而厘清获得感与三者之间的复杂交织关系，有助于我们更好地把握获得感的内涵。

1. 获得感与满足感的辨析。首先，二者的区别在于：满足感以个体"先前"的预期与需求为参照点，是由个体需求与预期的满足而产生的一种愉悦的心理状态，由于个体需求与预期的差异性、复杂性与多样性，满足感具有很强的个体性与差异性，因而是一个主观性很强的概念；而获得感并非一个纯粹主观感受性范畴，其既以个体的主观感受为参照点，又与客观实际有着脱离不开的关系。其次，二者之间也具有不可分割的联系，二者互为前提，相辅相成。满足感是形成获得感的前提，因为获得感产生的最直接来源就是个体需要的被满足，如若没有满足感，获得感也就无从谈起；同时，获得感在一定条件下也会转化为一种满足感。

2. 获得感与认同感的辨析。首先，二者的区别在于：认同感更多指的是一种价值判断。认同感是以"我"为轴心，更多强调的是"我"对自我及环境的接受程度，是主体对客观事物的一种评估，当主体觉察客观事物对自身的利好属性与其潜在价值时往往会产生认同感。而获得感则不同，获得感既是一种价值判断，也是一种事实判断。获得感的产生既是源于主体对自身"增量"发展这一事实的感知，又是主体获取一定的社会收益后形成的积极主观感受。其次，二者之间也具有不可分割的联系，二者互为前提，相辅相成。认同感是获得感产生的前提与基础，获得感在一定条件下也会转化为一种认同感。

3. 获得感与幸福感的辨析。首先，二者的区别在于：幸福感的主观性更强，往往以"自身设定的标准"来衡量，而获得感不能脱离客观实际获得与客观收益来空谈；幸福感指涉一种更长远的美好预期，不仅仅是当下的一种积极正向的情绪体验，还是一种积极的生活态度。其次，二者之间也具有不可分割的联系，二者互为前提，相辅相成。幸福感是以获得感为前提的，同时，获得感的提升为幸福感提供可能，从某种程度上说，幸福感是获得感的最终归宿①。

三 大学生思想政治教育获得感

大学生思想政治教育获得感的研究主体是大学生群体，而成长于不同时代背景下的大学生，往往在思想意识领域存在着一些差别，具有不同的发展需求与心理期待。当前大学生多为"00后"，要想明晰大学生思想政治教育获得感的概念，就不能停留在笼而统之描述的层面，而要聚焦新时代大学生的特点，结合思想政治教育与获得感的概念进行致思。

（一）新时代大学生的特点

第一，视野格局更加开阔。"00后"大学生成长于改革开放第三个十年，他们是我国加入世贸组织的全程经历者，可谓"经济全球化原住民"，开放、平等、民主的环境赋予他们灵活的思维与开阔的视野。同时，不同于"70后""80后"乃至"90后"，他们出生的年代社会经济飞速发展，随之带来的是物质文化的极大丰富与政治文明的发展进步，这些宏观环境在一定程度上形塑了新时代大学生自信、包容、进取的精神风貌。他们除了具有一般主体的能动性、主动性、创造性等特征外，主体性更加凸显、个性更加鲜明，处于"拔节孕穗期"②的他们虽知识体系尚未健全、价值观尚未稳定、意志尚显脆弱、情感尚显幼稚、心理尚未成熟，但他们奋发向上并具有较强的可塑性，这就为思想政治教育的开展提供了广阔的空间，也为大学生收获更多获得感提供了可能。

第二，需求更加多元化。随着经济全球化、社会信息化和社会变迁的交叠推进，新时代大学生社会交往的广度、深度逐渐扩展，有了日益增长的社会交往需要。他们不仅仅满足于"单向度"的知识获取，也希

---

① 张品：《"获得感"的理论内涵及当代价值》，《河南理工大学学报》（社会科学版）2016年第4期。

② 《习近平谈治国理政》（第三卷），外文出版社2020年版，第329页。

望凸显自身的主体性和主动性，希望涵养更深厚的情怀、拓展更广泛的社会关系、培养更具批判性的思维力，希望可以更好地参与社会互动和国家发展建设，希望可以打通个人与社会、个人与国家沟通理解的渠道，构建起同频共振相处模式，这些就要求高校思想政治教育聚焦学生多维社会交往"需求侧"变化进行供给侧改革，增强教育的针对性、时代性、实践性和全面性，实现教育教学体系的改革升级。此外，他们还有着日益增长的精神文化需要。随着社会对人才素质要求的提升和学生自我意识的觉醒，学生诉求更充分的发展。希望教学内容兼具优良的学术品位和深切的人文关怀、学习过程更富审美体验和情趣、知识获取更加全面等。

第三，网络化生存更加显著。"00后"大学生成长于网络信息化井喷式发展的时代，是典型的"网络原住民"一代，网络化生存已经成为大学生的生活方式。随着移动互联网技术的发展，网络空间与现实生活深度互嵌、交互发展，截至2023年12月，我国互联网普及率达77.5%，我国网民的人均每周上网时长为26.1个小时[①]。网络冲破了时空限制，营造出一个自由虚拟空间，容纳着巨大的信息量，同时网络的即时性、图像化、视频化呈现方式为大学生以生动具体方式获取更多教育资源提供了有利条件。但网络自身的低门槛准入机制、匿名性、去中心化、强交互性等特征决定了网络意识形态具有生产成本低、参与机会多、影响范围广、表现样态杂、治理难度大等特点，加之网民结构多元化，各种思潮交锋博弈形势严峻，客观上使得大学生的思想面临着复杂的环境。

（二）大学生思想政治教育获得感的内涵

明晰大学生思想政治教育获得感的前提是对思想政治教育的概念与内在规定性有明确的界定。目前学界取得较多共识、使用较为广泛的思想政治教育概念界定如下："一定阶级、政党、社会群体遵循人们思想

---

① 中国互联网络信息中心：《第53次中国互联网络发展状况统计报告》，2024年3月，http://www.cnnic.net.cn/n4/2024/0322/c88-10964.html。

品德形成发展的规律，用一定的思想观念、政治观点、道德规范，对其成员施加有目的、有计划、有组织的影响，使他们形成符合一定社会、一定阶级所需要的思想品德的社会实践活动。"① 这一内涵向我们标示出了思想政治教育的定位、作用与其所担负的责任。思想政治教育的定位是一种社会实践活动；其作用是一种中介与桥梁，联结的双方分别是阶级、政党与社会成员；"思想政治教育的精神内核为主流价值，既承担着传播主导意识形态的使命，又要助益教育对象素质的提升"②。这就向我们指涉出思想政治教育获得感的内在规定性：个人的思想观念需与社会主流意识形态保持同向并进，唯有如此，个人的思想政治素质方能实现正向提升，否则就是负向消解作用。

1. 大学生思想政治教育获得感的概念界定

当前学界对这一概念的界定大致是基于两种视角：一是从词源入手解析概念；二是侧重基于受众角度进行分析。从词源入手进行分析的一般思路是，将思想政治教育获得感拆分为"思想政治教育"和"获得感"两个词，得出的基本定义为：因思想政治教育而产生的主观感受性。这一方式方法本身没有错误，但存在一定的弊端：思想政治教育概念的特殊性与获得感概念的普遍性之间并不具有词源结构的同一性，运用此种方法界定概念会有同语反复之嫌，消解了思想政治教育本身的价值张力，使对思想政治教育获得感的认识还停留在感性层面，没有深入思想政治教育本身的特殊性，也就难以从根子上揭示其内涵实质。而从受众角度理解这一概念的一般思路是，将思想政治教育获得感等同于教育对象的获得感，这一界定方法存在以偏概全的误区。例如对教育对象获得感的盲目崇拜有可能会削弱教育者的主导地位，进而影响思想政治教育的方向问题。因而，在理解思想政治教育获得感时既要关注教育对象的获得感，也不可忽视其他因素

---

① 张耀灿、郑永廷、吴潜涛、骆郁廷等：《现代思想政治教育学》，人民出版社2006年版，第50页。
② 王秀阁：《论思想政治教育研究取向的问题——马克思主义实践观视角》，《马克思主义研究》2019年第5期。

的获得感，推动形成一股教育合力，推动思想政治教育的发展。正如有学者指出的，"不应狭隘地局限于某一要素、某一阶段、某一方面……对获得感的内涵进行整体性全面性剖析和概括"①。

综上，本书认为，大学生思想政治教育获得感指的是大学生通过接受思想政治教育实现增益与促进、得到发展与完善而形成的一种主观积极心理体验以及在此基础上形成的客观心理状态。也即大学生在接受思想政治教育的实施影响后产生并拥有了"增量"发展部分，且这部分"增量"发展为大学生的主观能动性所察觉与体认，呈现出一种客观的积极心理状态。

2. 大学生思想政治教育获得感的内在规定性

大学生思想政治教育获得感具有以下内在规定性：一是客观真实性，从过程看，大学生思想政治教育获得感的生成不是从天而降的，而是需要教育各要素的积极参与；从结果看，获得感是以一定的真实存在为依托的，也就是说获得的结果不是虚无缥缈的，也不是虚假"冠名"的"被获得感"。二是正向性，即大学生思想政治教育获得感隐含的前提是各参与要素和运行结构与社会主流价值取向保持同向，是大学生思想政治素质的"增量发展"，而不是负向消解，体现为大学生思想品德、道德素质、文化修养等各方面素质的提升。三是价值性，即大学生积淀起一定的获得感后可以对大学生的发展起到一种实在的或无形的帮助，也即具有建设性意义；同时，大学生的获得感会在实践中外化为一种效能感，从而反作用于社会实践，在一定程度上助益未来社会发展。四是持续性，人们思想品德状况与社会发展要求之间的矛盾运动决定了大学生思想政治教育获得感不是静止固化的，而是不断生发、迭代的，先前形成的获得感往往奠定了后续获得感升华的前提。因而，大学生思想政治教育获得感既可能是暂时、感性层面的正向感受，也可能是经过实践检验沉淀之后持久的、理性层面的感受。

---

① 李合亮、张旭：《思想政治教育获得感内涵的全面性认识》，《思想理论教育导刊》2020年第8期。

3. 大学生思想政治教育获得感与相关概念的辨析

在实际运用过程中，还要注意将"思想政治教育获得感"与"思想政治教育实效性"以及"思想政治理论课获得感"等进行辨析区分。"思想政治教育实效性"这一范畴是一个静态的结果表征，其可以从"客观结果"这一维度刻画思想政治教育是否达到预期目标、目标实现程度如何，其评价的主体多是教育者，因而在这一范畴中，教育者处于较高势位。而"思想政治教育获得感"这一范畴则是从教育者与教育对象的平等互动关系出发审视教育活动中各参与要素的获得状况。虽然二者有区别，但二者之间也并非割裂的关系，获得感状况在一定程度上是衡量思想政治教育实效性的一个重要指标。"思想政治理论课获得感"的研究论域是针对思想政治理论课这一客体，重在刻画学生在思想政治理论课中的受益程度。这一范畴仅仅指向思政课这一主渠道，而不能囊括整个高校思想政治教育，因而只能说其属于思想政治教育获得感的重要组成部分。可见，这三个概念既相互区别又存在一定的关联。

第二节 理论基础

一 马克思主义人学理论

马克思的人学理论从根本上说是对"人"的问题的探讨，与思想政治教育的指向对象、逻辑出发点与落脚点、价值旨归具有一致性，这就为运用马克思主义人学理论来研究大学生思想政治教育获得感奠定了基础。

（一）"现实的人"的思想

马克思"现实的人"的思想的产生有两大背景。一是当时德国的哲学界普遍存在脱离"现实的人"进行教条式的抽象思辨的研究理路，他们惯常通过主观臆断建构出一些抽象的理念，这就导致"现实的人"非但没有进入他们的研究视野得到应有的观照，反而笼罩在虚假意识的阴影下成为被奴役的对象。二是资本主义社会中资本逻辑渗透在社会的方方面面,"现实的人"受资本逻辑的奴役沦落到了"非人"境遇。马克思深入现实的人的生活,了解他们的真实境遇,"通过批判旧世界来发现新世界"①,基于唯物史观的立场去理解"现实的人",不同于费尔巴哈仅仅从感性的、直观的角度去认识"现实的人",马克思深刻指出一切旧唯物主义哲学的局限在于"不了解'革命的'、'实践批判的'活动的意义"②,强调从"主体"及其活动的角度去把握"现实的人"。现实的人是在社会中生成和发展的,不可能脱离一定的具体的社会生活而存在,同时,现实的人在一定的社会中从事物质生产实践活动或精神活动,并在社会生活中获得自身思想、技术和能力等方面的发展。现实的人无法超越一定的历史条件或历史阶段进行活动,因为历史绝不是"某种处于世界之外和超乎世界之上的东西"③。"现实的人"的思想成为我们理解马克思主义的一把钥匙,也对我们具体的实践活动起到思想指引作用。

"现实的人"的思想对研究本论题的指导意义:其一,思想政治教育面对的不是一个"给定"的具体之物,而是人,必须从"现实"的教育对象本身出发,不可脱离"现实的人"进行抽象探讨,而是必须紧扣现实的教育对象的特点、需求与存在的问题,从他们的群体特点和代际特征出发制定教育方案,供给符合其"口味"的内容,方能拉近彼此的距离,增强教育的实效性;其二,新时代这一崭新的时空场域是当今社会的最新"社会存在",带来社会意识诸方面的变化。对新时代大学生进行教育必须回归到这一最新"存在"中并对其进行探索审视,因为这决定了大学生面临的"现实"有所改变。只有立足新时代的时空境遇,方能厘清新时代"现实的人"的生存境况并有的放矢地开展工作。

(二)人的需要

马克思有着强烈的"现实"情结,这就为其需要理论的产生奠定了基调,确定了方向。马克思指出,"他们的需要即他们的本性"④,也就

---

① 《马克思恩格斯文集》(第10卷),人民出版社2009年版,第7页。
② 《马克思恩格斯选集》(第1卷),人民出版社2012年版,第137页。
③ 《马克思恩格斯选集》(第1卷),人民出版社2012年版,第173页。
④ 《马克思恩格斯全集》(第3卷),人民出版社1960年版,第514页。

是说人通过满足自己的需要来确认人的本质力量，同时，需要还是人的生存发展状态的体现，由于人的需要的满足程度受社会发展水平的制约，因而需要也在一定程度上体现了社会的发展状况。通过梳理马克思的相关著作，可以发现在他的论述体系中，需要被分为不同类型和层次。从需要产生的时间来看，人类最先追求的是一些简单的需要，比如自然需要、物质需要和基本的生存需要，其后才发展到对社会需要、精神需要等高层次需要的追求；从需要层次来看，先有低级需要，再有高级需要。马克思还揭示出需要发展的基本规律。从根本上看，需要受社会生产力和物质生活条件的制约，生存需要是人类的第一个需要，但其不会停滞不前，而是具有发展性，包括横向拓展与纵向层次提升。物质需要是人的基本需要，因为人是生活在一定社会现实中的人，物质需要的满足是人生存的前提，进而才谈得到繁衍与发展。社会需要是人的本质需要，人们通过社会性生产实践满足自身的需要并推动人类社会发展。精神需要是人的高层次需要，人除了基本的物质生活外，还会去追求意义世界，提升自身的精神境界。

  人的需要理论对大学生思想政治教育获得感的理论指导表现在：其一，关注并契合新时代大学生的需要期待。人生活于社会之中，因而人的需要的内容都深深打上了社会的烙印。人的需要受他自身拥有的知识、社会阅历、客观环境等因素的影响，因而他必须在一定的社会条件下去追求他的需要。不同的时代条件下，人的需要是不尽相同的，且会随着时代的发展变迁向更高水平跃迁。新时代大学生的需要期待受时代语境的影响，呈现出新的"面相"，这就呼唤高校思想政治教育应自觉因应形势变化，针对性满足学生期待。其二，注重满足学生多方面的精神文化需要。教育活动作为人的"类本质"的一种体现，逻辑归宿是实现人的自由全面发展，一方面指社会意义上的全面发展，即人的"交往的普遍性""现实关系和观念关系的全面性"[①]，指向人类解放的终极目标；

[①]《马克思恩格斯全集》（第46卷）（下），人民出版社1980年版，第36页。

另一方面指教育意义上的全面发展,即培养"德智体美劳全面发展的社会主义建设者和接班人"①。要想让大学生打心底体认到获得感,教育者所传授的内容需满足学生日益增长的社会交往需要与日益增长的精神文化需要。

(三) 人的价值

人的价值问题与人的存在和发展息息相关。早在古希腊时期,智者们就开始了关于人的问题的思索。如普罗泰戈拉的经典名言"人是万物的尺度"②,体现了当时古希腊的人们开始意识到人在社会生活中的地位,即人是社会舞台上的中心焦点,人的自我意识开始慢慢觉醒了。在"人是万物的尺度"这一观点的影响之下,古希腊人的人学思想进一步发展,后来苏格拉底提出"美德即知识"、柏拉图提出"人性三分说"、亚里士多德提出"人是政治动物"等一系列论述,都可以看出这时古希腊的著名哲学家们对"人"的价值的初步肯定。到了中世纪时期,人的精神世界被宗教所掌控,人不再是一个独立的个体,而是沦落为神的附庸品,处于神的统治之下,人的价值逐渐被贬低和罢黜。而到了文艺复兴时期,人文主义思潮逐渐兴起,新兴市民阶级呼唤打破封建等级制度,转而以新的价值标准来评判人的价值,这一思潮冲击了教会的神学统治,解放了人们的思想,人的地位也得到了一定程度的提高。但必须明确的一点是,资产阶级的人的价值的观念具有不可避免的局限性,因为资产阶级是立足唯心史观去讨论人的问题的,这里的"人"也并非指所有人,其并不包括无产阶级,无产阶级依然处于"被物化"的境地。随着西方资本主义经济的发展,一些近代哲学家开始关注人的价值问题。黑格尔认为人的本质是人的主观自由意志,可以看出黑格尔的思想具有唯心主义的"痼疾"。费尔巴哈注意到了"现实的人",但他认为人的最高本质是人的"类本质",将其视为一种抽象的规定。马克思则洞察到,

---

① 《习近平谈治国理政》(第三卷),外文出版社2020年版,第328页。
② 北京大学哲学系外国哲学史教研室编译:《古希腊罗马哲学》,商务印书馆1982年版,第138页。

人的本质是社会关系的总和，人的价值的实现并不是随心所欲的，而是受到当时当地各种条件的限制。

马克思人的价值思想在一定程度上可以为高校思想政治教育提供理论指导。思想政治教育的过程就是引导教育对象价值取向使之趋向社会主流价值导向的过程，也是教育对象的自身价值被激发、调动、提升与释放的过程。大学生要想提升思想政治教育获得感就必须实现自身的价值；反之，大学生自身价值实现也有助于其思想政治教育获得感的提升。因为，在任何人全面发展的素质结构中，思想政治素质都是不可或缺的一部分内容，甚至居于基础性与主导性地位，因为从唯物史观来看，每个人都是生活于一定社会关系中的社会人，无法脱离其阶级性和社会性，其要发展就必须寻求社会系统的支持与保障，而只有与一定社会要求的发展目标保持同向才能获得社会的支持。因而，要想提升大学生思想政治教育获得感，就要引导大学生关心国家和社会发展，不能只囿于自己的"一亩三分地"，还要将目光与思维的触角伸向社会诉求之所在，不遮蔽与偏废社会价值，在宽广的格局中推动个人发展与社会发展二者的相促共进。

（四）人的自由而全面的发展

人的自由全面发展是马克思人学理论的价值诉求，也是大学生提升获得感最终欲达到的目标。大学生获得感不是停留在感官层面的"感受"，而是以"先在结构"的发展为内核，以促进大学生各方面素质的提升为旨向。马克思、恩格斯曾设想过社会主义的图景，其将是"人终于成为……自身的主人——自由的人"[1]。这一理论对新时代的高校思想政治教育提出了更高的要求。新时代对人才素质有了更高的要求，新时代大学生也担负着艰巨的历史使命，高效思想政治教育必须始终扭住"学生"这一主体性因素，注重"以学生为中心"，以学生"是否获得""获得多少"作为工作的出发点、落脚点和评测点，凸显价值理性、高扬人的主体性，促进学生潜力的开发与各方面能力的发展，帮助其积淀

---

[1] 《马克思恩格斯文集》（第3卷），人民出版社2009年版，第566页。

起更强的获得感。同时，大学生思想政治教育获得感可以在实践中外化为一种效能感，帮助大学生确证自我力量，进而推动其以更坚定的政治信仰、更饱满的精神状态、更强的开拓创新精神，担负起民族复兴大任。

二 社会存在与社会意识关系的理论

马克思说："人们的社会存在决定人们的意识。"[1] 随着社会客观环境的变化，人们的思想观念也会随之发生相应的变化，社会意识可谓社会存在的"表现和征兆"。

"新时代"即是当今社会存在的现实表征，体现为一种全新的时空境遇。当今社会存在的"面相"发生很大变化，如社会主要矛盾发生转变、人们的美好生活需要层次提升、中华民族面貌发生变化、国家各项实力有所提升、国际地位更加凸显等，这些变化都是客观的不以人的意志为转移的。社会存在的变化决定了社会意识诸方面的变化。这就启示我们，无论是战略谋划还是具体实践，都必须以新时代这个"新存在"为逻辑与行动的出发点，任何游移或偏离这个"新存在"的决策或行动都是有悖实事求是原则的，思想政治教育也不例外。思想政治教育作为一项实践性很强的工作，其工作策略、理念、思路和方法都必须以变化发展的客观实际为转移。

这一理论为高校思想政治教育提供了一种方法论思路，即探究思想意识、思想变迁等问题，只能而且必须从社会存在中去寻找原因；相应地，提高人们的思想意识，推进教育活动也必须以人们的实践为基础。因而，新时代高校思想政治教育工作既要坚持以社会存在与社会意识辩证关系原理为指导，同时又要紧密结合新时代这一时代背景，廓清新时代这一新的社会存在引致思想政治教育这一社会意识所发生的变化，如：大学生可资获得的教育内容更加丰富、全面；新时代社会主要矛盾的变化推动大学生追求更高层次人生境界与精神发展需要，从而追求更高的

---

[1] 《马克思恩格斯选集》（第2卷），人民出版社2012年版，第2页。

思想政治教育获得感；新时代党的历史任务的变化呼唤着时代新人的塑造与养成，对高校思想政治教育工作提出更高要求；新时代媒体融合发展，各种手机端自主学习 App 应接不暇，高校课堂教学形式也面临新的"革命"，这些为大学生思想政治教育获得感的提升提供了技术支持，同时提供了多种学习方式。只有了解、把握并紧紧围绕新时代的新境遇开展工作，对接大学生日益增长的精神文化需要与社会发展需要，才可有的放矢提升大学生思想政治教育获得感。

三　思想政治教育要素理论

思想政治教育是由若干要素构成的有机复杂系统，要素之间按照一定的方式相互联系、相互作用。大学生思想政治教育获得感也不是凭空产生的，从过程维度进行考量发现，其形成有赖思想政治教育各要素的耦合与互动。思想政治教育要素也就成为本书研究的有效抓手与重要着力点。通过明晰思想政治教育的基本要素有助于厘清并透视其是如何运行的、遵循着怎样的规律，助推大学生获得感的积淀与升华。

当前学界对思想政治教育构成要素的看法见仁见智，归纳起来，主要有以下几种观点（见表 1-1）。

表 1-1 中诸观点都是从思想政治教育"物理结构"的"实体因素"角度进行划分的。除此之外，新近的一些学者跳出这一思维框架，从思想政治教育"化学机构"的"虚体要素"角度进行划分，提出了"要素新论"，即包括政治要素、思想要素、经济要素、文化要素等。[①]

本书认为，从思想政治教育的实施过程看，其是一种特殊的传播活动，是一定的主体（教育者）用一定的中介因素（教育载体）将一定的信息（教育内容）传导至目标对象（教育对象）的活动。同时，思想政治教育本身又是一个耗散结构系统，其有效运行离不开与外界环境的沟通与互动。因而，思想政治教育系统由教育者、教育对象、教育内容、

---

① 张夏蕊：《思想政治教育要素论——一个新的阐述视角》，《思想政治教育研究》2022 年第 3 期。

教育载体和教育环境五大要素构成。其中，教育者是教育活动的承担者、发动者和实施者，本书中的教育者包含思政课教师、辅导员、党政领导干部、管理人员等；教育对象指的是大学生群体；教育内容是教育活动的轴心和灵魂，是教育者有目的、有计划传导给大学生的内容；教育载体是教育各因素借以连接与相互作用的中介；教育环境是教育过程中不可或缺的重要因素。

表1-1　　　　　当前学界关于思想政治教育构成要素的观点

观点	构成要素
"四要素说"	教育主体、教育客体、教育介体、教育环体
"三要素说"	教育者、受教育者、教育要求
"三体一要素说"	教育者、受教育者、教育环境、媒介要素
"五要素说"	教育主体、教育客体、教育目标、教育内容、教育方式
"六要素说"	教育者、教育对象、教育目的、教育内容、教育方法、教育情境
"七要素说"	教育主体、教育客体、教育目标、教育内容、教育方式、教育效果、教育反馈
"八要素说"	教育者、教育对象、教育目的、教育内容、教育方法、教育情境、教育载体、教育噪音
"十要素说"	主体系统、客体系统、内容系统、方法系统、环境系统、思想系统、原则系统、信息系统、决策系统、评价系统

资料来源：根据相关文献整理。

大学生思想政治教育获得感生成与积淀的过程也是思想政治教育实效性实现的过程。因而，要想提升大学生的获得感，需有效调动思想政治教育各要素，这也就为本书在后续研究中甄别大学生获得感的影响因素以及针对性提升大学生的获得感指涉出基本方向。故后续基于文献梳理以及问卷调研的研究均可以思想政治教育的这五大基本要素为着力点，并对各因素进行条分缕析。从教育者因素看，可关照教育者的核心素养、教育智慧以及育人合力；从教育对象因素看，可关照其先在结构与实际获得之间的张力、期待视野与审美距离之间的张力、主观能动性与召唤结构之间的张力；从教育内容因素看，可关照理论的抽象性与大学生接受偏好之间的间距、教育内容与教育对象之间的话语间距以及理论的现实阐释力；从教育载体因素看，可关照载体属性与教育目标之间的通约性、载体形式与教育内容之间的适配性；从教育环境因素看，可关照社会现实环境、网络虚拟环境和高校相关制度对获得感的影响。

四　新时代有关高校思想政治教育的重要论述

党的十八大以来，习近平总书记因应新的发展形势作出一系列重要讲话和指示批示，是做好新时代高校思想政治教育工作的重要遵循。

其一，关于高校思想政治教育的地位。这些相关论述诞生于一定的时代背景下，是对一定时代课题的回应。第一，高校思想政治教育是应对国内外重大风险挑战的需要。从国际形势看，世界正经历百年未有之大变局，各种矛盾交织碰撞，强权政治阴魂不散、逆全球化涌动、世界经济增长低迷，大国关系格局正经历重大深刻调整，我国外部面临的不确定性处于上升态势。从国内看，我国处于传统社会向现代社会转型期，不可避免地产生积聚了一些结构性矛盾。同时我国特殊的现代化进程即"压缩的现代化"的推进，带来了前所未有的文明冲突、文化碰撞和风险挑战。且当前我国正处在改革发展的关键时期，发展不平衡不充分的问题依然突出，经济社会领域发生深刻变革，利益格局深刻变动，意识形态作为上层建筑随之发生变动。意识形态领域纷繁复杂、充斥着无硝烟的战争，西方国家不遗余力地对我国进行意识形态渗透，尤其是瞄准了那些社会经验尚浅、辨别能力不强的高校大学生。与此同时，高校作为国内外各种思想观点交流、交融、交锋的桥头堡，容易成为各种思潮的集散地，如民粹主义、普世价值、历史虚无主义、泛娱乐主义等思潮在大学生群体中蔓延扩散，容易冲击和动摇大学生的理想信念。高校思想政治教育面临着严峻挑战。高校一直是我国社会主义主流意识形态建设的主阵地、主战场，这些对高等教育与人才素质有了更高的要求。第二，高校思想政治教育为高等教育的发展指明了航向。教育的首要问题是"培养什么人",这就呼唤高校人才培养工作把稳政治方向,坚持教育的"四为服务",凸显思想政治工作的"生命线"地位,着力加强对学生的理论武装和价值引领以铸魂育人。

其二,关于高校思想政治教育的根本任务。"立德树人"是教育的根本任务,标示出"德"在人才培养与人才素质结构中的重要地位。当前要想提升大学生思想政治教育获得感,一方面要不断提升大学生道德判断和选择能力。德是一个历史范畴,随着现代社会转型,我国经济领域发生深刻变革,利益格局深刻变动,对人们道德观念产生一定冲击,造成道德判断标准迷茫和道德选择困惑,一些道德失范现象时有发生,甚至演变为恶性犯罪事件产生不良社会影响。因此需要加强道德教育,引导大学生坚守正确的道德原则,把握自身成长发展的方向,成为德才兼备的社会主义建设者和接班人。另一方面还要提升大学生意识形态辨别力和战斗力。百年未有之大变局之下,多变的思想意识、多种价值取向、多样意识形态错综交织、激烈博弈,对大学生产生复杂影响。西方不遗余力地对我国进行意识形态渗透,高校作为意识形态斗争的前沿阵地,必须对大学生进行思想引领和主流价值观教育,使大学生提升意识形态辨别力,增强意识形态战斗力,从而成长为社会发展需要的人才。

其三,关于高校思想政治教育的根本保障。习近平指出:"牢牢掌握党对高校工作的领导权。"[1] 如此,方能坚守社会主义教育底色,保证教育的方向不偏离。同时,坚持党委对学校工作的全面领导。"高校党委对学校工作实行全面领导"[2],在高校思想政治工作中发挥着提纲挈领的作用。新时代高校思想政治教育要想提升学生的获得感,也要发挥党委的政治核心作用。高校党委在高校思想政治教育运行层面起着重要作用,应结合新的时代条件与大学生的发展诉求,统筹规划,调动各方,全盘考虑新时代大学生教育的各环节,保证教育的正确方向。

其四,高校思想政治教育坚持以学生为中心。高校思想政治教育应

---

[1] 《习近平谈治国理政》(第二卷),外文出版社2017年版,第379页。
[2] 《习近平谈治国理政》(第二卷),外文出版社2017年版,第379页。

树立"学生中心"理念，聚焦新时代大学生的代际特征，考量学生的内心发展需求和需要期待，不断提升学生的文化水平、思想觉悟、道德水准、政治素养等方面的素质。同时，要注重发挥学生的主体性作用。"数媒土著"的新时代大学生不再满足于教师的单向度"灌输"，他们思维活跃、求知欲强、需求多元，除知识学习之外，他们还深切拷问生命的价值、关切人类的共同命运等。教育过程中要注重发挥学生的主体性作用，搭建起一种"我—你"的关系格局，架构起师生交流沟通的渠道，促使双方视域融合与情感共鸣，实现教师与学生思维的共奏，引领学生实现对教育内容的体认，方能最大限度提升学生的获得感。

其五，高校思想政治教育的队伍建设论。"教师是立教之本，兴教之源"[①]，在人才培养工作中起着主导性作用。教师在思政课这一落实立德树人根本任务的课程中起着关键作用，因而需加强教师队伍建设。首先，需明确思政课教师肩负的责任使命。思政课教师不同于一般的专业课教师，除对学生进行知识传授外，还应做好学生成长路上的"人师"，在关键阶段指引他们的发展路向，在他们有思想困惑时予以耐心点拨等。其次，不断提升教师的综合素质。习近平在多次讲话中就教师素质提出要求，如"好老师"的"四有标准"、加强师德师风建设要坚持"四个相统一"、2019年在"3·18"讲话中对思政课教师提出"六个要"要求即"政治要强、情怀要深、思维要新、视野要广、自律要严、人格要正"[②]等。

其六，高校思想政治教育的实践方法论。第一，遵循"三大规律"。唯有遵循规律有的放矢，方能起到预期的教育效果，提升大学生的获得感。第二，构建"大思政"育人格局。一方面，通过思政课教师与非思政课教师协同育人、加强课程思政建设、思政课主渠道与日常思想政治教育协同育人、构建大中小一体化的思想政治教育格局等健全协同育人校内运行机制。另一方面，健全协同育人校外联动机制，构建"大思政"育人格局。第三，以"三因"方法论指导新时代大学生思想政治教

[①] 教育部课题组：《深入学习习近平关于教育的重要论述》，人民出版社2019年版，第78页。
[②] 《习近平谈治国理政》（第三卷），外文出版社2020年版，第330页。

育实践。习近平指出,"做好高校思想政治工作,要因事而化、因时而进、因势而新"①。这就要求高校思想政治教育要寓事于理,因事而化;把准时机,因时而进;因势利导,因势而新。第四,以"三全育人"理念打开新时代大学生思想政治教育的新格局。习近平指出:"坚持把立德树人作为中心环节,把思想政治工作贯穿教育教学全过程,实现全程育人、全方位育人。"② 全员育人强调"人人育人",旨在调动高校各教育因素的育人意识,如思想政治理论课教师、辅导员、专业课教师、党政干部以及各职能部门的行政人员等,形成"全员协同"的教育格局。全程育人强调"时时育人",将思想政治教育贯穿大学生学习、生活、科研、社会服务的全过程和各环节,使教育不断层、不留白,保证教育的持续性与连贯性,形成"全过程贯通"的教育格局。全方位育人强调"处处育人",旨在形成"全方位融合"的教育格局。一方面要全方位提升大学生的思想素养、政治素质、道德品质等多方面的素质;另一方面构建起线上与线下、校内与校外、课内与课外全覆盖、强融通的教育场域,促使各股教育力量形成"一盘棋"。第五,整合多种载体与渠道,既要用好课堂教学这个主渠道,还要"运用新媒体新技术使工作活起来"③ 等。第六,思政课改革创新要坚持"八个相统一",这"八个相统一"既是思政课改革创新的基本遵循,也是教育过程中的具体方法论,为新时代思政课改革创新标定了航道。

第三节 理论借鉴

一 接受美学的期待视野理论

接受美学理论一改先前流派将作品文本置于核心地位而忽视读者地

---

① 《习近平谈治国理政》(第二卷),外文出版社2017年版,第378页。
② 《习近平谈治国理政》(第二卷),外文出版社2017年版,第376页。
③ 《习近平谈治国理政》(第二卷),外文出版社2017年版,第378页。

位的境况，突出了读者在阅读和接受中的地位。持这一理论观点的学者认为那些尚未被阅读的文学作品是"一部文本"，其在被读者阅读之前只能被视为一种"待开发状态"，因为从某种角度来看，其中有许多内容处于"待理解""待阐释"的状态，唯有通过读者的开发如阅读和思考等环节，将读者自身见解反作用于作品本身，才能填补"文本"的空缺，进而将其完善成为完整饱满的"一部作品"。由此可见，文学作品由"文本"转化成为"作品"与读者的参与和创造密不可分。可见，读者对象在"文本"向"作品"过渡转化的过程中起着关键性作用。读者的参与既是对本书的一种再创造，也是激发文学作品输出价值内涵的重要因素。

读者在阅读与接受一部作品之前，其思想并非一块白板，而是在其先在经验、欣赏水平、能力素养、理想愿景等融合激荡下已然形成一个"潜在结构"，这就成为其接纳新知识、新观点的一个"前置性"因素，在这个因素的规约之下，读者天然地具有不同的接受能力与欣赏水平，并对作品有着不同的内心期待。在学习与接受的过程中，若欣赏的内容或学习的作品比较通俗易懂，并与读者自身经验阅历有较高程度的"重叠"，就比较符合读者的现有期待，因而也能较为顺利地将读者的期待具体化现实化，实现读者对作品的理解和接受；相反，如果一部作品的观念与读者的阅历经验"相去甚远"，就意味着文本与读者的现有期待发生冲突、矛盾和抵牾，此时读者必须充分调动自身的主观能动性，打破现有期待，通过新的阅读经验提高认识水平，才能完成对作品的理解与接受。与此同时，个体的审美经验与生活经验是组成期待视野的两大形态，二者的融合形成了读者特有的阅读视野。个体审美经验与生活经验不是一成不变的，也昭示着期待视野处于不断变化与动态建构过程中。

期待视野是由主体的个人阅历与生活经验等因素影响造成的。如果一部作品与读者本身的经验结构或生活阅历契合度较高，就更符合读者的心理期待，也更容易被读者所理解。这种心理期待是读者在阅读之前就已产生并拥有的，定向期待往往会转化为一种下意识甚至无意识的认知与行为习惯倾向，久而久之内化为一种稳定的、惰性的心理定势，影响着读者对作品内容与形式的取舍、评价与吸收状况。可见，读者的这种"定向期待"带有明显的主观性，是基于个体认知经验的一种"阐释性的接受"，因此也造成了认识的差异性，而所谓"一千个观众眼中就有一千个哈姆雷特"的现象也就不难理解。可以说，作品在一定程度上是读者主体性的一种彰显与显现。

创新期待与定向期待相反，读者在阅读过程中除了接受既定的教育内容，还具有一种主动的、自觉的创生性力量，催动其在阅读过程中不断调整思维定势，以全新的视野结构接纳作品思想，于思想深处下意识进行着再创造活动。读者往往将先前的审美经验、心理期待与作品呈现的新视野进行比对，发现二者之间的"审美距离"，修正、重构自己的认知系统以缝合距离，最终"重塑"并提升自己的审美期待，实现对原有视野的扩展。

期待视野理论与高校思想政治教育具有一定的相适性。大学生思想政治教育获得感形成的前提在于思想政治教育供给与大学生心理期待的交叠，这也就打开了大学生接受与获得的思想通道。当然，仅仅满足大学生的定向心理期待还是远远不够的，还必须以优质的内容与理论供给引导学生的创新期待，使其收获"意料之外"的知识、见解、价值等，并建构起新的期待视野，从而以更高的审美经验与更高的精神境界投入思想政治教育学习与实践。与此同时，还必须指出的是，教师在引导学生的创新期待时，一定要注意把握定向期待与创新期待之间的张力。若是仅仅满足学生的定向期待，重复性认知会导致学生接受倦怠，难以提高学生认知；反之，若创新期待远远高于学生的定向期待，则教学内容很难进入学生的视野，客观上使学生成为教学过程的"局外人"，容易产生排斥心理，造成适得其反的窘境。因而，应在契合学生定向期待的基础上充分调动其创新期待，打开并拓展学生的视野，从而提升大学生的获得感。

二 哲学解释学的视域融合理论

"视域"一词最早由尼采提出。胡塞尔在其现象学中也很重视揭示这一范畴。胡塞尔认为,一切意识都是"视域"的意识,"视域"是流动着的、活的,具有时间性。德国学者伽达默尔受胡塞尔影响进一步指出,视域"囊括和包容了从某个立足点出发所看到的一切"[①],他的思想不断深化与发展,并提出了"视域融合"理论,这一理论蕴含着哲学辩证思维,具有重要的理论意义:其突出了人的存在性、历史性与主体性,突破了传统阐释学只重视文本视域的传统,承认了文本与读者的平等地位,为双方的交流互动打下了思想基础;强调了"理解"活动的历史性,指出主体和对象均是历史性的,任何脱离历史境遇的理解都是抽象的;拓宽了理解的范围,因为读者与文本二者的视域经过碰撞融合之后会形成一个崭新的视域,而这个视域又会成为下次理解的"前见";中和了极端客观主义与极端主观主义,将主观主义所盲目倾向的主体地位与客观主义极端推崇的客体地位实现了统一,以"人与文本的互动"为逻辑主线在两种极端之间找到一条中间道路;否定了"唯一的意义",因为"理解者和解释对象之间的空间,是理解的创造性得以实现的地方……二者交汇之处,出现了一个意义的世界"[②]。

"视域融合"理论超越了以往主客二分的理解传统,认为理解的双方是平等的对话关系。"前见"是视域融合的合法前提,"时间间距"是外在前提。视域融合这一理论"既蕴含着人的存在方式的本体论意义,又蕴含着人的意识活动的认识论意义,同时兼具实现'此在'的方法论意义"[③]。视域融合具有四大特征:互融性、历史性、开放性与对话性。

视域融合理论与高校思想政治教育具有一定的相适性,为我们研究新时代高校思想政治教育提供了一个方法论视角,即在思想政治教育过

---

① 洪汉鼎:《诠释学:它的历史和当代发展》,人民出版社2001年版,第67页。
② 曹剑波:《论伽达默尔的先见学说》,《唐山学院学报》2004年第3期。
③ 冯永华:《视域融合下的慕课开发研究》,博士学位论文,河南大学,2018年。

程中，要重塑教师角色、扩延文本意义、消解话语霸权、搭建交流平台。因为从某种意义上看，教育者、教育内容与大学生由于各自"前见"、视域和"时间间距"存在一定的理解张力，思想政治教育要以"读者"即学生视域与"文本"即教育者和教育内容视域间的相互理解为基础。即从现实的人出发，以解决学生现实困惑为导向，既强调教育内容与学生生活世界的关联，同时观照学生的主体性，通过关联与对话实现双方在"现实"意义上的视域融合，为提升大学生思想政治教育获得感奠定逻辑和实践前提。其一，通过与学生生活世界相关联，实现视域交叠。大学生是"现实的人"，栖居于现实生活之中，其社会关系和思想观念是"生活过程在意识形态上的反射和反响"①，并随着实践变迁而变迁。思想政治教育只有与人们的生活世界相关联，实现二者视域的关联或交叠，方能架起二者沟通理解的桥梁，进而为学生理解其内蕴的主导价值取向奠定前提。因而，教育主体在其"前见""界域"上来理解与诠释教育内容时，要有将其融入学生的文化心态、思想意识和生活方式之中的自觉，一方面通过解释性关联激发主流价值的直观感召力，另一方面通过批判性关联澄明主流价值的间接解释力，从而对学生的思想观念和社会实践起到积极引导作用。其二，与学生建立对话关系，实现视域融合。新时代思想政治教育要通过对话，调动大学生的主体性和主动性，促使主导意识形态去"悬浮化"和学生思想意识的"拔高"和"上浮"，二者经由交互式对话走向融合，从而在某一个界面上达成互相"理解"，使教育内容的意义域得以澄明和重现，实现二者精神的会通。

三 教育学的建构主义学习理论

建构主义学习理论的诞生标志着学习理论的新阶段，其"是一种方法而不是一种学说"②。自20世纪末传入我国以来，这一理论对我国教育工作思维革新产生了广泛的影响。皮亚杰最早提出儿童认知发展理论，

---

① 《马克思恩格斯文集》（第1卷），人民出版社2009年版，第525页。
② ［瑞士］让·皮亚杰：《智力心理学》，商务印书馆2015年版，第121页。

他认为学习是一种"自我建构",主张从主客体互动、内因与外因相结合的角度来认识知识发展过程。他认为知识是双向建构的产物,即个体经验与社会经验的互动、协调,最终达至一种平衡状态。知识的建构过程涉及两个基本环节——"同化"与"顺应"。"同化"是当外部信息与个体经验结构相似度较高时,个体就相对容易找到二者的契合点,进而通过自身的理解方式与思维范式将其纳入自己的认知体系,促进自身知识结构的完善,主要体现为"量"的变化;"顺应"是当外部信息与个体原有认知结构存在错位现象或存有间距无法匹配时,个体会自觉主动修改原有的思维范式或认知结构,以更好地接纳新事物和新观点,体现为"质"的变化。

建构主义学习理论的主要观点包括:知识是主体意义建构的产物,并不具备绝对的客观真理性,因为社会实践是不断发展的,人的认识也是不断深化的;知识不是学生被动从老师那里接受的,也非教师输出传递的,而是学生根据自己的经验背景,辅以一定的学习资料,将外部信息与自己原有知识结构进行互动调试,从而构建起自己的理解系统与意义系统;教学活动应是一种创造性活动,在此过程中应突出学生的主体地位,一定要重视学生的先在经验,以此为基础,注重启发、协调、引导学生思维路向,并将学生的原有经验作为新知识的生长点。可见,建构主义学习理论具有一定的合理性。从认识论上看,它强调知识的建构性原则与人在认识中的主体性地位,与马克思主义所主张的人的主观能动性具有一定的契合性。它提出的教学观,推动着教学理念的更新,将人们从传统"教师中心""教材中心"的理念中解放出来,更加关注学生这一主体,对于调动和培养学生的积极性、主动性和创造性有重要影响。这些观点对新时代教育教学改革实践具有一定的借鉴意义。

建构主义学习理论与高校思想政治教育具有一定的相适性。新时代我国发展的新的历史方位、新形势、新任务和新使命等对思想政治教育提出了更高的要求。同时,新时代青年对象也有着鲜明的特点,如成长需求多、可塑性强、务实性趋向明显以及国际化生存样态等,使得大学生对思想政治教育有了更高的需求层次。而当前思想政治教育现状与学生需求之间的张力就构成了一对现实矛盾,这也意味着思想政治教育要想提升教育的针对性与说服力就要紧紧扣住这一"矛盾",正视教育过程中存在的一些实践困境,如主客体认识结构错位、教学模式单一落后、教学质量评价体系不完善等,借鉴建构主义学习理论来改进高校思想政治教育。重视发挥学生的主体作用,转变教学理念,调动与激发学生主动获取知识信息的内在动力;优化教学模式,增加情境认知,促使学生将自身经验转化为更高层级的认知;完善评价体系和考核指标,促使学生在知识获得之外寻求更多的思想获得与价值获得。

第二章
大学生思想政治教育获得感的理论阐释

对基本理论进行一般性的考察,可以为后续研究奠定坚实的基础。为了深入全面地把握大学生思想政治教育获得感的本质,本章将梳理大学生思想政治教育获得感这一论题的一般性问题。从马克思主义哲学角度廓清其内涵实质,认清其思想内核;剖析其构成维度,明晰其外延边界;概括其基本特征,把握其逻辑共性。

第一节　大学生思想政治教育获得感的内涵实质

大学生思想政治教育获得感指的是大学生在接受思想政治教育的实施影响后产生并拥有了"增量"发展部分,且这部分"增量"发展为大学生的主观能动性所察觉与体认,并内化为大学生的一种力量,实现了大学生自身的某种超越,呈现出一种客观的积极心理状态。作为一种感受性的评价范畴,其实质是对思想政治教育活动与人之间关系样态的表征,是人的实在感、认同感、超越感和效能感综合而成的系统感受。

一　本体层面:"先在结构"优化发展的实在感

本体指的是存在者得以存在的终极基础、始基与根本。[1] 大学生思

---

[1] 张艳涛、吴美川:《"百年未有之大变局"之哲学分析》,《吉首大学学报》(社会科学版)2020年第1期。

想政治教育获得感形成的前提基础是"获得",而"得"是在一定的基点,也即一定的常量的基础上经过变量实现"增量"发展的部分。要从本体层面把握大学生思想政治教育获得感,需廓清其论域边界,即锚定大学生思想政治教育获得感是基于什么样的常量,经过怎样的变量,实现什么样的"增量"。

大学生思想政治教育获得感建基的常量即大学生思想政治教育的"先在结构"。先在结构指的是一种既成的结构状态,而对这个状态的刻画是基于一定的参照点,同时这个既成的结构状态会引发实践对象的变化。[①] 其具有以下规定性:首先,它是一种关系性存在。因为先在结构究其根本来说是一种"结构",而任何"结构"都是由诸多要素构成的一种系统,系统内部的诸要素往往以一定的方式进行组合链接进而发挥出不同的功能。其次,它是一种历史性存在。从时间上看,其不是固定不变或停滞不前的,而是以一定的时间节点为参照,随着历史的流变处于辩证转化过程之中。对"当下"这一参照点来说,"先前"可谓之"先在结构",而对未来的某一个参照点来说,"当下"也可谓之未来者的"先在结构"。从空间上看,"先前"的要素系统结构是"当下"或"未来"系统结构得以存在的前提,后者是前者历经一定的过程之后生成的变体。可见,先在结构都是由历史产生,指向历史的未来,是一种时空范畴。最后,它是一种现实性存在。它不是虚无缥缈的,而是已然真切存在的一种"现实",制约并影响着主体后续的社会实践活动。可见,思想政治教育先在结构是人们在进行思想政治教育这种精神生产活动之前就已具备的一种精神性"前提"和"基础",如个体所具备的政治素质、思想修养、道德法治状况等,在思想政治教育实践过程中起着承前启后的中介作用。一方面,先在结构可以为现实及未来的思想政治教育目标设定、计划组织提供"蓝图"与摹本;另一方面,先在结构可以驱动思想政治教育实践,并作为一种参照物刻画出主体素质的增量发

[①] 隋宁:《思想政治教育先在结构研究》,人民出版社2015年版,第37页。

展部分,以此作为考量大学生获得感的参考。

获得感是一种实实在在的感觉,建立在主体"确有所得"的基础上,没有获得是不可能产生获得感的。大学生思想政治教育获得感同样如此,是基于大学生思想政治教育"先在结构""增量"发展的一种实在感,直观体现为大学生的知识架构更加完善、理性认知更加深刻、意志品质更趋坚韧、价值体认有所升华等,归结起来就是大学生可以体会到一种实在感,这种实在感是油然而生的,且这种实在感有以下三个规定性:第一,大学生可以切实感受并评判其是否获得某种满足。通常通过思想政治教育实践活动,大学生的某些需求会得到一定程度的满足,如其可切实觉知其在认知层面、情感层面、思想层面、意志层面和行为层面是否发生变化,这些都是真实可感的,如若未能体验或感知到自身的变化,大学生则难以产生满足感、实在感,获得感也就无从谈起。第二,大学生可切实感知其获得了哪些满足。人的需要具有历史性、层次性与发展性。通过某个阶段或某一次的思想政治教育只能满足教育对象部分而非所有需要,至于哪些需要得到了满足,大学生可以切实感知,如是否能纠正其偏颇认知、是否可引领其价值判断、是否可纠偏其错误思维、能否激发起其积极的情感体验、可否引导其做出正确的行为选择等,这些都是真实可感的。第三,大学生可切实感知其获得了多大程度的满足。教育对象的满足感与教育者的付出并不一定成正比,因为个体需要的差异性以及在时空上的变化性决定了教育对象获得了多大满足只能由其自身进行评判。总之,大学生思想政治教育获得感体现为主观与客观的统一。从客观结果来看,大学生接受高校思想政治教育之后其"先在结构"实现了优化发展,表现为量的增长或质的跃迁,表现为一种向上、向善的发展态势。另外,从主观感受而言,大学生切实产生一种内在的实在感,这种实在感是切实有所客观获得之后产生的内心的认同与心灵的充实。具体来说表现为以下三个方面:

从时空维度看,大学生思想政治教育获得感这一命题锚定了该论题所指向的主体为大学生而非其他学段的学生,论域为高校思想政治教育而不是任何其他学段或形态的教育,其核心落脚点是大学生学习之后较之"先前"有所增益与进阶。从主体维度看,大学生思想政治教育获得感是相较于教育对象即大学生的"先在结构"而言的,当然这里的大学生既是个体概念,也是群体概念,还是整体概念,意指大学生在接受思想政治教育之后先在结构通过增量发展实现跃迁与优化,如其"知识逻辑体系建立得更加完善、思想认识误区得以澄清、情感态度得以升华、形成主流价值认同、树立起崇高的理想信念、精神家园得以重建等"①。从社会发展境遇看,大学生思想政治教育获得感表现为个体素质与社会发展的契合性,即大学生个体素质的实然状况与社会发展的应然要求之间的差距缩小了,大学生可以更好地调试个体与社会发展之间的关系,使其更好地适应社会发展,进而从社会获取更多的社会支持,同时也可以更好地将个人成长发展融入社会发展洪流,实现个人与社会发展的同向同行,这样就既可以将个人获得感反馈为一种积极力量助力社会发展,反过来也可使个人在社会发展中获取更多的获得感。

可见,从本体层面看,大学生思想政治教育获得感是基于大学生思想政治教育"先在结构"这一常量,通过教育实践活动产生真实可感的客观结果,其中既涵盖物质利益的满足,也涵盖精神方面的增益,既包括显性的利益也包括隐性的利益,使大学生产生自身需求得到满足、认识得以深化以及自身素质得以提升等的实在感。

二 认识层面:主客契合的认同感

承接上文可知,大学生通过接受一定的教育拥有了"增量"发展部分,且这部分"增量"发展为大学生的主观能动性所察觉与体认,外在表现为一种积极、正向的情绪体验与主观感受。从认识层面看,大学生思想政治教育获得感集中体现为需求得到满足后的思想认同感。表现如下:

---

① 鲁晴、张秋辉:《大学生思政课获得感刍议》,《辽宁工业大学学报》(社会科学版) 2019年第6期。

第一，思想政治教育供给与大学生需要的契合。人们的需要可分为不同类型和层次。从需要产生的时间来看，人类最先追求的是一些简单的需要，比如自然需要、物质需要和基本的生存需要，其后才发展到对社会需要、更高精神需要的追求；从需要层次来看，先满足人的生存、物质等低级需要，人们才有余力去追求发展、享受等更高的需要。大学生思想政治教育获得感是一种高层次的需要，其超越了人的自然生存需要。要想让大学生发自内心体会与感悟到获得感，那么思想政治教育就必须设法满足大学生在精神层面的一些期待与需要，而大学生需要的满足程度越高，获得感就越强。新时代大学生是"个性的一代"，也深深打上"数媒土著"的烙印，其正处于成长的显著期与需求的高峰期，有着更多更高更强的精神发展需求，他们每天或主动或被动处于知识的汪洋之中，决定了他们有着更为开阔的视野和更多的见识，对思想政治教育获得感也有更高的追求。思想政治教育应坚持立德树人的教育理念，紧扣"人的需要"，显扬人的价值，以促进人的发展为旨归。随着社会主要矛盾的转变与人的需要层次的升级，思想政治教育在输出教育内容之余也应更加关切大学生的心理欣悦感，教育方式也更加凸显艺术性与个性化，教育评价也更加立体、多元、综合化，使大学生切实感受到有血有肉、有"情"有"义"的思想政治教育，让其深刻认识到思想政治教育并非"悬浮"于日常生活之外，而是与日常生活紧密链接，引导其体认自身思想意识的"上浮"与"提高"，进而对高校思想政治教育产生一种认同感。

第二，思想政治教育内容供给与大学生期待视野的契合。期待视野即读者在阅读与接受一部作品之前，其思想并非一块白板，而是在其先在经验、欣赏水平、能力素养、理想愿景等融合激荡下已然形成一个"潜在结构"，这就成为其接纳新知识、新观点的一个"前置性"因素，在这个因素的规约之下，读者天然地具有不同的接受能力与欣赏水平，并对作品有着不同的内心期待，而其接受作品的过程也是其内心期待逐渐具体化、对象化的过程。教育内容供给与大学生期待视野契合度越高，越容易得到大学生的接受。这就向我们指出一个方法论原则，即要想提升大学生的获得感，就必须提高思想政治教育供给与大学生心理期待的"交叠"度，当然，这指的并不是思想政治教育对大学生需求的盲目"迎合"或消解其理论品格进行"降维"供给，而是积极寻求其与大学生的心理期待的交融。这就要求思想政治教育要"紧紧瞄准学生的精神需要，捕捉恰切的时机，充分把握适度原则"[①]，同时注重以优质、高阶的内容供给引导学生的创新期待，增强大学生的参与度，推动其收获"意料之外"的知识、见解、思想与价值等，并建构起新的期待视野，打开其审美视界，从而以更高的精神境界投入学习，努力去"套"更多相似内容，进而收获更多的见解。

第三，大学生客观实际获得与主观心理感受的统一。思想政治教育不是一般的物质性活动，而是主要通过精神传递、价值引领与观念扬弃来塑造人的实践活动，这也就决定了相较于一般的获得感，思想政治教育获得感具有一定的特殊性，它也不具备一般获得感的测量方式。当然，获得感的引入主要是想提供一种新的理念，但这也并非意味着其是难以捉摸把握的。事实上，大学生思想政治教育获得感是可以衡量的。它是个体实际获得与心理预期之间的商数，商数愈高则获得感愈高。大学生思想政治教育获得感往往以大学生的主观感受为衡量标准，以其需要的实现程度为衡量内核。这也就意味着，大学生的获得感具有两个不可或缺的方面，即客观实际获得与主观心理感受，其是建立在大学生"确有所得"的客观基础之上。然而，"有所获"并非就意味着"有获得感"。获得感的产生还需有一种主体意识与主观感受能力，即大学生对其所得"客观收益"具有一定的主观感知能力并对其进行积极评价，其是一种从直接感知到间接体悟、从表层感知到深层体认的螺旋上升式认识过程。只有客观获得与主观认识相统一，大学生才能产生获得感，而偏废客观获得与主观感知能力任何一个方面，都难以有获得感。

[①] 刘梅敬：《新时代思想政治教育获得感的生成逻辑》，《社会科学战线》2019年第7期。

三 价值层面：境界提升的超越感

从价值层面看，大学生思想政治教育获得感是大学生在体认"自身得以发展"的客观实际与心理认同之后蕴生出的一种超越感。"人类超越了自然而然的'世界'，超越了自然而然的'生命'，于是成了'万物之灵'——超越性的存在。"① 超越性这一概念往往与精神生活相关联，大学生思想政治教育获得感也更多指涉大学生精神境界的提升与超越。主要体现为以下三个方面：

第一，超越物质需要指向精神需要。"需要"是"获得感"产生的动力与前提。人既有物质性需要，也有精神性需要。精神性需要是人的较高层次需要，是物质性需要的升华。思想政治教育的特殊性决定了其"是通过间接的方式来满足教育对象的精神需要"②。并且，有学者指出，思想政治教育"作为主动影响人的精神生活的经常方式"③，通过价值引领、熏陶示范、正面引导等方式对大学生思想行为进行匡正指引，引领其追求更高层面的精神需要。据此，可以说，大学生思想政治教育获得感理应指向人的精神感受，是大学生在接受思想政治教育之后其多方面需要得到满足的一种主观方面的积极正向感受，而这些需要既包括物质需要，如学业成绩、考核评优、就业素质等方面一些实实在在的"物质性"获得感，也包括精神层面的满足，如精神追求提升、精神信仰坚定与精神淬炼升华等。通过思想政治教育，"引导大学生反思生活的意义，探寻生命的价值，树立高尚的信仰追求，为他们的全面发展提供正确的精神指引"④，坚定大学生对马克思主义的信仰，也帮助其形成良好的心

---

① 孙正聿：《超越意识》，吉林教育出版社2001年版，第2页。
② 张业振：《论思想政治教育获得感的内涵、逻辑及其实现》，《思想政治教育研究》2018年第6期。
③ 颜晓峰：《人民日益增长的美好精神生活需要对思想政治教育提出的新课题》，《思想教育研究》2018年第3期。
④ 伍廉松：《论社会主义核心价值观对大学生精神生活的引领》，《思想政治教育研究》2020年第2期。

理调适能力与社会适应能力，指引着大学生不断追求精神的满足与超越。

第二，超越眼前利益指向长远利益。"'思想'一旦离开利益，就一定会使自己出丑。"[1] 思想政治教育在很早之前就已出现，例如《说文》中提及的"礼"，即是早期思想政治教育的形态，旨在"事神致福也"。其后，随着私有制与国家的产生，思想政治教育天然地与统治阶级利益联系在一起并为其服务。随着历史发展的不同阶段从低级形态向高级形态演进。"利益"始终是一根红线贯穿社会发展与思想政治教育的始终。从利益实现的时效性和影响作用的深远性来看，分为眼前利益（也称为短期利益）与长远利益。眼前利益是指当下紧前阶段即可立竿见影实现的、短期的、直接性利益，其往往是看得见摸得着的利益，多以物质形态存在。与之相反，长远利益往往是应然的、指向未来的、具有更高层次的、具有深远影响的利益。思想政治教育不是普通的物质性活动，它无法在短期内为学生提供很多直接的、现实的、当下的利益，而是需经过大学生的接受与内化方能转化为一种内在精神力量，且越是深刻的、优质的教育内容越是需要时间的验证与打磨，经过长时间的积淀方能外化出来。大学生通过思想政治教育，可以获得一种终极的关怀、开阔的思维与长远的眼界，努力向真善美靠齐。可见，通过思想政治教育可以帮助大学生克服利益物化与短期化的价值取向，收获一种追求高层次、长远利益的精神上的获得感。

第三，超越个体指向群体。"人的发展和社会发展互为手段和目的。"[2] 思想政治教育的精神内核为主流价值。思想政治教育既承担着传播主导意识形态的使命，又要促进社会成员思想政治素质的提升；传播社会主导意识形态时要将其与社会成员的需求统一起来，促进社会成员思想政治素质提升时要努力将个体发展愿景与社会要求有机结合起来。这就向我们指涉出思想政治教育获得感的内在规定性：个人的思想观念、价值取向应与社会主流意识形态和社会主义核心价值观的要求保持同向

---

[1] 《马克思恩格斯文集》（第1卷），人民出版社2009年版，第286页。
[2] 陈尚志主编：《人的自由全面发展论》，中国人民大学出版社2004年版，第138页。

并进，唯有如此，个人的思想政治素质方能实现正向提升，否则就是负向消解。可见，通过系统的思想政治教育，可以使大学生更加清晰地厘定思想政治教育的理念、目标与价值等，进而深刻理解个人发展与社会发展的辩证关系，主动地、有意识地将个人与社会发展有机统一起来，也引导其在成长过程中不仅关切个人的利益得失，还能在满足个人利益、群体利益的基础上树立起关切国家、民族利益的大局意识，涵养其做一个"大写的人"的精神境界。据此，可以说，大学生在接受思想政治教育之后可以涵养并蕴生出一种超越个体指向群体、将个人发展与社会发展有机统一的精神获得感。

四 方法层面：实践确证的效能感

大学生思想政治教育获得感不是一个就"感"论"感"仅停留在主观感受层面的主观性范畴，它还具有一定的实践性。

思想政治教育作为一种精神性活动，旨在缩小教育对象思想政治素质的实然状况与社会发展应然状况之间的差距，引导受教育者以较高的思想政治素质与精神境界去改造客观世界，也就是说，思想政治教育不能直接转化为物质力量，但若它为教育对象所内化成为其精神世界的一部分，则可以转化为一种物质力量去改造实践。大学生获得感的生成过程是思想政治教育客体主体化、内容对象化的过程，同时，当思想政治教育对大学生的"先在结构"产生影响并为大学生思想所认同，实现其精神世界的发展与超越之后，将会从精神力量转化为一种物质力量在实践中显现出来，使大学生在改造客观实践的过程中通过实践的检验确信自我的力量进而产生一种实在的效能感，并且认识与实践的不断互动也使得大学生的获得感处于不断生成、检验、深化的过程之中。主要体现在以下三个方面：

第一，树立正确价值观念与社会发展同向同行。新时代大学生担负着民族复兴的重任。然而，大学生所处的成长发展阶段与其肩负的使命担当之间存在着一定的张力。一方面，"青少年阶段是人生的'拔节孕穗期'，最需要精心引导和栽培"①。这一阶段的大学生正处于未成年人向成年人的过渡期，生理与心理发展不平衡的矛盾突出，其"三观"尚未完全定型且人生阅历尚浅，面对形形色色的思想观念与价值判断，容易引发思想迷茫与困惑，甚至受错误思想与价值判断的裹挟走向歧途。另一方面，当代大学生群体有着特殊的成长时代背景，他们成长于改革开放新时期，社会上的价值观念纷繁复杂，加之网络信息技术的迅猛发展，大学生身处变动剧烈的环境之中，面临着形形色色的价值场景。为了避免价值空场与错位，帮助大学生做出正确的价值判断，消除负面思想与错误价值观的不良影响，需要发挥思想政治教育的正向教化作用，引导大学生与社会发展同向同行，从而收获成长与发展。

第二，提高投身中国梦伟大实践的综合素质。高校思想政治教育需锚定社会发展坐标来进行内容供给，使教育内容同时做到以下两点：一是符合社会主流价值；二是可以推动个体在良善价值观的濡化下得到发展，且与社会发展要求相契合。当前，世界面临百年未有之大变局，国际上意识形态纷争竞夺激烈胶着，国内中国特色社会主义进入新时代，同时处于"两个一百年"的战略交汇期，社会对人才提出更高的要求。其一，"百年未有之大变局"体现在政治思想文化领域，主要表现为大国战略博弈全面加剧、意识形态竞争态势更加激烈、新一轮科技革命和产业革命加快重塑世界。"大变局"呼唤教育"大作为"。我国高校的社会主义办学方向规定了高校课程设置理应同中国特色社会主义建设的现实目标和未来方向保持一致，即高校课程体系自然而然地蕴含社会主义意识形态价值追求。引导大学生树立大历史观，坚定"四个自信"。提高大学生综合素质，肩负大变局之下的大使命。其二，中国特色社会主义进入新时代对高校人才培养工作提出更高要求，要想推动中国特色社会主义事业向前发展，需要源源不断的有着正确政治立场的人才的支持，这就呼唤坚持教育的"四为服务"，也呼唤高校思想政治教育凸显理论

---

① 《习近平谈治国理政》（第三卷），外文出版社2020年版，第329页。

武装、精神塑造和价值引领功能。

第三，推动个人价值的实现。从方法层面观之，一定的获得感往往会给学生带来一定的受惠感，换句话说，使大学生在物质或精神方面收获或多或少、或浅或深、或显或隐的益处，生发出一种助益未来发展的效能感，收获了自己预期的成果，如学业上取得预期的成绩、心理得到完善与发展、道德水平得以提升等，总之取得一些预期的成果。马克思、恩格斯指出："单个人的历史决不能脱离他以前的或同时代的个人的历史。"[1] 可见，每个人的生存与发展都无法脱离其阶级性和社会性，要发展就必须获得社会系统的支持与保障，而思想政治素质在一个人的素质结构中具有主导地位。因而，通过提升大学生思想政治教育获得感以提升其思想政治素质，从而校正个人发展坐标，使个人利益与社会发展统一协调起来，进而促进个人的发展，建立起与社会需要相匹配的素质结构，在社会发展中找到属于自己的位置，反过来也可以有效地获得社会系统的支持，更有助于实现自身的价值。

第二节　大学生思想政治教育获得感的构成维度

要想全面深刻地了解大学生思想政治教育获得感的内在意蕴，还需对其进行断面剖析。然而根据不同的划分标准，其具有不同的构成维度。本书从个体心理发展的过程维度进行纵向剖析。思想道德的形成是个体"知、情、意、信、行诸要素在发展方向上由不一致到一致，在发展水平上由不平衡到平衡的矛盾运动"[2]。据此，本书认为，大学生思想政治教育获得感由获取知识的成就感、体验情感的共鸣感、锤炼意志的坚韧

---

[1] 《马克思恩格斯全集》（第3卷），人民出版社1960年版，第515页。
[2] 陈万柏、张耀灿主编：《思想政治教育学原理》（第二版），高等教育出版社2007年版，第124页。

感、坚定信仰的崇高感和规范行为的自觉感五个维度构成。

一 获取知识的成就感

获得感不是凭空产生的,而是由于主体在先期确确实实具有了一定的获得。"获得"是"获得感"产生的源泉与基础。"获得什么"即教育者传播与输送给教育对象的内容。获得什么总是与一定的时代发展相关联的。思想政治教育归根结底也是一种教育,可以向学生传授一定的知识。而大学生最初产生的获得感恰恰就是源于其在知识层面得到了充盈与满足,进而体会到一种充实感。这是大学生思想政治教育获得感体系中最容易被察觉和感知的部分,是大学生思想政治教育获得感的基础部分。

其一,知识层面有所充盈而生发出的成就感。知识教育是思想政治教育得以展开的依托,也是其必要组成部分。对学生进行知识传授是使之形成获得感的前提与基础。高校思想政治教育要"不断提高学生思想水平、政治觉悟、道德素质、文化素养"①,向我们指涉出思想政治教育的丰富内容。教育工作者通过理论讲解、答疑宣讲、社会实践等多种方式,向大学生传授思想、政治、道德、文化、法治等方面的知识。可见,通过各种各样的教育活动,可以填补大学生知识盲区或纠正错误认识、升华其抽象思维能力,提高其政治觉悟,完善其道德品质等。在此基础上,大学生切切实实感受到自身"先在结构"得到优化这一客观事实,从内心生发出一种掌握了理论知识的成就感与充实感。

其二,形成了正确思想观念而生发出的成就感。思想政治教育主要作用于人的精神文化领域,运用主流价值、科学思想观念来作用于学生头脑帮助其建构起和谐安适的内心世界。同时,正确思想观念可以调试并校正大学生的价值判断坐标,使其能对是非、善恶、美丑作出甄别,解决精神层面可能出现的思想观念冲突,使其亲近并靠拢社会的主流价

---

① 《习近平在全国高校思想政治工作会议上强调:把思想政治工作贯穿教育教学全过程 开创我国高等教育事业发展新局面》,《人民日报》2016 年 12 月 9 日第 1 版。

值观念。在此基础上,大学生感知到获得正确思想观念给自身带来的变化,形成积极的主观体验,这便是形成正确思想观念的获得感。第一,大学生的思想水平有所提高。如假设大学生先前的认识水平为 x,通过教育达到"x+1"的水平,也就是其掌握了更多的知识、超越了自身的有限认知或肃清了原有的认识盲区,可以更加全面深刻地分析一些现象;思维能力不断提升,可以将先前学习的零碎知识整合起来,在思想中架构起一定的体系;自身视野得以打开,不再只囿于自己的"一亩三分地",将目光与思维的触角伸向更深的层次、更广阔的领域。第二,大学生的思维品质有所提升。这主要表现为大学生找到了切入科学思维路径的门径。大学生修炼了自身的哲学思维、掌握了一定的规律。思维与规律是无形无状的抽象之物,通过学习马克思主义相关理论,帮助大学生获得哲学原理和科学方法,学会运用哲学思维思考解决现实问题,根本性提升自我获得感,反过来也可为思想政治教育的学习注入动力。

其三,积淀文化素养的获得感。思想政治教育是一种特殊的文化现象,表征为一种"文化场",其不单单是对教育对象进行知识传授,还对教育对象的精神世界起着浸润、濡化与建构作用,旨在通过知识的习得、情感的体验等环节帮助教育对象积淀起较高的文化素养。文化素养是内隐的,首先建立在具备一定知识面的基础上,要紧扣时代脉搏,习得具有时代前沿感的知识,如习近平新时代中国特色社会主义思想,扩展大学生获得感借以获得的新内容,为提升大学生思想政治教育获得感提供精华养分和宝贵资源;通过深入生活世界,盘活与延展所学知识的价值内涵;通过坚守文化立场,提升审美素养与文化品位,进而生发出积淀文化素养的获得感。

二 体验情感的共鸣感

情感因素在思想政治教育过程中起着支点与催化作用。体验情感的共鸣感是指大学生的情感需要与思想政治教育内容产生了共振共鸣,形成一种正向的积极感受。此处的情感不仅包括瞬时的、浅层的情绪体验,还涵盖长期养成的情操、对待事物的理智态度、稳定的道德判断标准以及更高层面的审美情趣等。大学生在教育过程中若有体验情感的共鸣感则可以编织起师生之间的情感纽带。

　　第一，情感被唤醒的共鸣感。在实施具体的教育之前，学生的情感处于萌生、待挖掘状态。唯有唤醒学生的情感，使学生产生"代入感"而非游离于教育过程之外的疏离感，方能拨动与激活学生的思想接收触发器，并撬动学生的学习兴趣点，使其主动参与到教育过程之中，进而体验到一种情感被唤醒的积极情绪。第二，情感被点燃的共鸣感。通过情感的共鸣点燃学生对教育者与教育内容的共情感与同理心，进而产生"在场感"，打开学生认知接纳通道，使其乐于学习。唯有如此，方能及时审视师生互动情况，进而调整教育节奏，最大限度地激发大学生"在场"参与的积极情感体验。第三，情感被关切的共鸣感。通过情感的流动，使学生感觉自己被予以平等对待和尊重，建立起其对教育者和教育内容的信赖感，增强师生之间、学生与所学内容之间的互相理解，达致视域融合境界，使学生积淀起积极正向的情感态度，在此基础上进一步促使学生做到移情换位，以更主动的态度投入学习。第四，情感被激励的共鸣感。大学生肩负重大使命，然而面临着身心发展不平衡现象，有时思维发展与学习内容之间存在割裂或断层情况，这时往往需调动情绪、情感等非理性因素，唤起学生的精神动力，导引学生体验积极情感，并用积极情感洗礼其思想，促使其向教育内容靠拢，逐渐缝合其思想道德状况与社会发展要求之间的间距，激发大学生奋发有为勇于争先的斗志，投身到社会主义现代化建设中。

　　这种情感体验的共鸣感多是潜隐性的，在大学生获得感内容构成中占据着十分重要的位置。一方面，这一环节影响着学生对先期所学知识的接受态度。知识传授不是一个"授—受"的物理过程，一些知识点和理论也不是一下子就能理解悟透的。大学生产生积极情感体验后，可以更好地亲近教育内容，在后期学习过程中自觉复盘所学知识点并积极内化。另一方面，这一环节影响着学生后期的接受态度。大学生体验到情感的共鸣之后，会有一种被理解的共情感，进而以坚定的意志接纳教育内容所承载的主流价值，将所学内容作用于具体实践，推动行为获得感的生成。

三　锤炼意志的坚韧感

"意志是一种根据某种规律的概念而自己决定行动的能力。"① 可见，意志是一种深层精神动力，但又不限于精神层面，还可以驱动实践。锤炼意志的坚韧感是指大学生在完善知识架构、感受积极情感体验的基础上，精神意志不断巩固夯实、凝练升华，可以从规律的层面掌握思想政治教育并对自身的行为有较强的自我决断、自我控制等能力，使得意志得到锤炼而更加坚韧。这个层面的获得感是连接认知与行为实践的重要环节。

第一，意志控制水平得以提升。思想政治教育不是一方"授予"另一方"接受"的单向度线性运行过程，也不是教育者的"独角戏"，而是需要学生的自觉参与。在这一过程中，教育对象自身的理性起着重要作用，在理性的指引下教育对象有目的地注意、择取一定的教育内容纳入自身认知体系。同时，教育对象自身的非理性因素，如意志控制也起着重要作用。如若没有坚强的意志控制力，学生很容易由于自身惰性、惯性心理的干扰难以投入学习，相反，强有力的意志控制可以使学生克服依赖、脆弱心理，调动起内在的学习动机、主动积极参与教育过程，生发出一种锤炼意志控制的坚韧感。第二，意志品质得以优化。思想政治教育的主流价值取向会帮助大学生锤炼自身的进取、自律、乐观、顽强等优良意志品质，使其自身的意志延展出更强的韧性，而不再是脆弱的。如此，在遇到一些困难或者迷惑时，可以在积极意志品质的帮助下以一种乐观的心态、顽强的品格作出正确决断，进而廓清思想困惑、解决价值困顿。第三，意志境界得以提升。思想政治教育不仅单向度"输

---

① ［德］康德：《康德著作全集》（第4卷），李秋零主编，中国人民大学出版社2005年版，第435页。

出"主导价值引领大众,也重在通过正面宣传、情感渲染、思想熏陶、艺术审美等表现优势引发人们的思想交流、互动、争鸣进而达成共识。在思想政治教育的濡化与指引之下,大学生得以建构起较高的意志境界,精神格局也予以打开。引导公众意志形成集体理性,瞄准公众意志与国家意志的联结点,通过价值引领实现公众意志与国家意志的交汇,使人民与时代发展同鸣共振,激发起投身中国特色社会主义建设的精神动力。

四 坚定信仰的崇高感

信仰是一种特殊的精神机制,可以从终极价值取向上牵导与感召人的思想和行为。思想政治教育的功能之一便是对人们进行信仰塑造,"解决好世界观、人生观、价值观这个'总开关'问题"[①]。大学生思想政治教育获得感映射在信仰层面体现为一种坚定信仰的崇高感。

其一,信仰层次跃升的崇高感。人的发展具有"未完成性",人的精神境界是随着不断流变的生活世界而逐渐超越、升华的。与动物不同,人们除了追求"现实"的物质生活之外,还诉求精神的自由与愉悦。黑格尔说"'自由'是精神的唯一真理"[②]。信仰是人们精神家园的栖居地,其发展具有层次性,"最低层次是生活信仰,其次是道德、法纪信仰,最高层次是马克思主义信仰"[③]。人们除了具有追求美好生活的生活信仰之外,还诉求道德信仰、政治信仰等精神层面的信仰与依归。思想政治教育除了提振大学生对生活的信心之外,还用马克思主义的科学理论引导学生追求更高层次的精神文化需要。新时代对大学生思想政治素质、情怀格局追求的要求比以往更加深刻,将承载主流价值的教育内容以恰

[①] 鞠鹏:《中共中央政治局召开专门会议对照检查中央八项规定落实情况讨论研究深化改进作风举措 中共中央总书记习近平主持会议并发表重要讲话》,《人民日报》2013年6月26日第1版。

[②] [英] W. H. 沃尔什:《历史哲学导论》,何兆武、张文杰译,北京大学出版社2008年版,第141页。

[③] 王成光、王立平:《邓小平的马克思主义观与当代大学生马克思主义理论教育》,《思想理论教育导刊》2010年第1期。

切的方式传导给大学生，使其内化为大学生的精神追求与坚定信仰，从而增强大学生的使命担当意识，推动大学生内心深处生发出信仰层次跃升的崇高感。

其二，自觉坚守信仰的崇高感。信仰不是思辨冥想的产物，而是侧面反映着个人与社会之间的关系。大学生在高校接受系统的思想政治教育，在具备了一定的综合素养并将其主体客体化后，逐渐树立起马克思主义信仰和共产主义理想信念，并从理论学习式信仰层次向自觉坚守式信仰层次跃升。而信仰和信念的支撑，会促使大学生生发出强大的精神动力，指引其具体实践，在实践中形成坚守马克思主义信仰的崇高感。大学生通过相关学段的思想政治理论课程、"四史"教育和形势政策教育等，深刻体认马克思主义科学理论，并将其作为实践中的具体方法论。如近年来，受社会转型和西方意识形态渗透的影响，文化领域出现多样化社会思潮，一些异质错误思潮会干扰人们的价值判断和消解主导意识形态话语权，大学生通过系统的马克思主义理论教育，形成马克思主义坚定信仰，自觉与错误思潮划清界限。在与错误思潮博弈斗争过程中，大学生可以生发出自觉坚守信仰的崇高感。

五　规范行为的自觉感

历经获取知识的成就感、体验情感的共鸣感、锤炼意志的坚韧感和坚定信仰的崇高感之后，大学生所得所获会归结并落脚至行为层面，形成一种规范行为的自觉感。即通过思想政治教育增强了改造客观世界与改造主观世界的能力，并在实践中自觉规范自身的行为举止。规范行为的自觉感也是前文所述四种获得感的实践归依。

其一，在改造客观世界的过程中自觉规范行为。思想政治教育的归宿在于帮助大学生从自然人向社会人转变，引导并匡正其在改造客观世界过程中的行为。首先，大学生会学习到政治、法律、思想、道德等方面的知识，在一定程度上解决了其面临的思想困惑与价值困顿，帮助其作出正确的行为选择；其次，大学生在接受思想政治教育的过程中，其学习能力、抽象思维能力、社会适应能力等得到提升，可以较好地解决生活中可能面临的一些困境；最后，大学生可以习得改造客观世界的科学方法论，深化了对客观世界运行规律的认识。如此，大学生在社会规范框定的范围内进行实践活动，更易得到社会的肯定和认可，使大学生收获了实践效能感与成就感。

其二，在改造主观世界的过程中自觉规范行为。首先，筑牢思想屏障，肃清错误观念，坚守科学方法论，并将其内化为自身的行为准则，对标新时代所勾画的时代新人标准，牢记使命担当意识，努力成为可以堪当重任的时代新人，在推动社会发展中贡献自身的力量。其次，主动纠偏错误观念。当今"00后"大学生成长的社会环境更加多元化，现实生活中多种价值观念激荡，大学生应增强自觉反思能力，不断审视自我，坚定理想信念，主动纠偏自身的错误认知与价值观念，为正确改造客观世界和完善自我把准方向。最后，自觉规范自身行为。一是联系实际力学笃行，将所学所感作用于对象化的实践活动，彰显人的主体性；二是主动参与学习实践，在实践中将所掌握的知识和思想固化为正确行为，夯实行为层面获得感，脚踏实地投身到中国梦的伟大实践中。

第三节　大学生思想政治教育获得感的基本特征

基本特征旨在反映逻辑共性。大学生思想政治教育获得感除具有获得感的一般特征，即真实性、价值性、正向性之外，还具有自身的一些特征，包括物质性与精神性并存、过程性与结果性同在、趋同性与差异性俱在、现实性与发展性共进。

一　物质性与精神性并存

一方面，大学生思想政治教育获得感具有一定的物质性。思想政治教育获得感作为一种主观精神体验，其得以生成的前提是大学生切切实实有所获得。第一，教育对象所获得的内容是客观存在的。教育对象在教育者的启发、引导与教育之下，形成一定的理论知识体系、养成一定的实践素质能力。质言之，教育对象获得的知识与能力是客观存在的。同时，教育对象所获得的知识与能力可以经过对象化活动转变为物质力量指导实践。第二，思想政治教育获得感的生成是基于对教育对象物质性需要的满足。大学生愿意学习与接受一定内容的心理前提是希冀其可以满足自身的某些现实的需要，这也是催动其接受教育内容从而生成获得感以及衡量获得感强弱的心理触发机制。而思想政治教育并非"离天近离地远"的说教，其在一定程度上可以满足教育对象的某些物质性需要，如获取知识、提高业务、评奖评优等，同时其以坚定正确的价值取向对学生的其他物质性需要进行引导与校正，激励教育对象以合理的方式去满足自身的物质性需要。第三，思想政治教育获得感的物质性表征为其有助于教育对象获取物质性的利益。思想政治教育实践固然并非物质性生产活动，无法直接给教育对象带来物质利益，但其可以通过实践转变为物质力量，并最终转化为物质利益和形态。另一方面，大学生思想政治教育获得感又具有精神性，"虽然常用一些表达主观感受的词汇，如满足、开心、充实等来表达获得感，但其并不停留于'感'的层面，而是有着更深层的所指，究其根本是作用于人的精神世界的，旨在让人收获一种意义"[①]。在获得感生成的过程中，教育对象通过教育者的思想教育、政治教育、价值观教育等不断完善自身的价值观念之后产生精神满足感，以及在现实生活中将价值观念实践后感受到其真理性与价值性的愉悦感。这种精神满足感与愉悦感正是由人的精神世界所确认与确证的，因而具有精神性。通过以上物质性表现与精神性表现的综合审视可知，大学生思想政治教育获得感是"客观获得"与"主观体验"这两个维度的统一，是物质性与精神性的统一。

[①] 李合亮：《"获得感"视阈下高校思想政治教育实效性建设》，《教学与研究》2021年第7期。

二 过程性与结果性同在

其一,大学生思想政治教育获得感既是从客观维度对获得结果的表征与彰显,也是从主观维度对获得过程的刻画与体悟,体现为过程性与结果性的同在。获得结果通常是瞬时的、短暂的结果呈现,而获得过程往往是曲折的甚至反复的。从个体获得感的生成逻辑看,其往往经由"树立期待—主动参与—对标校核—增益肯定—积淀强化—外化践行"等一系列过程,包含主观与客观、主体与客体、内在与外在的矛盾运动。从思想政治教育实施过程看,受学生学习体悟的渐进性、教育内容展开要经历的过程性等因素的影响,思想政治教育往往也要经历一个"输出—反馈—调适—再输出"的过程,因而大学生的获得感也是处于动态生成、变化之中。一个获得感产生之后,将会内化为大学生的某种能力或素质,实现大学生"先在结构"的优化与发展,从而可以更顺畅地接受新的内容,为生成下一个新的获得感打下一定的基础。可见,大学生思想政治教育获得感体现为结果性与过程性的同在,获得过程往往具有持续性特征,切忌因暂时没有达成结果或者结果与预期的部分偏离而否定过程的付出,而应以一种过程性思维来看待获得感。

其二,大学生对思想政治教育获得感的体认是过程性与结果性的统一。获得感是教育对象的一种主观性评价,其并不是一蹴而就的,而是在一定的时间维度中展开的。大学生思想政治教育获得感产生的前提是大学生真正有所实际获得,但"有获得"并非意味着"有获得感"。将获得转化为获得感离不开教育对象的有效感知与价值体认。所以,大学生在客观上有所获得之后,通过客体主体化的过程对获得内容有所觉知,并进一步产生价值层面的认同,最终积淀成一种获得感。当然,由于大学生并不是接受着整齐划一的教育内容,对思想政治教育的敏感度也各有差异,难免有一些学生在感知自身的实际获得时有所钝化,这就在客观上延长了获得感生成的时间,其可能要经过更长的一个过程方能体会到思想政治教育获得感。

其三，从获取内容的系统性来看，大学生思想政治教育获得感的获得过程是过程性与结果性的统一。大学生接受着多元化的教育内容，但并不代表这些内容是杂乱无章的。相反，其是一个科学的体系，具有内在的系统性。思想政治教育过程也不是一个"输出—接收"的线性过程，而是包含着教育要素之间的多维互动与协调耦合，体现为教育过程的互动性与教育结果的创造性。高校思想政治教育遵循固有的运行规律，以循序渐进、逐步进阶的方式将教育内容传输至大学生群体。大学生除了接受思想政治理论必修课外，还会通过学术报告、专题讲座、课程思政、辅导员日常教育、党团活动等渠道接收不同样态、不同理论含量的教育内容，这些教育素材渗透在大学生生活的方方面面，并非一次实施，也并非同时同地进行，而是在大学生日常生活的必要环节持续开展。

三 趋同性与差异性俱在

一方面，出于一定的教育目标、既定的教育内容，大学生思想政治教育获得感具有一定的趋同性。另一方面，获得感又是一个主观评价性范畴，可谓言人人殊。大学生思想政治教育获得感在趋同性之处，也存在一定的差异性。

其一，"先在结构"的差异性决定了大学生思想政治教育获得感的差异性。大学生有着不同的成长经历、家庭背景、个性特征、知识结构与生活环境，思想政治教育敏感度也不尽相同，决定了大学生的先在结构有着鲜明的差异性，也就意味着大学生接收获取思想政治教育的前提基点是不甚相同的。因而，就算基于同样的"客观获得"，大学生的获得感受也会呈现出显著的差异性。例如，通过将理论层次相同的教育内容传导给不同年级的大学生进行观察可以发现，不同年级的大学生有着不同的获得感，高年级的学生随着理解能力的提升与知识占有的丰富，对思想政治教育的理解也会愈加深刻，相同的内容供给之下会形成更高的获得感。

其二，不同形态的教育内容决定了大学生思想政治教育获得感的差异性。从表现形态看，大学生思想政治教育内容既包括知识层面的内容，也包括非知识层面的内容。思想政治教育除进行知识传授外，还具有鲜明的意识形态性，因此也更加侧重价值观维度的教育，注重对大学生进行价值引领与人格塑造等。那些属于知识层面的获得比较容易被学生体验到，如掌握了一个具体的知识点、解决了一个思想困惑、理解了一个理论等，这些都因为相对"实在"而更易转化为获得感。而那些非知识层面的获得，如理想信念的树立、道德品质的提升、法治意识的提升等，则很难立竿见影被察觉与被量化，往往需要经过实践的检验与认识的深化方能被感知，这样的获得就难免具有滞后性与延宕性，因而也相对不容易转化成获得感。甚至有些教育内容被大学生"日用而不知"，这就显得大学生的获得感存在一定的"钝化"。

其三，在不同接受阶段，大学生思想政治教育获得感具有一定的差异性。"大学生在汲取一定的思想政治教育内容时，很难一下子就掌握到位，而是要经过三个环节，分别为'学''用'和'得'"[1]，这也就决定了在不同学习接受阶段，获得感的感受程度是不同的。大学生获得感的产生首先建立在"学懂"的基础上，这一环节可以帮助大学生将教育内容通过感性认识上升至理性认同层面。而对教育内容产生情感亲近与理性认同之后，往往可以增强大学生进一步获取教育内容的主动性与积极性。"学懂"之后，大学生会尝试进行实践运用，这是一个主体客体化的过程，也就是将自身掌握的教育知识应用到实践中以确证自我力量的过程。如果通过实践的检验则会使大学生收获一定的精神满足感，不仅巩固了其先前的获得感，也反过来将在一定程度上激发大学生的积极心态。当然，仅仅在精神层面有获得感还是不够的，这样的获得感也是不够稳固的，还必须有实实在在的物质利益作为支撑。当然，思想政治教育作为一种精神性实践活动不会直接满足人们的物质利益，但大学生可以在内化相关内容之后将这样的精神力量转化为物质力量，进而正

---

[1] 程仕波：《论大学生思想政治教育获得感的三种样态》，《思想教育研究》2020年第10期。

确处理个人与社会的关系，收获更广泛的社会支持，体会到成长进步带来的受惠感，这样的获得感是更深层次的获得感。

四 现实性与发展性共进

人具有"与生俱来的自然性、历史演化的社会性和自由发展的精神性"[①]，同时，思想政治教育具有鲜明的时代性与先进性。大学生获得什么内容以及在多大程度上有所获得，不仅受社会发展的宏观条件的制约，还受教育者灌输与传导的教育内容的制约，同时也与其自身主观能动性有关。总体来说，大学生思想政治教育获得感体现为现实性与发展性的共进。

一方面，大学生思想政治教育获得感具有现实性。这与获得感的感知主体、获得客体等因素息息相关。首先，思想政治教育获得感的感知主体是现实的人，而绝非抽象的所指；思想政治教育获得感生发的内容来源于现实的生活；思想政治教育获得感的产生直接源于大学生现实需要的满足。教育工作者根据一定的教育目标与要求，结合学生的思想品德实然状况，贴合学生的生活世界，注重体察并关怀大学生在思想上遇到的困顿、学习上面临的困窘、生活上遇到的不如意等，及时化解学生的思想疙瘩、现实困厄与不良情绪，帮助大学生树立积极向上、乐观自信的精神面貌，满足大学生的思想成长需要。

另一方面，大学生思想政治教育获得感具有发展性，表现在以下三个方面。第一，从社会发展的宏观视域看，随着新时代的到来，大学生的获得需求较之前有所提升。新时代不仅仅是一个时空概念，也意味着社会存在的巨大变化，引致社会意识方面，如思想观念、哲学艺术、道德法律等也随之发生变化。思想政治教育也面临新的境遇，作为一项实践性很强的工作，其需以新时代这个"新存在"为出发点。要想提升思想政治教育的实效性，还需紧密关照当今大学生的需求。新时代的大学

---

① 盛春、李晓庆：《大学生精神成长视域下思想政治工作的现实反思与实践优化》，《思想理论教育》2020年第11期。

生多为"95后"与"00后",党的历史任务的变化呼唤着时代新人的塑造与养成,大学生对思想政治教育工作有了更高的期待。大学生希望思政课教师可以实现教学方式方法的革新:运用视频播放软件、微信公众号、在线学习网站、各种手机端App、网络论坛和社区等学生喜闻乐见的方式进行教学。第二,从接受内容的层次来看,大学生的获得需求有所发展,诉求发展性、储备性获得感。一是大学生的获得需求随学习阶段的进阶而跃升。大学生在低年级时对知识占有、环境适应等有更高的获得需求,而随着年级的增长,他们需要储备一些有助于他们胜任工作岗位的素质,如较强的逻辑思维能力、较好的人际交往能力、较好的思维品质等,大学生的获得需求不断发展。二是大学生的获得需求随其肩负的历史使命的彰显而发展。大学生的重要地位决定了大学生除了关注自身的成长与发展外,还要有承担历史使命的自觉,需将个人理想与历史使命有机统一起来。这就要求大学生不仅要关注个人利益的满足,还要致力于维护国家和民族利益。大学生在接受思想政治教育的过程中,除了眼前的、即时性获得感外,还应诉求收获一些发展性、储备性获得感。这样一方面可以提升自身素质,助益个人未来发展;另一方面可以调试自身与社会的关系,将自己打造成社会发展需要的人才,推动自身社会价值的实现。第三,从大学生内在需要的维度来看,大学生的获得需求有所发展,更加诉求精神性获得感。新时代大学生多为"00后",他们出生的年代改革开放取得了巨大成就,社会经济飞速发展,而且很多大学生为第二代独生子,他们的父母也有着相对较高的受教育程度,这些学生从小生活在"421"家庭,集万千宠爱于一身。他们个性张扬,追求小众的精神圈层,喜爱"二次元"、动漫、游戏等,兴趣爱好表现出很强的个性化倾向。他们鲜少体验过生活的艰辛,由于物质生活相对富裕,"物质需求满足所带来的获得感及其边际效用呈递减趋势"[1],他们转而更加关注个体情感体验、精神成长与价值实现,更加诉求思维品

---

[1] 赵静:《大学生思想政治教育获得感的内涵与结构》,《思想理论教育》2020年第3期。

质、理想信念、价值引领等方面的获得感与满足感。思想政治教育工作者除了解决大学生共性的理论困惑、思想困扰、心理困厄等实际问题之外，还需树立"精准思政"思维，尽量以"精准化""个性化"方式对接不同学生的发展需求，满足大学生的精神获得感。

第三章
新时代大学生思想政治教育获得感的生成理路

前面的章节从"理论一般"的视角阐析了大学生思想政治教育获得感的基本理论,随着进入新时代这一关系全局的历史性变化的时空场域,新时代大学生思想政治教育获得感这一"实践具体"有着特殊的表现。本章基于历史唯物主义的科学精神和辩证唯物主义的实践理性,试图廓清新时代大学生思想政治教育获得感的生发语境、生成来源、生成过程以及生成规律。

第一节 新时代大学生思想政治教育获得感的生发语境

新时代思想政治教育发生域意转换,大学生思想政治教育随之发生嬗变,大学生思想政治教育获得感有着特定的生发语境。从时代场域的宏观视角看,新时代思想政治教育形势发生变化;从高校教育的中观视域看,思想政治教育范式发生转换;从大学生主体境遇的微观视角看,思想政治教育论域发生变化。

一 时代场域维度：思想政治教育形势变化

新时代是思想政治教育创新发展的崭新时空场域。受新时代这一新存在的影响，新时代思想政治教育面临着新形势，即基于新时代的新判断确立了思想政治教育新旨向、基于新时代的新使命提出了思想政治教育新要求、基于新时代的新实践形成了思想政治教育新特征。

(一) 新判断确立思想政治教育新旨向

新时代形成两大新判断：一是新时代是我国发展新的历史方位；二是我国社会主要矛盾发生转变。这两个新判断影响着新时代思想政治教育的顶层设计和战略谋划，指涉出新时代思想政治教育的新旨向。

其一，对历史方位的新判断指涉新时代思想政治教育的战略旨向，即加强党对意识形态工作的领导。意识形态是思想政治教育的内旨。当前，世界面临百年未有之大变局，国际上意识形态纷争竞夺激烈胶着，国内中国特色社会主义进入新时代，同时处于"两个一百年"的战略交汇期。新的世界格局和新的历史方位决定了社会主义意识形态工作进入新阶段、面临新主题，转换新思路和采取新方式，客观要求增强社会韧性以保障社会平稳发展，社会韧性最深层次的支撑源于文化自信，而文化的核心在于价值观。然而，进入新时代，我国发展不平衡不充分的问题日益凸显，利益格局的调整、经济体制的转轨、社会阶层的分化、思想文化的碰撞，使得人们的价值观念日趋多样化[1]，呈现出一定的价值观撕裂、思想多元、社会生存原子化等境况。"能否做好意识形态工作，事关党的前途命运，事关国家长治久安，事关民族凝聚力和向心力。"[2]这就要求新时代思想政治教育要完善主导意识形态的解释框架，论证主导意识形态的真理性和优越性，并将主导意识形态内嵌其中，对大众进

---

[1] 袁银传、郭亚斐：《试论当代中国价值共识的凝聚机制》，《思想理论教育导刊》2018年第7期。

[2] 《习近平在全国宣传思想工作会议上强调：胸怀大局把握大势着眼大事 努力把宣传思想工作做得更好》，《人民日报》2013年8月21日第1版。

行询唤，激发其归属感、参与感、荣誉感等，进而通过构建"想象关系"，将大众询唤为与主导价值取向相契合的价值主体，最终树立起中国特色社会主义价值自觉和价值自信。

其二，对社会主要矛盾的新判断指涉新时代思想政治教育的价值旨向，即坚持以人民为中心。新时代随着社会主要矛盾的变化，人们的"需求侧"发生变化，同时"新的主要矛盾带来很多社会矛盾和问题，是现阶段诸多人民内部矛盾产生的主要根源"①。这就要求新时代思想政治教育要紧扣主要矛盾已然发生变化的脉搏进行致思与实践，坚持以人民为中心的价值旨向。一方面，新时代社会主要矛盾发生转变，人们需要的内涵更加丰富，除物质生活之外，还诉求民主、公正、法治等精神领域的发展，这就要求思想政治教育紧紧扭住以人民为中心的价值旨向，站稳人民立场，探寻并满足大众的利益需求点，拓展人民共同利益，夯实认同基础；另一方面，随着社会主要矛盾的转变，"人们将在更多领域产生利益分化和重构，人民内部矛盾更加复杂化和多元化"②，如教育、就业、医疗、养老、移民安置、环保治理等民生、经济、社会和环保等领域的矛盾不断呈现。新时代在遇到关系复杂的矛盾时，思想政治教育要坚持以人民为中心的价值旨向，凸显人文关怀，"要认真想一想……群众对我们的改革是否满意"③，以此协调人民的利益关系，防止矛盾激化。

（二）新使命指明思想政治教育新任务

"实现中华民族伟大复兴是近代以来中华民族最伟大的梦想。"④ 思想政治教育作为"一切工作的生命线"，应与新使命同频共振，为推动实现中华民族伟大复兴保驾护航。

其一，新时代思想政治教育要为实现新使命凝聚民心，巩固社会价值共识。新使命的实现有赖于宣传动员社会各界人士力量，凝聚起广泛

---

① 张毅翔：《新时代思想政治教育的新使命和新要求》，《思想教育研究》2017年第11期。
② 张毅翔：《新时代思想政治教育的新使命和新要求》，《思想教育研究》2017年第11期。
③ 《习近平谈治国理政》（第一卷），外文出版社2018年版，第98页。
④ 习近平：《决胜全面建成小康社会 夺取新时代中国特色社会主义伟大胜利——在中国共产党第十九次全国代表大会上的讲话》，人民出版社2017年版，第13页。

的社会价值共识,接续奋斗。第一,通过彰显制度优势凝聚思想共识。只有将制度优势转化为切实的治理效能,进而物化到人民群众的获得感之维,扭住人民群众利益的"最大公约数",标明中国特色社会主义制度的人民性价值底色,即发展依靠人民、发展为了人民,才有利于凝聚起广泛的思想共识。改革开放催生出多元利益格局和社会阶层分化现象,导致社会矛盾的增加和复杂化,中国特色社会主义制度随着社会形势的变化不断调整变革,为不同阶级阶层寻求安身立命之所并进行良性互动提供可能,表明中国特色社会主义制度的开放性和包容性,有利于强化政治认同。思想政治教育通过古今、中外、前后比较视域和理性审视,彰显中国特色社会主义制度的绩效优势和理念优势,奏响主旋律最强音,形成正能量合唱团。第二,通过坚定共同理想信念强化政治认同。习近平总书记指出,"一个国家,一个民族,要同心同德迈向前进,必须有共同的理想信念作支撑"[①]。以改革开放为转折点,我国经济领域发生深刻变革,利益格局深刻变动,一定程度的利益分化造成价值诉求多样化的局面。以共同的理想信念寻找价值之间的"重叠共识",推动价值再构,消解多元价值之间的张力与冲突,形成"普遍性价值理念",可集约激发人们的精神动力和实践力量。思想政治教育通过多种形式展示中国特色社会主义的伟大成就,擘画中华民族美好未来前景,讲好中国攻坚克难奋斗不止的故事,激发起人民积极的政治心理体验,树立起正面的政治认知,形成积极靠拢、主动亲和的政治情感,实现坚定的政治认同,最终汇聚成巨大的实践合力。

其二,新时代思想政治教育要为实现新使命指引航向,提供思想政治保障。第一,新使命要想实现,首先要牢牢坚守我国的主导意识形态使之不变色,因为"中国共产党为什么能,中国特色社会主义为什么好,归根到底是因为马克思主义行!"[②] 在新时代,要不断开辟马克思主

[①]《习近平谈治国理政》(第二卷),外文出版社2017年版,第323页。
[②] 习近平:《在庆祝中国共产党成立100周年大会上的讲话》,《人民日报》2021年7月2日第2版。

义新境界，使其成为护航民族复兴的锐利思想武器，保证历史使命这一宏大愿景在正确思想和价值取向的指引下不断实现。第二，强化"四个自信"教育，增强党和人民完成历史使命的决心和信心。当前世界局势面临着诸多不确定性，国内改革也进入攻坚阶段，使得我国发展的内外部环境出现一些风险挑战。从国内看，深层次矛盾的凸显导致一些人存在功利浮躁、怨恨报复、颓然焦虑和偏执激进等负面情绪；从国际看，一些别有用心的国家炮制散播"中国威胁论""中国搭便车论""国强必霸论""文明冲突论"等论调，抹黑损毁中国的国际形象，这些都难免导致一些人存在焦虑心态。新时代思想政治教育要提升"精神气质"[①]，主动接洽人们的内在需要、自觉瞄准人们思想意识的薄弱环节，针对性进行教育内容供给，强化"四个自信"教育，增强人们实现历史使命的信心。第三，开展中国梦宣传教育，增强人们的历史使命感。新使命不会自动实现，而是有赖于一代又一代青年接续奋斗。新时代思想政治教育要深化中国梦教育，围绕重大事件、重大节庆等重大主题主线，采取主题宣讲、文艺会演、影音视频等多种形式进行宣传阐释，同时关切人们的生活世界，解决人们的现实困惑，以强有力的说服力掌握群众，促使人们的意志汇入国家意志洪流。引领人们将个人梦想与历史使命相结合，在历史与现实的坐标中找准自身的定位，提升家国情怀，自觉担负时代责任。

(三) 新实践形成思想政治教育新特征

习近平总书记在党的十九大报告中，以观照历史和现实、结合理论和实践、统筹国内和国际的宏大视野，通过"五个是"揭示了新时代的新特征，展示了新时代的历史地位、现实境域和未来意蕴。新时代是关系全局的历史性变化，也是思想政治教育的新的发展场域。新时代思想政治教育适应新时代的变化，呈现出一些新的特征。

其一，新时代思想政治教育的战略性主导作用更加凸显。新时代，

[①] 刘建军：《试论新时代思想政治教育的精神气质》，《文化软实力》2017年第4期。

思想政治工作被提到治党治国的战略高度，勘定了思想政治教育在中国特色社会主义事业大局中的战略方位，思想政治教育的战略性主导作用更加凸显。"思想政治工作是党的优良传统、鲜明特色和突出政治优势，是一切工作的生命线。"①纵观党的革命、建设和改革的长期历史进程与伟大实践可知，思想政治教育始终是中国共产党的优良传统，被置为党的"生命线"高度，"在方向愿景、价值共识、精神氛围、主体塑造等方面"②，积极发挥建构作用，核心是旨在"塑造一种价值共识，以此作为支撑国家治理现代化平稳运行的保障"，以一种柔性方式参与和引领国家治理现代化，服务党和国家发展全局，推动国家治理现代化。"五个是"的新时代是机遇与挑战并存的新时代，利益多样、思想多变、价值多元，呼唤思想政治教育以科学的理论为指导，用马克思主义夯实人民群众的理想信念，使思想政治教育真正成为凝魂聚气、强基固本的基础性工程。

其二，新时代思想政治教育的全域性贯穿更加高扬。进入新时代以来，思想政治教育的活动空间不断向社会公共空间拓展，逐渐延展为治国理政层面的一种全域性活动，"贯穿党的建设和国家治理各领域各环节各方面"③。除覆盖学校、机关、企业、社区、农村等社会发展的不同领域、不同群体和不同层面之外，还介入公共空间。因为随着社会利益格局的深刻调整，现代人的交往格局发生变化，活动的公共空间日益扩大。而公共空间除物理属性之外，还承载着一定的思想政治教育意义空间，"通过作用于人的思想政治观念来提升人们公共性的思想政治素质……能动地参与公共空间的建构……提升人的公共理性和公共生活质量"④。此外，网络技术的更新换代与新媒体的蓬勃发展，使思想政治教

---

① 《中共中央 国务院印发〈关于新时代加强和改进思想政治工作的意见〉》，《人民日报》2021年7月13日第1版。

② 叶方兴：《论思想政治教育在国家治理现代化中的角色定位》，《思想理论教育》2021年第2期。

③ 《中共中央 国务院印发〈关于新时代加强和改进思想政治工作的意见〉》，《人民日报》2021年7月13日第1版。

④ 陈念、金林南：《思想政治教育在公共空间中的出场思考》，《思想理论教育》2020年第2期。

育拓展至网络空间成为可能,形成了网上与网下共存、现实与网络并联的全域性的思想政治教育格局。

其三,新时代思想政治教育的时代性实践更加充盈。马克思主义中国化理论成果库犹如一个蓄水池,随着实践的发展,不断有新的源泉涌现。新时代随着习近平新时代中国特色社会主义思想的诞生,"成果库"又被注入了新鲜的源泉,这也就为思想政治教育提供了新的教育素材。新时代思想政治教育实践更加体现时代性,集中体现为指导思想更具时代性、教育内容更具全面性、教育方式更具多样性、教育底气更加强劲。

二 高校教育维度:思想政治教育范式转换

进入新时代以来,高校思想政治教育研究与实践范式发生转变,为形成与提升大学生思想政治教育获得感奠定了较好的基础。

(一) 教育理念:从"社会价值取向"转向"社会价值取向与个体价值取向并重"

思想政治教育是一种特殊的社会实践活动,旨在引导教育对象体认特定的价值原则并将其客体主体化。思想政治教育诞生之初是服务于党和国家的"宏大叙事"的,在革命、改革和建设的不同时期,最大限度地动员与积聚了广大人民群众的热情与力量,但"应当避免重新把'社会'当做抽象的东西同个体对立起来"[①],因而需调适思想政治教育社会价值与个体价值之间的张力,构建起二者交互性共生关系。这种共生关系并非对其社会价值取向的规避与淡化,而是在坚守马克思主义理论指导之下深掘其人学取向,关注"现实的人",实现人的解放与个性发展。近年来,高校思想政治教育更加注重显扬人的价值,促进人自身的全面发展。新时代的大学生成长于改革开放之后,这一时代背景下的物质财富更加充裕,社会开放程度更高、流动性更快。同时,他们又属于"压缩的时空"下的一代,扁平化的"压缩时空"为大学生成长提供了更多

---

① 《马克思恩格斯文集》(第1卷),人民出版社2009年版,第188页。

的知识获取渠道。因此，这一时代的大学生也具有鲜明的代际特征，他们思想开放、思维开阔、接受新事物的能力强、属于网络的土著民，他们敢于打破常规、注重个性的显扬、喜欢标新立异、善于表达自己的观点。他们正处于成长的显著期与需求的高峰期，有着更多更高更强的精神发展需求。高校思想政治教育如果遮蔽学生的个体发展需要，仅仅强调宏大叙事，将会悬浮在现实生活之上，难以赢得学生的真正认同。因此，新时代高校思想政治教育在关照社会发展需要之余，应融入学生的生活世界，对学生的个体需要也予以应有的关照。要有将学生置于教育教学工作的核心地位的自觉，着力培养学生的创新能力、自主精神等；以科学的教育方式，激发学生的兴趣点、契合其心理偏好，引导教育对象从心理到行为的科学发展方向；研究教育对象的内在需要，满足其个性的全面发展和社会关系的全面发展。

（二）教育方式：从单向度灌输转向主体间交往对话

新时代高校思想政治教育的方式正从单向度灌输转向主体间交往对话。教育过程是教育者有目的、有计划将特定教育内容灌输传导至学生头脑的过程。在传统思想政治教育过程中，教师处于施教的高势位，而学生处于"接受"的低势位。然而，新时代的大学生生活环境更加宽松包容，他们有着更强的自主意识，同时他们还是网络的天然"拥趸"，信息来源更加广泛多元，这就使得他们通过非课堂渠道获取更多知识与能力成为可能，如此便打破了教师的知识占有高势位的优势。如随着网络技术的迅猛发展，物联网、云计算、大数据等的技术革命正深刻影响与形塑着人们的生产方式、生活方式以及思维方式，当今社会人们的生活方式越来越数字化、智能化。网络走进了千家万户，智能手机"人手必备"且更新换代速度快，新媒体发展也一路高歌猛进。新媒体所具有的方便快捷、准入门槛低、交互性强、形象生动、个性化推送等优势，使其成为思想政治教育的重要载体，也为大学生获取教育内容提供了崭新的渠道与途径。网络课程、算法推送和虚拟仿真教学等手段，突破时空限制，实现数字资源、优秀师资与教育数据的共享，使大学生获得并享受信息红利。新时代的大学生可以通过运用信息技术自主地获取时事要闻、思想观念、心理健康、道德品质等方面的教育内容，在一定程度上使得学生自主性接受与教师主导性教育之间存在矛盾。因此，新时代高校思想政治教育要用"'我你关系'取代'我它关系'"[1]，构建主体间交往对话式的师生关系。一方面，注重凸显学生的主体地位，观照新时代大学生的接受特点，通过采取多样化的教学方式、引入多样化的教学手段，激发调动学生的积极性和自主性；另一方面，注重提升教师素质，增强教师的教学胜任力，以扎实的理论功底赢得学生认可，以系统的理论讲解统合学生的碎片化认知，并注重观照学生反应、学生需求以调整教学节奏。质言之，既要对学生的主体性予以充分尊重与呵护，也要对教师的主导性予以维护与保证，使二者之间保持合适的张力，通过交往对话共同助推高校思想政治教育以适宜的节奏运行。

（三）教育目标：从思想性教育向"人的自由而全面的发展"教育转变

传统思想政治教育以思想性教育为主，重在实现社会主导意识形态的社会化，而"思想政治工作从根本上说是做人的工作"[2]，旨在"培养德智体美劳全面发展的社会主义建设者和接班人"[3]，这就呼唤高校思想政治教育理应具有关切"现实的人"的境遇的自觉。诚然，现代性的"出场"和对"理性"的高呼是源于对封建思想与宗教限囿的一种拒斥与反抗，这在当时是具有历史进步意义的。然而，随着资本固有弊端的不断暴露，人们开始对资本主义"理性王国"进行反思与批判，20 世纪中后叶以来，后现代主义思潮逐渐兴起并蔓延开来。后现代主义思潮对现代主义有着明显的反叛与解构，导致理性失去了其本真的含义与所指，而是滑向了工具理性的泥淖，引发诸如理想信念迷失、主体意识失落、

---

[1] 燕连福：《大学生思想政治教育范式转换研究》，光明日报出版社 2013 年版，第 40 页。
[2] 《习近平谈治国理政》（第二卷），外文出版社 2017 年版，第 377 页。
[3] 《习近平谈治国理政》（第三卷），外文出版社 2020 年版，第 328 页。

消费文化猖獗等现代性危机，把人类推向了"文明的火山口"①，"现实的人"的发展陷入了困境，面临单向度发展、价值观撕裂、人性物化异化等精神危机。高校思想政治教育作为一种塑造人的精神实践活动，以"立德树人"为价值旨归，旨在激发大学生的精神动力、提升其精神境界、锻造其精神品格，超越人的发展悖论困境，帮助其构筑起美好的精神家园，指引人的自由全面发展。可见，从教育目标的维度看，新时代高校思想政治教育超越了纯粹的思想性教育的边界，向人的自由而全面发展的境界跃进。

三 主体境遇维度：思想政治教育论域变化

新时代这一最新的社会存在为大学生思想政治教育提供了崭新的时空场域。场域是由各种关系组成的特定社会空间，本质上是一种关系性存在，影响着新时代大学生思想政治教育的问题域、价值域和实践域。

（一）问题域变化：大学生思想品德发展的实然状况与时代新人要求之间的矛盾

矛盾滋生问题，"问题是事物矛盾的表现形式"②。质言之，矛盾的转变往往会牵引问题的变化，进而推动问题域的转换。这也就为我们厘清新时代思想政治教育的问题域提供了一个思路和抓手，即回到其所面临的基本矛盾中去寻找线索。

众所周知，思想政治教育的基本矛盾贯穿教育活动的始终。进入新时代以来，基本矛盾的双方的内涵也发生了变化。一方面，新时代中华民族伟大复兴的历史使命内在规定了高校思想政治教育担负着"努力培养能够担当民族复兴大任的时代新人"③的崇高使命。然而，当前大学生思想政治品德状况面临发展不平衡、不充分的问题。不平衡既体现为

---

① [德] 乌尔里希·贝克：《风险社会》，何博闻译，译林出版社2003年版，第3页。
② 中共中央文献研究室编：《习近平关于协调推进"四个全面"战略布局论述摘编》，中央文献出版社2015年版，第86页。
③ 《习近平谈治国理政》（第三卷），外文出版社2020年版，第328页。

个体内部思想政治素质各要素之间发展不协调，如存在重智育轻德育、重知识轻能力、重理论轻实践等倾向；又体现为个体之间的思想品德状况存在较大差异，如不同教育背景、生活经历、个性结构的大学生其思想品德发展状况并不均衡。不充分既体现为大学生个体内部思想政治素质各要素未达到成熟的状态，如政治信仰不够坚定、道德修为不够高尚、家国情怀不够深厚等；又包括大学生整体的思想政治水平未达到时代新人的要求，如部分人主体意识的失落、政治参与意识淡薄等。这二者之间的矛盾指涉出新时代大学生思想政治教育所面临的问题，即对标时代新人的要求来锚定新时代大学生思想政治教育的目标，激励大学生矢志拼搏奋斗、勇于担当奉献。

（二）价值域优化：以"立德树人"为大学生思想政治教育的价值主线

价值是一个历史范畴。新时代思想政治教育所处境遇及其内部诸因素的变化，引发其价值取向的变化。新时代大学生思想政治教育以"立德树人"为价值指向和价值统领，大学生思想政治教育的价值域得以优化。

其一，以"立德树人"为价值指向。一方面，中华民族伟大复兴战略目标的实现需要源源不断的德智体美劳全面发展的人才的支持与支撑，其中"德"在人的素质结构中处于基础性和核心性地位，引导教育大学生在严"私德"守"公德"之外树立"大德"，提高精神格局、充盈家国情怀、践行使命担当。同时，"立德"是"树人"前提和先导，"立德"也是"树人"的重要组成部分，"德"与"才"是辩证统一的关系，将"立德树人"作为价值指向有助于引导高校人才培养、科学研究、社会服务等朝着正确的方向前进。另一方面，当前我国意识形态领域的斗争依然严峻，各种反马克思主义、非马克思主义思潮激烈争夺大学生的思想阵地，加之网络上良莠不齐信息的影响，容易使正处于价值观形成关键时期的大学生产生思想困惑和价值困顿，这些都呼唤高校加强马克思主义理论和社会主义核心价值观教育，以社会主义意识形态武装大学生的头脑。新时代以"立德树人"作为大学生思想政治教育的价值指向，既有利于坚持人才培养的正确方向,也有助于维护高校意识形态安全。

其二,以"立德树人"为价值统领,优化思想政治教育价值结构。思想政治教育天然具有维护阶级统治的工具属性,往往服务于党和国家中心工作,在不同历史时期呈现为不同的价值体系结构。如在革命战争时期,思想政治教育重在通过政治动员凝聚民心,因而其政治价值与思想价值被置于较高的地位;在改革开放的过程中,重在引导人们在市场经济中正确处理"自我"与"他者"的关系等,因而其经济价值、文化价值较为凸显,相较于革命战争时期的价值结构发生改变。进入新时代,我国高等教育"四为服务"的发展方向对时代新人提出了更高的要求,呼吁其还应有超越性的道德信仰、担当奋进的精神状态、开拓进取的实践作为等,这些都呼唤人的本质力量的彰显,因而需聚焦"人"这个关键性能动因素本身的价值。以"立德树人"为价值统领,并非消解与遮蔽思想政治教育的其他价值,而是对价值体系的结构进行最优化的排列布阵,着力凸显价值理性与人文理念,抓住大学生的主体性这个"牛鼻子",优化大学生思想政治教育的价值结构。

(三) 实践域深化:以"三因""三全""双同"指导大学生思想政治教育实践

新时代大学生思想政治教育实践因应新形势、适应新变化,以"三因""三全""双同"指导实践,推动大学生思想政治教育实践域的深化。

其一,以"三因"方法论指导新时代大学生思想政治教育实践。第一,寓事于理,因事而化。一方面,紧扣"势下之事",引领大学生认清世情、国情和党情,坚定理想信念。引领大学生深入学习马克思主义基本原理,通过"两个必然"和"两个绝不会"了解资本主义制度与社会主义制度的对立统一关系,掌握人类社会发展趋势,坚定马克思主义信仰;引领学生了解当今时代发展大势,既要认识到和平与发展是时代的主题,同时也能认清"两个大局"之下面临的风险挑战;通过"四史"教育引领学生认识中华民族、中国共产党、中国特色社会主义事业的奋斗发展历程。另一方面,紧扣"时下之事",立足并扎根大学生的生活世界，将教材上的理论重点难点、社会上的一些热点事件、网络上的爆点沸点话题等贯穿至教学之中，回应学生的思想关切与成长期待，开解学生的思想困惑，增强教育的实效性和说服力。第二，把准时机，因时而进。一方面，紧扣时代脉搏以前进。当今我国的发展环境面临"两个大局"的深刻变化，且正处于"两个一百年"奋斗目标的历史交汇期，呼唤思想政治教育要以中国梦宣传教育为主题，引领青年学子用中国梦激荡青春梦，与时代发展同频共振。另一方面，紧扣教育时机以促进。围绕重大节庆、重大事件、重要时间节点等，如建党100周年、建国70周年、抗击新冠疫情等，精心策划形式多样的思想政治教育活动。第三，因势利导，因势而新。一方面，紧密结合世界发展大势、国内发展趋势、大学生生活态势开展工作，增强教育的针对性与说服力；另一方面，顺应未来趋势创新发展，如把握互联网技术发展脉搏，将思想政治教育延伸至网络场域，根据新时代"数字土著"一代的大学生的接受特点，创新思想政治教育理念、制度、模式与方法等，打造超融合架构的教育平台，增强教育的时代性和感召力。

其二，以"三全育人"理念打开新时代大学生思想政治教育实践的新局面。第一，全员育人强调"人人育人"，旨在调动高校各教育因素的育人意识，如思想政治理论课教师、辅导员、专业课教师、党政干部以及各职能部门的行政人员等，形成"全员协同"的教育格局。第二，全程育人强调"时时育人"，将思想政治教育贯穿大学生学习、生活、科研、社会服务的全过程和各环节，使教育不断层、不留白，保证教育的持续性与连贯性，形成"全过程贯通"的教育格局。第三，全方位育人强调"处处育人"，旨在形成"全方位融合"的教育格局。一方面要全方位提升大学生的思想素养、政治素质、道德品质等多方面的素质；另一方面要构建起线上与线下、校内与校外、课内与课外全覆盖、强融通的教育场域，促使各股教育力量形成"一盘棋"。

其三，构建思政课程与课程思政"双同"的大思政格局。高校各类课程也是思想政治教育的重要载体，为避免各类课程"各吹各的号，各唱各的调",除思想政治理论课外,应加强课程思政建设,注重挖掘课程思政中的思想政治教育资源,探寻资源与课程内容的天然契合点,架构起"融知识传授和价值引领于一体"的教学体系,使资源的育人价值内化为学生精神世界的一部分。一是"实质化"融合,彰显价值引领。课程中蕴含思想政治教育资源,决定了二者存在内在关联与耦合的可能性,但这是一个必要非充分条件,要想实现二者的真正融合,需运用整体性、系统性、创新性思维对二者的融合机制进行探索,促使二者于逻辑层面保持一致、知识层面配合补充、理论层次衔接递进、价值引领效力凸显,力避二者的融合流于形式、浮于简单嫁接而并无实质关联。二是"深层次"融合,充分揭示内涵。此处重在强调自然科学课程,因其以自然界有机或无机的事物和现象为研究对象,价值涵纳度低于人文社会科学课程,除挖掘这类课程蕴含的科学精神、科学思维和科学作风习惯之外,也要关注其背后的人性考量、价值关怀、战略定位等更高层次、更多维度的价值意蕴。三是"自然化"融合,即衔接无缝隙、不错位。思想政治教育具有很强的针对性,资源的选择与运用必须恰到好处方能为专业课程锦上添花,否则可能会导致思想政治教育与专业课程"两张皮"现象,造成事实上的资源无效,甚或思想政治教育资源非但没有支撑课程观点,反而喧宾夺主,损害专业课程自身逻辑体系、知识图谱,造成学生思想混乱。四是"全方位"融合。不同学科间教师加强交流互动,从整体上统筹课程思政教育教学,避免教学过程中"花开几朵""各自为政",以致未能担负起各自"应然"承担的教育任务,造成教学内容机械重复或存在事实性的思想政治教育真空地带。

第二节 新时代大学生思想政治教育获得感的生成来源

大学生思想政治教育获得感形成的前提是大学生"先在结构"的优

化发展。抓住"先在结构"这一内核，审视大学生"先在结构"得以优化的来源方式，新时代大学生思想政治教育获得感的生成来源通常有以下三种方式：经验整合、实践反思和逻辑推理。

一　经验整合

新时代大学生可通过经验整合习得思想政治教育获得感。以大学生的"先在结构"为基点，将以往思想政治教育实践经验作为研究对象，通过对经验进行归纳总结梳理，将有用的经验作用于新的思想政治教育实践，形成教育对象接受教育的新的逻辑起点，实现原有"先在结构"在经验整合之后的一种优化与提升。这种获得感常见之于思想政治教育活动的"规定动作"，即"需要通过传统的思想政治教育方式进行的关于系统理论知识和思想道德教育方面的传授"[①]。

思想政治教育从一开始就与处于一定日常生活中的人联系在一起。日常生活是人们生活的实际场域，日常生活也并非"价值无涉"的自在性存在，人们最便常的生活方式、日用伦常也涵纳着一定的意义维度，因而也在一定程度上需要思想政治教育的价值引领，这就呼唤将思想政治教育与日常生活有机融合起来。这里的"融合"有三层含义：一是于思维层面将二者统合起来而不是对立开来，一方面避免思想政治教育"泛化"对日常生活的主宰与吞噬，另一方面避免思想政治教育在日常生活领域"被遗忘"而陷入"空场"状态；二是打通思想政治教育与日常生活沟通的通道，并保持二者之间适当的张力，不"以思想政治教育逻辑支配日常生活，或是以日常生活的逻辑消解思想政治教育"[②]；三是将思想政治教育有效介入日常生活，使其成为重塑美好生活的一股现实力量。

新时代高校思想政治教育也应有回归学生日常生活的自觉，主动将

[①] 隋宁：《思想政治教育先在结构研究》，人民出版社2015年版，第73页。
[②] 叶方兴：《从"悬浮"走向"融合"——论现代性语境下思想政治教育与日常生活的关系》，《探索》2019年第6期。

其融入人们的文化心态、思想意识和生活方式之中。因为思想政治教育的影响对象是"人",人是生活而非实证的、是实践而非思辨的,人不是脱离生活的抽象存在,而是栖居于现实生活之中。人的社会关系和思想观念是生活过程在意识形态上的反射和反响,并随着实践变迁而变迁。日常生活也是思想政治教育资源与素材的源泉。以大学生的日常生活为依托,对思想政治教育经验进行总结,加深大学生的理解并整合至其认知图式结构中成为获得感的一种来源。如随着网络"后真相"时代的到来,情感和信念优先于真相和逻辑,谣言、误传、阴谋论、带节奏、病毒营销等充斥视觉空间,导致真相被遮蔽、曲解和掩盖,对大学生的思想认知产生消极影响,也在一定程度上分化与损伤了社会价值共识。在抗击新冠疫情期间,一些所谓的"真相"借助语言修辞表达不可告人的政治隐喻,如采用"污名化"、避重就轻、以偏概全等手段,以选择性的"真相"勾勒"真相全貌"意图侵蚀与挑衅我国的主导意识形态权威性和话语权。思政课教师应以生活世界为素材源泉,讲好中国抗疫故事,揭示背后的中国制度优势、中国力量、中国精神等,以伟大抗疫精神洗礼大学生的思想,通过经验整合重塑大学生的先在结构,驳斥"后真相"的虚伪性、片面性和主观性,引领学生澄清价值判断并作出正确价值选择,凝聚民族复兴的力量。

综上,新时代高校在对学生进行思想政治教育时,将日常生活世界中学生经验所能触及的资源整合为思想政治教育的有效资源,使抽象理论以学生所能感知的形式具体化、生动化,可以丰富大学生的认知图式系统,进而整合优化其先在结构,实现先在结构的跃升,最终形成一种思想政治教育获得感。

二 实践反思

思想政治教育不是既定的"给定",而是具有一定的建构性。新时代大学生要想生成并拥有一定的思想政治教育获得感,需经历"实践—反思—再实践"的过程以螺旋上升的态势不断积淀。即大学生首先从实践中汲取一定的教育资源,这是获得感产生的源泉与基础,因为脱离实践获得感就会丧失生发的根基从而成为漂泊的浮萍,同时,大学生不是没有感情的"容器",而是会对自身所获进行理性层面的反思,这一过程伴随着甄别、扬弃、反思与重构等内在心理活动进而形成崭新的图式系统,最终在新的图式系统的基点上进行再实践,实现认识层次的跃升。这种习得方式是经验整合式获得感的延续与升华,其将思想政治教育视为一个由"先前""当下""未来"不同阶段接续联系起来的过程,注重以系统思维对"先前"的教育实践活动进行批判和反思,既实现了"当下"先在结构的优化与超越,也为"未来"的获得感的获取建构了坚实的基础。思想政治教育获得感这一范畴不是一个扁平的概念,而是具有不同的层次与呈现"面相",其也绝非通过经验的自然积累就能实现,一些潜隐性的精神获益,如思想熏陶、情感培养、信仰确立、精神养成等需要通过理性反思来察觉与把握,需要大学生在思想政治教育实践中以一种"回溯性的感知方式"[①] 超越表象进行反思与追问,进而不断调节调整自身思想和行为以提升思想政治教育的适切性与获得感。

宏观上,注重对历时性的思想政治教育活动进行实践反思,通过思想政治教育内容的沉淀与酝酿,于历史演进历程中抚脉自身的思想政治教育获得感。例如,从时空论域上看,新时代大学生思想政治教育获得感是限定于大学生"上大学"以来的论域而言的,重在刻画大学生接受高等教育之后自身思想政治素质方面发生的积极的、正向的变化。也就是说,这种获得感是相对于其不同学段接受的教育而言的,需将接受高等教育以来的思想政治教育获得感置于其接受整个教育环节的长河中进行把握,比较大学相较于中学和小学所体现出的层次性与进阶性。如针对同一主题"法治",小学教材以点滴知识的灌输与一定的法治思想启蒙为主要教育目标,从小学生熟悉的现实生活中进行取材,以生动具体的方式进行教育启蒙,使小学生体会法律的必要性与重要性。初中阶段,

---

① 程仕波:《论大学生思想政治教育获得感的生成机制》,《黑龙江高教研究》2020年第6期。

注重引导初中生加强对法律的体验，形成维护自身合法权益的思想基础。高中阶段的教育目标则进一步深化，以法治意识教育为重点，重在夯实学生的政治认同和法治意识等素养。而到了大学阶段，针对全校开设的"思想道德与法治"这一课程依然以一定的篇幅展开对法治相关内容的探讨，但这一阶段的教育内容注重学理分析与实践应用能力的养成，引导学生掌握中国特色社会主义法治体系的相关知识，构建起法治思维方式，在实践中懂得用法治方式行使法律权利、履行法律义务。可见，将同一主题置于历时性维度进行宏观审视，可以明显感觉到自身的认识经历了从生活直观体验、一般常识了解到形成自觉信仰这样一个逐级进阶的发展历程，也在这一过程中收获了更多的、更深层次的获得感。

微观上，注重对共时性的思想政治教育实施过程进行实践反思。思想政治教育过程是一个心灵对话过程，大学生要想形成一定的获得感，需与教育者既定的教学计划、所采取的方法手段等有效对接并协调共振，这就要求大学生在接受教育的过程中不断反观自身的认知结构，通过不断地反思、扬弃、校正、调试自身先在结构形成与教育过程的有效对话，形成思想政治教育获得感。

三 逻辑推理

逻辑是"关于思维过程本身的规律的学说"[①]，在一个事物的运行过程中起着内向规定性作用。思想政治教育作为一种客观存在，具有自身的逻辑，这也就启发我们应以逻辑的方式理解思想政治教育。逻辑推理的习得方式，是大学生以逻辑的方式理解思想政治教育，把思想政治教育要素系统分成若干逻辑单元，并且用逻辑的思维组合建构起来，形成自身接受思想政治教育的新的逻辑起点，也推动自身先在结构的逻辑跃升。

当然，这种通过逻辑推理来把握思想政治教育进而形成获得感的过

---

① 《马克思恩格斯选集》（第4卷），人民出版社2012年版，第264页。

程，并非盲目臆断或随意剪裁其自身逻辑的完整性与自洽性，而是在理解并遵循思想政治教育学科范式与思维范式的前提下，对思想政治教育系统进行"逻辑的"再优化与组合。因为思想政治教育作为一门独立的学科有其自身的学科范式。"范式"一词由托马斯·库恩在1970年提出，指的是某一科学研究共同体的成员所公认的一些"原则"与"模式"，如共同坚持的研究传统、共同沿用的理论框架、共同采用的研究方式与话语体系等。对某一学科范式的了解与遵从可以促使成员更好地去理解与推动学科的发展。大学生通过逻辑推理，科学把握思想政治教育的学科范式与思维方式，以思想政治教育"逻辑的"形式去理解、接受、获取思想政治教育资源，并通过自己思维的加工与优化，以更加恰切的逻辑方式去理解和参与思想政治教育理论与实践，形成以思维逻辑形式理解思想政治教育的自觉，最终积淀起较高层次的一种获得感。当然，学科范式也不是一成不变的，随着时代条件的变化，既有范式在回应重大理论和实践问题时难免有所乏力。新时代的新内容、新使命、新判断、新要求等呼唤着思想政治教育思维方式与逻辑范式的转换。需明晰的是，范式转换不是对既有研究的否定，而是企盼思想政治教育的新发展与新成就。

综上，经验整合、实践反思与逻辑推理是新时代大学生思想政治教育获得感的三种生成来源。大学生往往通过经验整合形成感性层面的获得感，进而将这样的感性认识置于实践中进行反思调试，通过实践的检验加深人们的思想认识，形成对思想政治教育基本规律和范畴等的理解与把握，逐渐可以以逻辑的形式去观照思想政治教育理论与实践，最后推动获得感层次的升华。

第三节　新时代大学生思想政治教育获得感的生成过程

生成过程旨在厘清与勾描大学生思想政治教育获得感"生而成之"

的整个过程。正如恩格斯所说,"世界不是既成事物的集合体,而是过程的集合体"①。任何事物都处于动态发展的过程之中,新时代大学生思想政治教育获得感同样如此,其历经触发萌生、受益形成与迭代升华三个逐次递进的阶段而生成。

一 触发萌生阶段:匹配适应—供需契合

触发萌生阶段是新时代大学生思想政治教育获得感生成的准备阶段,旨在回应获得感是否具有产生、建构的基本条件。"一个行动者行动的前提是将某个所谓的道德理由与其主观动机集合(subjective motivational set)可靠地联系起来。"② 大学生内在需求的牵引与满足是获得感产生的逻辑前提,也是获得感系统运行的前提。而思想政治教育活动要想牵引学生思想和知识的走向,首先需保证获得感系统各要素间的匹配适应,使其达致供需契合状态。

第一,教育内容与教育对象相匹配适应,满足教育对象的期待视野。大学生在接受思想政治教育之前会在内心树立一个期待,而其获得感的高低与期待的满足程度息息相关。这也就要求教育内容需与大学生需求之间保持适当的张力。只有当供给内容与大学生的接受能力和内在需求相一致时,方能顺利转化为大学生的"所得",进而产生并积淀起一定的获得感。反之,当供给内容超越或者远不能满足学生心理期待时,则会消解大学生的获得感。可见,教育内容应与学生身心发展规律相协调。当然,思想政治教育活动不是一成不变、一劳永逸的,而是一个动态发展过程。要以发展的眼光看待学生的思想政治教育状况及需求,适时地调整供给内容,以在动态互动过程中保持二者之间具有较高的匹配度。

第二,教育对象与教育者相匹配适应,满足教育对象的精神需要。教育对象具有不同的先在结构、不同的认知水平、不同的接受动机、不同的心理预期,这就要求教育者要对大学生主体有清晰的认知,在遵循

---

① 《马克思恩格斯选集》(第4卷),人民出版社1995年版,第244页。
② 徐向东:《理由与道德》,北京大学出版社2019年版,第2页。

学生成长发展规律的基础上因人而异、因材施教。尤其是当代大学生可以通过网络接触海量信息，其中不乏正向、建设性的学习资源，他们在个人成长、精神追求、思维训练等方面有着强烈的需求，如果教育者未敏锐地感知并回应学生需求，客观上会导致教育对象的"需求外溢"，即转而投向其他的知识场域，如向各种知识付费平台、网络公众号、知乎问答、名人微博甚或鸡汤短文等寻找答案或寻求慰藉。当然，大学生的需求并非全都是正确的、合理的，要注意引导大学生区分"想要"与"需要"，消除偏见与虚假需要，调整不合理期待。

第三，教育者与教育内容相匹配适应，实现内容的合理传输。思想政治教育内容具有丰富性、复杂性等特征，而教育者具有多元化、个性化特征，要想使大学生形成思想政治教育获得感需将教育者与教育内容匹配适应，因为教育者的主观诠释直接决定了哪些教育内容可以进入学生视野。思政课教师主要负责传授系统的、专业的思想政治教育内容，而辅导员重在及时关注学生的日常关切与心理困惑，其他行政人员则要结合各自的岗位职责实施不同的、有效的日常思想政治教育，以良好的氛围熏陶学生心灵。

第四，教育载体与教育内容相匹配适应，实现内容的有效传输。教育者期望传导给教育对象的内容不会自然而然进入大学生头脑之中，而是需要一定的教育载体。要想促使教育内容有效传导，需增强教育载体与教育内容的适配性与契合性。例如，系统的、专业的、精深的思想政治教育内容多以理论课堂这一传统载体进行传授，当然，在此过程中，教育者可以根据传授内容的不同综合利用多种载体。同时，日常思想政治教育可以运用各种各样的载体，如开展党员民主生活会、主题团课党课、校园微宣讲等，举办微公益、校园文艺活动等，还可借助爱国主义教育基地、红色文化资源进行社会实践等。另外，对一些重大理论与现实热点话题可以采用新媒体载体如电影、电视剧、主题纪录片等可视化教材，通过影像叙事进行价值传导。

二 受益形成阶段：同化顺应—图式优化

受益形成阶段是新时代大学生思想政治教育获得感生成的确立阶段。观测与考量思想政治教育的效果需着眼学生的内化接受状况。因而，大学生思想政治教育获得感形成的关键在于打通大学生接受的"最后一公里"，即将教育者通过一定教育载体传授的内容内化为学生内在素质的一部分。对此，可以借鉴皮亚杰建构主义认识论思想。皮亚杰提出了儿童认知发展理论，他认为学习是一种"自我建构"，主张从主客体互动、内因与外因相结合的角度来认识知识发展过程。他认为知识是双向建构的产物，即个体经验与社会经验的互动、协调，最终达至一种平衡状态。知识的建构过程涉及两个基本环节——"同化"与"顺应"。"同化"是当外部信息与个体经验结构相似度较高时，个体就相对容易找到二者的契合点，进而通过自身的理解方式与思维范式将其纳入自己的认知体系，促进自身知识结构的完善，主要体现为"量"的变化；"顺应"是当外部信息与个体原有认知结构存在错位现象或存有间距无法匹配时，个体会自觉主动修改原有的思维范式或认知结构，以更好地接纳新事物和新观点，体现为"质"的变化。

大学生思想政治教育获得感形成的过程就是以大学生最初的先在结构与认知"图式"为基点，使大学生通过思想政治教育不断接受新的内容，将这些新的内容在思想上进行"同化"接受，这实质上是教育内容的客体主体化过程。通过"同化"，教育对象的先在结构不断整合、优化，其自身的知识积累与主体视野不断得到拓展。当然，知识论层面的内容相对容易实现"同化"，而价值论层面的知识往往具有潜隐性与延时性，很难被学生在短时间"同化"。同时，随着网络信息技术的迅猛发展，手持移动终端越来越丰富多样且不断升级换代，碎片化学习对大学生的影响越来越大。很难说某个知识"立刻被同化"或者"一点都不被顺应"，多数时候可能是有一种"朦胧感"与"隐约感"，其需要历经一定的时间甚至长期的经验总结积累方能被逐渐领会。这时候往往就需要教育者的教育引导。尤其是当"同化"的外部信息与教育对象原有认知结构产生很大的冲突以致无法匹配时，教育者应引导教育对象以开放包容的姿态接受新事物或通过批判思维打破先前的认知结构，通过吸纳新事物、新理念"顺应"出新的更高层次的图式，实现自身思想观念和思维方式的进阶上升，从而收获更高程度的获得感。通过"同化"与"顺应"，大学生的先在结构与认知图式得到优化，认知结构也达到新的平衡状态，此时教育对象会切切实实生成一轮获得感。当然，知识的"同化"与"顺应"都不是即时的、一次完成的，有时需要不断的反复与循环才能被学生所认可与接受。

三 迭代升华阶段：评估反馈—调控强化

迭代升华阶段是新时代大学生思想政治教育获得感不断发展、升华的阶段。获得感的生成不是"毕其功于一役"的结果，而是会随着实践的发展而不断螺旋上升、迭代升华，这就免不了需对其进行评估反馈与调控强化。调控反馈往往是将系统的运行视为一个整体，在前瞻性思维与辩证思维的指引下，通过梳理省察过去的发展状况，并结合现实的运行状态，对系统进行合理调控使之可以在未来运行的过程中实现最优化。[1] 由于思想政治教育活动和大学生思想政治教育获得感都不是一次性完成和结束的，调控反馈势必存在于获得感产生的某一环节或整个过程之中。从认识论上看，获得感形成的过程是教育对象的"先在结构"与思想政治教育内容供给之间的矛盾运动的过程，是一个教育对象由择取、整合到认同的过程。从实践论上看，大学生在形成获得感后，往往会产生一定的受惠感与成就感，并在实践中转化为或潜或隐、或多或少、或直接或延时的现实成效。

第一，大学生获得信息的反馈调控。教育对象的信息反馈是教育者调控教育活动的前提条件。通过对教育对象反馈回来的信息进行分析才

---

[1] 《思想政治教育学原理》编写组：《思想政治教育学原理》（第二版），高等教育出版社2018年版，第133页。

能实施有针对性的调控措施。大学生是否形成获得感、在多大程度上形成获得感，取决于大学生在多大程度上内化与践行教育者所灌输的、符合社会发展要求的思想道德规范信息。要想更好地实现信息的流通就不能仅依靠自上而下的灌输方式，而是需建立起教育者与教育对象之间平等交流、双向沟通的互动方式，这样就既可以使教育者传达的信息顺利抵达教育对象，也保证教育对象的心声与诉求顺利达至教育者那一端，通过这种信息反馈模式及时调控获得感生成过程中教育对象与教育者、教育对象与教育内容等之间存在的矛盾。

第二，大学生获得过程的反馈调控。从教育对象的主观角度看，大学生思想政治教育获得感的形成遵循着"树立预期—沟通参与—映射校核—增益肯定—积淀强化—外化践行"的生成逻辑。可见，教育对象本身的学习意愿、参与程度和内化状况等因素在其获得感的生成中起着关键环节。大学生获得感产生的过程不仅是被动的接受过程，还是一个主动抓取的过程。在这一过程中，教育对象要有一定的存在感，方能意识到自己并非教育过程的"局外人"；教育对象要有一定的参与感，方能有效介入教育过程；教育对象要有一定的主体感，方能向教育者释放自身学习成效的信号，促使教育者及时调控教育过程。教育者作为能动因素，应及时调控教育过程，引导教育对象积极地学习、理解和接受，解决从不知到知以及知行转化问题。

第三，大学生获得结果的反馈调控。思想政治教育的有效运行有赖教育各因素的协调匹配与耦合联动，教育过程也是各因素矛盾运动过程，这也就意味着思想政治教育获得感不是一劳永逸的。要想提升学生的获得感，还需站在学生获得结果的终端复盘、回溯教育过程中存在的一些矛盾与梗阻因素，通过不断调适增强教育的有效性，引导学生将所学知识顺利转化为自身的能力与素质，进而生成一定的获得感。教育者通过将大学生获得结果、思想政治素质的实然状况与社会发展的应然要求相对比，可以及时发现教育过程存在的问题，重新审视、规划与调控下一阶段教育的目标、方向与层次，"呵护"大学生的心理期待，促使其以更饱满的精神状态参与思想政治教育活动，增强思想政治教育的实效性，提升大学生的获得感。

第四节　新时代大学生思想政治教育获得感的生成规律

规律就是关系，是"本质的关系或本质之间的关系"[1]。新时代大学生思想政治教育获得感的生成不是偶然无序的，而是遵循一定的客观规律。唯有从生成规律上把握其逻辑理路，方能增强对其"何以生成"的理性认知。

一　主客统一律

新时代大学生思想政治教育获得感作为一种意识范畴，是主客交互的产物。其一，大学生思想政治教育获得感的形成是教育者与教育对象相互交互的产物。教育者在教育过程中起主导作用，教育对象起着主体作用，"要坚持主导性和主体性相统一"[2]。新时代大学生思想政治教育获得感的形成不能单靠教师的"教"或者学生的"学"，而是需要打破传统的"授—受"模式，尊重学生的主体地位，实现教育内容与学生需求之间的契合与对接，引领内容"客体"与学生精神"主体"之间的共鸣。其二，大学生思想政治教育获得感的形成过程是大学生客观收获与主观体验相契合的产物，也体现着主客体的统一。从大学生思想政治教育获得感的生成逻辑看，其建基于一定的客观获得，这一前提是客观的，同时客观获得之内容也是客观存在的。然而，教育对象可以在多大程度上形成获得感，与其主观维度的精神需求和心理期待有着很大的关系。不同教育对象其精神需求与实际获得之间的张力、心理期待与实际获得

---

[1]《列宁全集》（第55卷），人民出版社1990年版，第128页。
[2]《习近平谈治国理政》（第三卷），外文出版社2020年版，第331页。

之间的张力都是不同的,也就影响着实际生成获得感的强弱与多寡。同时,大学生的获得感这一"客观现实"会在多大程度上转化为知识获取、价值体认与实践养成等自我效能感也是因人而异的。其三,大学生对思想政治教育获得感的感知与评价是客观见之于主观的反映,而思想政治教育获得感效用的发挥是主观见之于客观的过程。大学生是否形成获得感、在多大程度上形成获得感,从方法论层面看,都是以其主观体验来评判客观成效的过程,因而是一种客观见之于主观的过程。不同于具体的物质性获得感,大学生思想政治教育获得感常常与"意义"相连,需要调动大学生的主观能动性去体验和感悟,同时还需要以一定的实践活动为依托去激活,方能逐渐显现出来。可见,大学生一方面在主观层面实现对获得感的体认与内化,另一方面将其所感受到的获得感作用于实践之中,接受实践的检验,实现知行合一。

二 情理交融律

新时代大学生思想政治教育获得感既是一种感性层面的认识,又是一种理性层面的认同,是感性与理性的统一,是情理交融的产物。

其一,以情感人是新时代大学生思想政治教育获得感生成的催化剂。"思想政治工作从根本上说是做人的工作"[1],人是现实中活生生的人,因而思想政治教育具有很强的时代性、针对性与实践性。当前高校大学生多为"00后",他们出生于改革开放第三个十年。不同于改革开放之初的"70后""80后"乃至"90后",他们出生的年代社会经济飞速发展,随之带来的是物质文化的极大丰富与政治文明的发展进步,这些宏观环境在一定程度上形塑了大学生的精神风貌。他们诉求教育过程中平等交流、诚心沟通、凸显人文关怀。毛泽东曾指出,"在群众面前把你的资格摆得越老,越像个'英雄',越要出卖这一套,群众就越不买你的账"[2]。这就启发我们在思想政治教育教学过程中,"以情感交融营建

---

[1] 《习近平谈治国理政》(第二卷),外文出版社2017年版,第377页。
[2] 《毛泽东选集》(第三卷),人民出版社1991年版,第851页。

同理心和真诚氛围"①。通过解决学生思想与生活中面临的问题，引发学生的情感共鸣，以情化人，引导学生积极悦纳、宽容接受教育内容，推动其思想政治教育获得感的生成与积淀。

其二，以理服人是新时代大学生思想政治教育获得感生成的关键。要想使大学生产生获得感，势必需使其从内心对思想政治教育的说理产生信服与认同。随着新时代的到来，教育各要素发生一定程度的变化，如教育内容更加丰富充实、教育载体更加多元自主化等，大学生接收思想政治教育内容与信息的渠道更加多元化，尤其是网络信息技术的发展，使大学生每天或主动或被动地处于知识的汪洋之中，他们在现实与虚拟两重世界中建构着自己的精神空间，有时现实与虚拟的不一致、感性与理智的矛盾纠葛致使其产生思想迷雾，他们对高校思想政治教育供给质量有着更高的诉求。教育者唯有"讲清""讲透"教育内容，重视以理服人、思想启迪，占领道义真理的制高点，方能赢得学生的思想认同与价值归依，引领学生不断探索思想政治教育的奥秘与本质，推动认知层次的提升，从而以更好的心理准备学习接纳思想政治教育内容，进而形成更高层次的获得感。

总之，新时代大学生要想形成思想政治教育获得感，应注重融情于理、通情达理、情理交融，实现感性认识与理性认识的统一。"获得感"虽是一种主观感受，但其实质既掺杂着大学生的一些感性的认识，也包含着大学生来自理性的认同，是二者交互融合的结果，是成就感、共鸣感、坚韧感、崇高感和自觉感的有机统一体。通过融情于理、情理交融，推动新时代大学生生成有"情"有"义"、有质有量的思想政治教育获得感。

三　优势积累律

大学生思想政治教育获得感与其先期积累也有一定的关联。思想政

---

① 史姗姗：《思想政治教育话语权研究》，博士学位论文，武汉大学，2014年。

治教育并非纯知识性教育，而是主要作用于人的思想精神领域，通过向学生供给一定的教育内容帮助其收获一定的知识、心得、感悟与体会，并引导其养成科学的思维方式、坚定科学信仰，从而不仅可以帮助大学生消除眼前的思想迷雾和价值困顿，还可以助益其未来在科学思维方式的指引下同化顺应出更新的知识图式，收获更多的思想政治教育效益与获得感。简言之，这一规律表征了先期积累对后期发展的效用。

新时代大学生思想政治教育获得感的生成与其自身的先在结构、心理预期、主观能动性等因素息息相关。一方面，大学生先期的思想政治教育知识体系越是完善，越是容易建立起学习的自信心，也越容易生发出对教育内容的驾驭感，如此便为后期进一步深化学习夯实了基础，进而更容易将所学内容予以内化，获取一定的思想政治教育效益，实现自身先在结构的优化发展，推动思想政治教育获得感的升华。另一方面，大学生先期优势积累得越多，越容易形成积极的获得感心理机制，进而以积极态度投入学习、克服困难，推动新一轮获得感的生成。大学生积累一定的优势之后，更易于在实践的确证中印证其获得的正向感受，并借由"晕轮效应"强化获得惯性，推动新一轮思想政治教育获得感的生成。当然，优势积累理论仅是对短期趋势理论的一种假说，其具有自身的局限性，优势积累绝不可能无限循环下去，当受到现实中一些因素的梗阻或牵制时，先期积累的优势有可能会遭到消解或发生转移。这也就启发我们，新时代大学生要想形成稳固的、不断跃升的思想政治教育获得感，不仅要注重积累，还要保持积极的获取心态，不断进取以保持自身优势，同时，还要加强对事物发展规律与趋势的研判。

四 适应超越律

新时代大学生在获得一定的思想政治教育获得感后，会继续催动新的获得需要与获得诉求的产生，这种新的获得需要与诉求相比当下接受的教育内容，可能会衍生出一些新的困惑与新的追求，由此形成大学生对当前教育内容的认同与其新困惑新追求之间的间距与矛盾。在这一矛盾解决的过程中贯穿与遵循着适应超越律。这一规律指的是大学生既适应了当下的教育供给的要求，形成了一定的获得感，同时大学生又超越了当下思想政治教育供给内容与教育效果的要求，产生了新的诉求、期望形成更高的获得感。

其一，大学生适应当下思想政治教育而形成一定思想政治教育获得感。大学生要想有所获得，需与当下思想政治教育的要求相一致，如此方能将其内化为自身的思想道德素质，并通过实践体现出来。具体表现为：第一，对当下所学知识的掌握，完善了自身的认知图式。通过学习，丰富了大学生的知识储备，使其建构起新的较为完善的认知图式，为其充分理解并接受理论层次更高的内容奠定了基础。第二，对当下所学知识予以价值体认。大学生的获得感不能仅停留在知识获取层面，还需实现对教育内容的价值体认，方能将其"意义"内化于心，成为"加持"其自身发展的一种超越性力量。第三，将当下所学所得运用于实践。大学生通过一定的学习，其认知图式得以优化并形成价值体认之后，会积极参与思想政治教育实践，在实践中对自身的获得感进行检验，侧面上也对教育效果作出了考量与反馈，进而锚定了后期接受新内容的基点。

其二，大学生超越当下思想政治教育供给而形成进一步的思想政治教育获得感。大学生获得感的产生不是一劳永逸的，而是伴随着大学生思想诉求发展变化与思想政治教育实践之间的矛盾运动，不断超越进而实现螺旋式上升。第一，大学生接受思想政治教育之后产生了新的观念，如对某一知识、观点的看法有所升华或产生了新的思想困惑；第二，大学生产生了新的发展诉求，如诉求精神需求的满足、诉求教育内容供给质量的提升等；第三，大学生产生了新的实践行为，并对新一轮获得感的产生起到推动作用。大学生思想政治教育获得感的效果如何、大学生思想政治教育实效性如何、思想政治教育内容供给效果如何等，都可以通过大学生的思想政治教育实践予以表征，也就对新一轮大学生思想政治教育进程起到参照与推动作用。

新时代大学生思想政治教育获得感生成的适应超越律既满足了大学生当下的思想政治发展诉求，实现其自身先在结构的优化发展，又推动了其新一轮思想政治教育获得进程，使其新诉求、新要求得到满足，不断取得新发展。

第四章
新时代大学生思想政治教育获得感的现状分析

大学生思想政治教育获得感不仅是一个理论问题,更是一个具体的实践问题。在探讨"何以可能""如何生成""有何表现"等基本性理论问题之外,还应关注新时代大学生思想政治教育获得感的实然状况。通过相关访谈与调查问卷,运用定性与定量相结合的实证研究方法,考察新时代大学生思想政治教育获得感的整体状况、部分大学生获得感欠佳的具体表现,以期为针对性提升大学生获得感提供参考。

第一节 调查设计与实施

一 问卷的设计与编制

(一) 问卷研究的主要问题

找准问题是开展研究的前提与起点。本书在前期文献研究的基础之上,对新时代大学生思想政治教育获得感有了一定的认知,然而当前关于新时代语境下这一论题研究的文献数量相对有限,且当前研究处于散点化阶段。为了确证先期掌握的文献的科学性,并提升本书研究的时效性和针对性,切实了解新时代大学生思想政治教育获得感的现状、影响因素、存在问题和改进举措等内容，本书首先初步设计访谈提纲（参见附录 A），共选取全国 18 所不同层次高校的大学生、思想政治理论课教师、辅导员、高校管理人员等典型对象共 36 人进行半结构化访谈（见表 4-1），以期根据受访者的回答及思路进行验证、追问、调整与补充，尽可能精准找到"问题"所在。

表 4-1　　　　　　　　　深度访谈基本情况

调研地区	调研学校	访谈对象	调研人员
华北地区	中央财经大学 天津师范大学 山西工程职业学院	大二学生张××，教务处曹××，思政课教师马××共3人	李××、郭××
华中地区	武汉大学 河南师范大学 长沙职业技术学院	大四学生白××、许××，辅导员李××，学生处赵××，思政课教师李××等共5人	王××、杨××
华东地区	浙江大学 华侨大学 义乌工商职业技术学院	大三学生白××，教师孙××，学生处林××等共6人	郭××、鲁××
华南地区	中山大学 武邑大学 江门职业技术学院	大三学生靳××、廖××，就业指导与服务中心李××，思政课教师郭××等共5人	吴××、李××
西北地区	西安交通大学 延安大学 陕西铁路职业技术学院	大一新生赵××、大二学生肖××、大三学生崔××，校团委杨××、保卫处郝××，思政课教师吕××等共11人	贺××、吴××
西南地区	四川大学 重庆交通大学 重庆机电职业技术大学	大一新生胡××，辅导员岳××，就业中心王××，思政课教师兰××等共6人	向××、杨××

需要说明的是，尽管本书事先准备了较为完备的访谈提纲，但在实际采访过程中，受访谈对象个人特点及访谈内容走向的影响，访谈并未完全遵从原访谈提纲。

（二）问卷调研的主要维度

在整理梳理相关文献与前期访谈资料的基础上，确定了调查问卷的

第四章 新时代大学生思想政治教育获得感的现状分析

主要维度，经过多次试测后确定具体条目，最终编制了《新时代大学生思想政治教育获得感调查问卷》。主要调研以下三部分内容：

第一，调研对象的个人基本情况。就调研对象的性别、政治面貌、学科类别、学校层次和信仰情况五个方面进行调查，借此掌握所调查的对象是否涵盖了不同性别、政治面貌、学校层次、专业和信仰状况的大学生群体。

第二，新时代大学生思想政治教育获得感的状况。本部分旨在调查大学生对高校思想政治教育的认识（认知、态度与践行情况）、大学生对思想政治教育获得感的理解标准与其获得感自评状况（整体评价与分项评价）、大学生思想政治教育获得感的结构情况（从内容结构、水平结构和空间结构三个维度展开调查分析），以期从整体上把握新时代大学生思想政治教育获得感的基本概况，并概括梳理出部分大学生获得感状况存在问题的具体表现。

第三，新时代大学生思想政治教育获得感的影响因素。本部分旨在将影响新时代大学生思想政治教育获得感的一些主要因素识别出来：教育对象因素（自身先在结构与实际获得之间的张力、期待视野与审美距离之间的张力、主观能动性与召唤结构之间的张力）、教育者因素（核心素养、教育智慧、教育合力）、教育内容因素（内容的抽象性与大学生接受偏好之间的间距、教育内容与教育对象之间的话语间距、理论的现实阐释力）、教育载体因素（载体属性与教育目标之间的通约性、载体形式与教育内容之间的适配性、传统载体与网络新媒体载体融合及联动状况）、教育环境因素（社会现实环境、网络虚拟环境以及高校相关制度因素），甄别获得感的主要影响因素（见表4-2）可为进一步提出可行性的对策奠定基础。

二 问卷调研的实施

（一）预调研

设计与编制出初始调查问卷后，就问卷内在逻辑、指标厘定、题目编排、选项设置、题量分配等内容向相关专家、学者进行咨询，对其中一些语义不明、表达含糊的题目进行修正与完善，排除无效和有异议的测量指标。之后，于2020年6月实施预调研，共发放问卷100份，回收有效问卷87份。根据初始调查获取到的数据对各测量指标的可靠性和内容有效性进行再次分析，针对预调研过程中出现的问题进行归纳整理并作出相应的修改，确定了问卷调查的最终实施版本。总体来说，本问卷经过理论分析、专家审查与实证预测三个环节的反复修改与验证，具有较好的内容效度。

表4-2 新时代大学生思想政治教育获得感状况及影响因素的核心指标设计

一级指标	二级指标
个人基本信息	1-1 性别 1-2 政治面貌 1-3 学科类别 1-4 学校层次 1-5 信仰情况
新时代大学生对思想政治教育获得感的认知状况	2-1 思想认知 2-2 情意态度 2-3 践行情况
新时代大学生思想政治教育获得感的自评状况	3-1 整体自评 3-2 分项自评
新时代大学生思想政治教育获得感的结构状况	4-1 内容结构 4-2 水平结构 4-3 空间结构
新时代大学生思想政治教育获得感的影响因素	5-1 教育对象因素 5-2 教育者因素 5-3 教育内容因素 5-4 教育载体因素 5-5 教育环境因素

（二）正式调研

1. 选取调研对象

本书在选取调研对象时始终遵循等概率原则，同时注重区分层次：选取中共党员、共青团员、群众等不同政治面貌的大学生；这些大学生应来源于985/211等全国重点院校、省属本科院校、民办院校、高职高专等不同学校层次；这些大学生所学的学科应涵盖文史哲类、理工类、经济管理类与艺术体育类等不同门类；同时，这些大学生具有马克思主义、宗教等不同的信仰。基于此，本书选取了东部、中部和西部地区的985/211院校、省属本科院校、民办院校以及高职高专的部分院校，共计18所学校的1060名学生进行调研，剔除数据缺失、规律性作答、前后矛盾、重复提交、答题时间过短等情况的无效问卷92份，共收回有效问卷968份组成总样本。

2. 开展网络调研

在线调查是近些年伴随网络技术发展而诞生的新兴调查手段，相较于传统的实地调查，其更简便易行、成本低廉且方便回收。本书对于新时代大学生思想政治教育获得感情况的调查即是基于问卷星（https：//www.wjx.cn/）这一专业问卷调研平台。将问卷设计好之后导入问卷星调研平台，生成问卷的二维码与链接，与被调查院校的老师/辅导员对接之后，通过QQ、微信等通信平台进行发放，大学生可通过手机、iPad等各种移动终端即时填写，最终形成调查的初始数据。

（三）回收统计数据

在问卷星调研平台可实时查看回收答卷情况。在"分析＆下载"功能中打开"来源分析"，可直观把握问卷的来源渠道（微信、手机提交或链接）、时间段以及地理位置。打开"查看下载答卷"，以Excel表格的形式"下载答卷数据"，可清晰查看所有答卷的序号、提交答卷时间、所用时间、IP地址等详情。将Excel中的所有原始数据导入SPSS 22.0统计软件进行分析汇总。

三 样本总体分析

（一）调查样本的基本情况

本次调研针对高校本（专）科阶段大一、大二、大三、大四（含部分医学类大五学生）整个大学阶段的大学生，不含硕博阶段的研究生。

共回收有效问卷968份，有效回收率为91.3%。就性别分布情况来看，男生共472人，占被调查总数的48.8%，女生496人，占比51.2%，男女比为0.9516∶1，女生数量略多于男生，但总体差别不大，性别分布基本比较均衡。从政治面貌看，中共党员（含预备党员）39人，占被调查者总数的4.1%；共青团员803人，占比82.9%；群众有126人，占比13.0%；民主党派人数为0。从学科类别看，文史哲类377人，占比38.9%；理工类420人，占比43.4%；经济管理类108人，占比11.2%；艺术体育类63人，占比6.5%。以上学科涵盖了普通高校设置的所有的学科门类。从学校层次看，985/211院校的大学生共163人，占比16.8%；省属本科院校共654人，占比67.6%；民办院校共45人，占比4.7%；高职高专共106人，占比10.9%。从信仰情况看，信仰马克思主义的共793人，占比81.9%；信仰宗教的共27人，占比2.8%；信仰自由主义、享乐主义及其他的共148人，占比15.3%。总体来看，本次调查对象的选取比较贴近我国大学生的实际（见表4-3）。

表4-3 调查对象基本情况表（N=968）

项目	内容	基本情况频率（人数）	有效百分比（%）
性别	男	472	48.8
	女	496	51.2
政治面貌	中共党员（含预备党员）	39	4.1
	共青团员	803	82.9
	民主党派	0	0
	群众	126	13
学科类别	文史哲类	377	38.9
	理工类	420	43.4
	经济管理类	108	11.2
	艺术体育类	63	6.5

第四章　新时代大学生思想政治教育获得感的现状分析　121

续表

项目	内容	基本情况频率（人数）	有效百分比（%）
学校层次	985/211院校	163	16.8
	省属本科院校	654	67.6
	民办院校	45	4.7
	高职高专	106	10.9
信仰状况	马克思主义	793	81.9
	宗教	27	2.8
	自由主义	53	5.5
	享乐主义	7	0.7
	其他	88	9.1

（二）问卷信度检验

本调查问卷采用半结构化的形式，设置了封闭式单选题、封闭式多选题、半封闭式多选题以及态度量表题四种题型。其中半封闭式多选题设有"其他"一项，以便发挥受访者的主动性，使其根据自身实际情况进行作答，充分表达自己的思想观点，无疑也是对调查结果的一种补充与完善。同时，由于获得感是一种主观感受性评价范畴，鉴于研究对象感知能力的主观差异性，对其中部分影响因素的分析采取5级李克特量表，以此对所得数据进行量化处理，从而根据数值分析得出研究对象获得感的总体情况。信度检验多用于态度量表题，此处对本问卷所涉及的8道态度量表题（见表4-4）进行信度检验。其中，针对"项已删除的α系数"，任意题项被删除后，信度系数并不会有明显的上升，因此说明题项不应该被删除处理。针对"CITC值"，分析项的CITC值均大于0.4，说明分析项之间具有良好的相关关系，同时也说明信度水平良好。总体来看，本调查问卷的数据信度系数值为0.819（见表4-5），大于0.8，具有很高的信度（见表4-6），可用于进一步分析。

表4-4　　　　　　　　　　Cronbach 信度分析

项目	校正项总计相关性（CITC）	项已删除的 α 系数	Cronbach α 系数
在接受高校思想政治教育后，您的获得感如何？	0.573	0.794	0.819
您对于思想政治理论课上的理论知识的掌握程度如何？	0.542	0.798	
您是否认同"高校思想政治教育对我塑造科学的世界观、人生观和价值观起到积极作用"？	0.531	0.799	
您对习近平新时代中国特色社会主义思想的了解情况如何？	0.567	0.795	
您认为实际的思想政治教育与您的心理预期相差远吗？	0.455	0.809	
您在思想政治理论课上所收获的东西是否满足您的需要？	0.638	0.785	0.819
您的辅导员会对你们进行思想政治教育吗？	0.530	0.802	
您的任课教师（除思想政治理论课教师外）是否会挖掘专业课程中的思想政治教育资源对您进行思想政治教育？	0.513	0.804	

表4-5　　　　　　　　Cronbach 信度分析—简化格式

项数	样本量	Cronbach α 系数
8	968	0.819

表4-6　　　　　　　　Cronbach α 可靠性系数参照表

可靠性	Cronbach α 系数
信度不佳	$g < 0.6$
信度可接受	$0.6 < g < 0.7$
信度较好	$0.7 < g < 0.8$
信度高	$g > 0.8$

第四章　新时代大学生思想政治教育获得感的现状分析

第二节　调查结果的基本概况

对大学生思想政治教育获得感整体状况进行把握是分析部分大学生获得感欠佳的前提，也为后续研究提出相应对策奠定了基础。

一　获得感的认知状况

（一）新时代大学生对思想政治教育的认知度较高，接受态度较为积极

思想政治教育获得感是大学生在亲近和参与思想政治教育活动的过程中自身先在结构得到优化与发展，并产生了一定的积极正向体验。也就是说，获得感实际上表征的是大学生主体"需求"与思想政治教育"供给"之间的矛盾互动关系。进言之，大学生获得感状况与其对思想政治教育的认知密不可分。大学生对思想政治教育的认同程度越高，越容易产生亲近感，也更易于激发其主体感，从而利于增进其获得感。因此，本问卷在设计调查维度时首先关注与考量大学生对思想政治教育认知状况。此部分共设计了三个层面的问题进行调查，分别是大学生对思想政治教育的思想认知、情意态度与践行情况。具体的调查结果如下：

1. 新时代大学生对思想政治教育的认知程度较高。此处设置"您对习近平新时代中国特色社会主义思想的了解情况如何？"这一题目来透视大学生对新时代思想政治教育新拓展内容的了解程度。调查结果显示，12.20%的大学生选择非常清楚，48.30%的大学生选择比较清楚，35.90%的大学生认为一般，仅有3.60%的大学生表示不很清楚（见图4-1）。可见，大学生对习近平新时代中国特色社会主义思想这一马克思中国化的最新成果具有较高的认知度。

2. 绝大多数大学生对思想政治教育的接受态度比较积极。此处设置了"您对思想政治理论课的态度是什么？"这一题目。调查结果显示，

572名大学生认为思政课"对大学生成长成才具有重要意义",212名大学生认为"是必修课,自己也比较感兴趣",175名大学生认为"是必修课,然而自己并没太大兴趣",6名大学生认为"无聊,可有可无",3名大学生认为"没有必要,浪费时间"(见图4-2)。可见,绝大多数的大学生对思政课抱有积极的认知态度,认为思政课对自身成长成才具

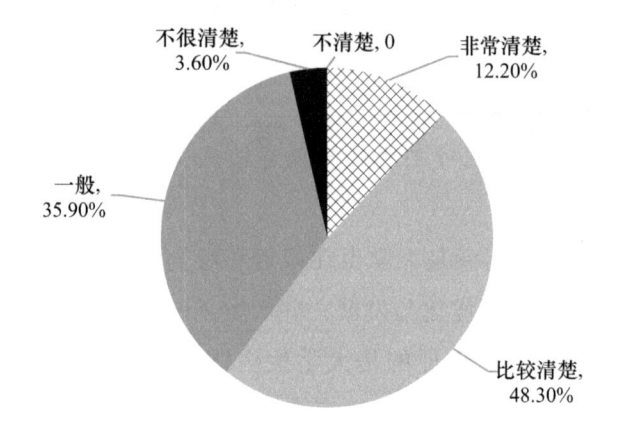

图4-1 对习近平新时代中国特色社会主义思想的认知情况

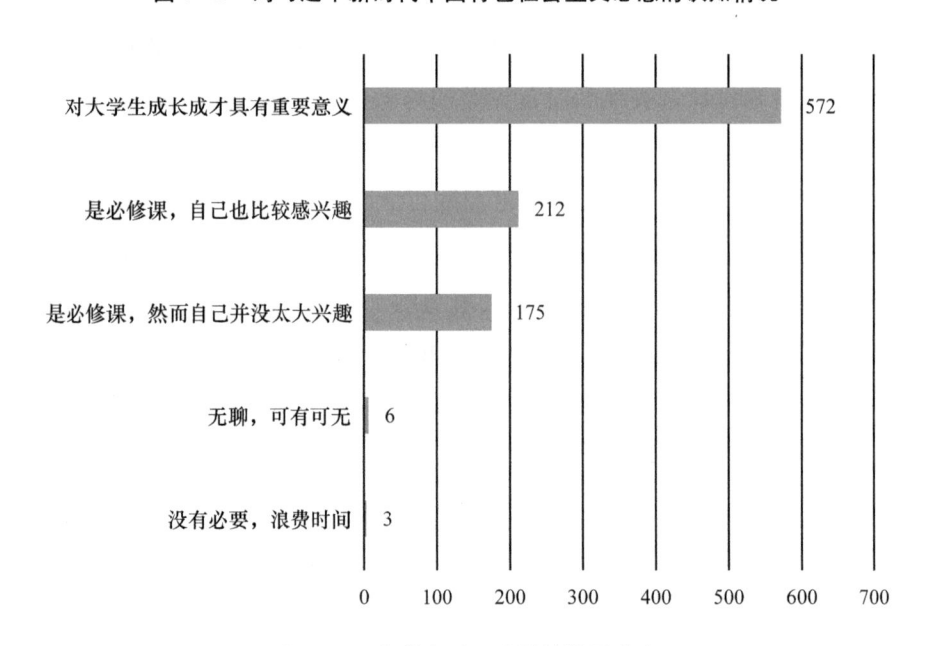

图4-2 大学生对思政课的接受态度

第四章 新时代大学生思想政治教育获得感的现状分析

有重要意义。换句话说,绝大多数大学生基本可以从价值理性维度认识思政课,如此便可提升其对思政课的认同度,从而以积极的精神状态自觉追寻思政课的意义所在并形成获得感。

为更进一步了解大学生对思政课的认识程度,此部分进一步设计了"您认为学习思想政治理论课对自己有什么帮助?"这一道半封闭式多选题,设置的选项有"有助于提升个人素养与理论水平""必要的意识形态教育,有助于增强政治认同""好的思想政治素质可以帮助自己以后找到好工作""指导社会实践""没什么帮助,只是为了完成学分要求"以及"其他"。调查结果的个案百分比显示,82.5%的大学生认为是"必要的意识形态教育,有助于增强政治认同",66.3%的大学生认为"好的思想政治素质可以帮助自己以后找到好工作",57.9%的大学生认为可以"指导社会实践",24.6%的大学生认为思政课"有助于提升个人素养与理论水平"。可见,绝大多数的大学生对思政课有着清晰的认知,60%以上的大学生能够认识到具备良好的思想政治素质是其未来发展所必备的重要素质,80%以上的大学生认为思政课是必要的,且有助于增强自己的政治认同。以上可以透视出新时代大学生有着较强的政治参与意识,期冀通过思想政治教育"培养其健全、正确的国家观、政党观、民主观、法律观、利益观等"[①],增进对中国特色社会主义政治制度、中国共产党执政理念、主流意识形态等的认同与支持(见表4-7)。

3. 大部分的大学生能够将思想认知转化为行动,但一部分大学生的行动转化频率不容乐观。为了调查大学生能否将所学所得转化为具体实在的行动,此处设置了"在日常学习和生活中,您是否会自觉运用思想政治理论课所学方法解决实际问题?"和"当现实生活中听到或者网络上浏览到攻击、抹黑我国社会主义制度的言论时,您会怎么做?"这样两道层次递进的题目。前者从整体上进行把握,后者设置具体情境进行考量。"在日常学习和生活中,您是否会自觉运用思想政治理论课所学

---

① 田霞、范梦:《新媒体环境下大学生社会主义核心价值观教育影响因素及对策研究》,《思想理论教育导刊》2016年第12期。

方法解决实际问题?"的调研结果显示,选择"会""有时会"的大学生分别占比8.90%、26.90%,35.70%的大学生选择"一般"。由此可见,绝大多数的大学生可以将自己所学知识运用到实践中,但仍有近30%的大学生选择"不太会"甚至"不会",这也就向我们指涉出高校需进一步增强思想政治教育,引领大学生切实将所学知识与实践有效结合起来,提升与彰显思想政治教育的实效性(见图4-3)。

表4-7　　　　　　大学生对思想政治理论课有用性的认知

项目	响应 N	响应 百分比(%)	个案百分比(%)
有助于提升个人素养与理论水平	238	8.2	24.6
必要的意识形态教育,有助于增强政治认同	799	27.6	82.5
好的思想政治素质可以帮助自己以后找到好工作	642	22.2	66.3
指导社会实践	561	19.5	57.9
没什么帮助,只是为了完成学分要求	639	22.1	66.0
其他	12	0.4	1.2
总计	2891	100.0	298.5

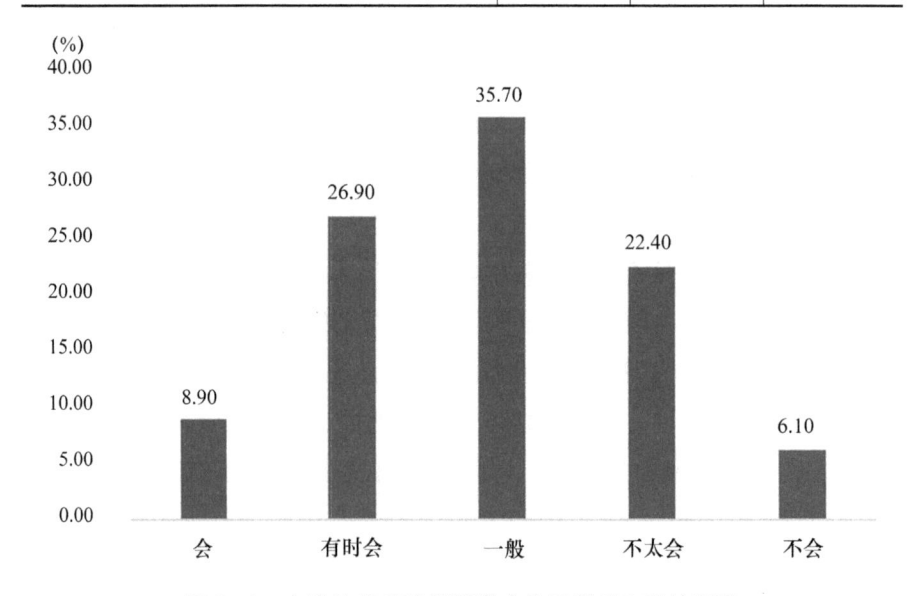

图4-3　大学生将思政课所学方法运用于实践的频率

第四章 新时代大学生思想政治教育获得感的现状分析

为了调研大学生的知行转化能力，此处设计了一个具体情境，即："当现实生活中听到或者网络上浏览到攻击、抹黑我国社会主义制度的言论时，您会怎么做？"调查结果显示，39.40%的大学生会"评论反驳"，19.80%的大学生会"喝止举报"。可见，接近60%的大学生可以将所学思想政治知识内化于心，实际生活中碰到与思政课知识相悖的言论或者恶意诋毁我国社会主义制度的言行时可以外化为具体行动。这既是思想政治教育实效性的体现，也从侧面彰显出大学生的获得感。当然，与此同时，还有超过1/3 的大学生会"不予置评"，还有一些大学生会"人云亦云"或者"不知所措"（见图4-4）。

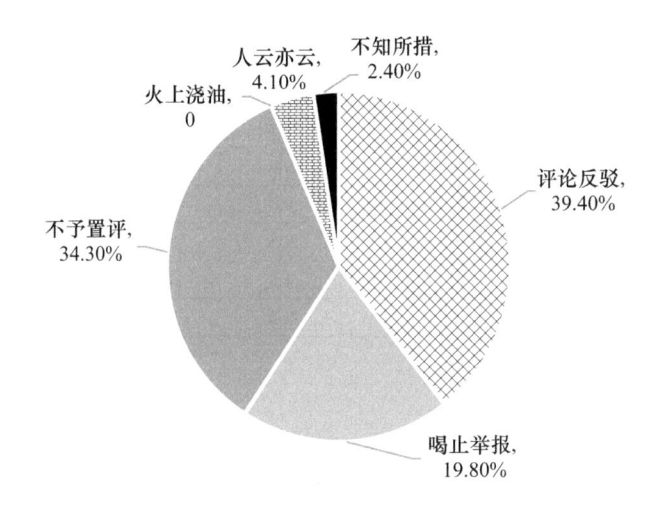

图4-4 大学生"知—行转化"情况

（二）大学生对思想政治教育获得感有一定的认知，但了解并不深入

大学生对思想政治教育获得感评断的客观与否建立在其对思想政治教育获得感概念的正确认知基础之上。因而，要调研大学生思想政治教育获得感的认知状况，首先应了解大学生对这一概念的认知。此处通过设计"您是否了解并能区分'思想政治教育获得感''思想政治理论课获得感''思想政治教育有效性'这三个概念？"这道题来调研大学生是否可以清晰

辨析相关概念。因为唯有廓清与锚定思想政治教育获得感的概念与论域，方能正确评价自身的获得感状况。调查结果显示，17.7%的大学生"不知道、不了解，区分不出来"这三个概念，27.2%的大学生"听说过但不了解"这三个概念的具体含义，28.9%的大学生"心里清楚但说不出来"三个概念的具体含义，21.2%的大学生表示"知道大概但不能完整表述"，4.9%的大学生"知道并能说出各自的含义"（见表4-8）。由此可知，不同程度上"知道"这三个概念的学生占55.1%，还有27.3%的大学生听说过但不了解这三个概念，完全不了解的大学生占17.7%。可见，大学生对思想政治教育获得感及相关概念有一定的认知但了解并不深入。

表4-8　　　　大学生对思想政治教育获得感相关概念的辨析

项目	基本情况频率（人数）	有效百分比（%）
不知道、不了解，区分不出来	171	17.7
听说过但不了解	264	27.3
心里清楚但说不出来	280	28.9
知道大概但不能完整表述	205	21.2
知道并能说出各自的含义	48	4.9
总计	968	100.00

二　获得感的自评状况

大学生思想政治教育获得感的整体评价较高。通过设计"在接受高校思想政治教育后，您的获得感如何？"这一题目，调研大学生获得感的整体自评状况。18.6%的大学生认为获得感"很强"，48.7%的大学生认为获得感"比较强"，32.1%的大学生认为获得感"一般"，认为获得感"不太强"与"不强"的各占0.3%（见图4-5）。由此可知，绝大多数大学生自评获得感较强。可见，新时代高校思想政治教育取得的成绩是值得肯定的。同时，结合微博端实时数据可见，抗击疫情期间关于#思政大课# #共抗疫情爱国力行# #全国大学生同上一堂疫情防控思政大课# #冯秀军老师讲得太好了# #思政大课观后感#等话题互动热烈，累计话题阅读量超6亿次（见图4-6），很多大学生积极互动，如网友@

第四章 新时代大学生思想政治教育获得感的现状分析

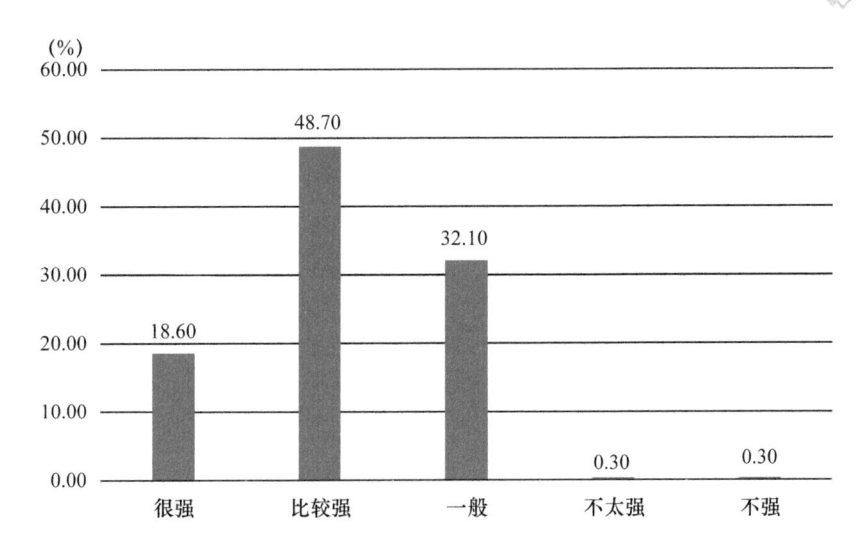

图4-5 大学生获得感的自评情况

#思政大课#
阅读4865.4万 讨论4.5万

#共抗疫情爱国力行#
阅读6306.2万 讨论9.9万

#全国大学生同时在线#
阅读1.1亿 讨论2.7万

#思政大课观后感#
阅读1.1亿 讨论6.9万

图4-6 #思政大课#等相关热搜阅读讨论量

资料来源：人民网舆情频道。

古宇倾写道"'生于种花家,何其荣幸'",爱国热情溢于言表;网友@鹿汉痴写道"授课中,更加深刻地认识到我国社会主义制度的优越性"。可见,新时代大学生在这场全民战争中接受了思想洗礼与观念更新,大多数学生有着坚定信仰的崇高感,也展现出了积极有为、勇于奉献的精神风貌。

三 获得感的结构状况

新时代大学生思想政治教育获得感是大学生对思想政治教育过程中"客观所得"的认知评价,以及在此过程中形成的积极心理体验,不同的学生表现出不同的水平。本问卷在借鉴积极心理学中幸福感分析框架之 PERMA 模型①的基础上,尝试从新时代大学生置身其中的时空特征、大学生获得感的范畴和大学生获得感的水平这三个维度构建新时代大学生思想政治教育获得感结构体系概念图(见图 4-7)。在空间维度,涉及大学生在个体、集体和公共空间中的获得需要、获得动因、获得渠道

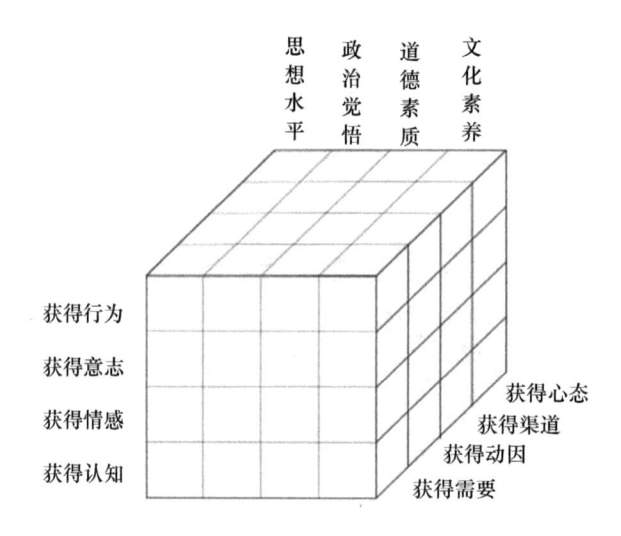

图 4-7 新时代大学生思想政治教育获得感的结构概念图

---

① PERMA 模型是美国心理学家塞利格曼教授提出的一种崭新的幸福感理论的框架,PERMA 包含 5 个幸福感的组成要素:积极的情绪、投入、关系、意义和成就。

和获得心态四个方面的内容；在内容维度，涵盖大学生内在发展诉求的思想水平、政治觉悟、道德素质、文化素养四个方面的获得感；在水平维度，包括大学生的获得认知、获得情感、获得意志和获得行为四个层次的获得感。以上内容结构、水平结构和空间结构共同构成新时代大学生思想政治教育获得感的立体结构模型。

（一）新时代大学生思想政治教育获得感的内容结构

通过设计"通过思想政治理论课，您在以下哪些方面有获得感？"与"通过思想政治理论课以及高校日常思想政治教育，您在以下哪些方面有获得感？"两道题目来观测大学生思想政治教育获得感的具体表现。调查结果的个案百分比显示，通过思政课，91.3%的大学生认为"思想水平方面"有获得感，75.6%的大学生认为"政治觉悟方面"有获得感，71.2%的大学生在"道德素质方面"有获得感，73.2%的大学生在"文化素养方面"有获得感（见表4-9）。由此可知，绝大多数大学生通过思政课，在思想品德、政治法律、心理健康、理想信念以及人生价值观方面都收获了较高程度的获得感。然而，对这几项内容进行横向比较可以发现，大学生在不同方面的获得感呈现出一定的参差性，大学生在政治觉悟、道德素质和文化素养方面的获得感还有待优化。

表4-9　　　　　大学生思想政治理论课内容获得感状况

项目	响应 N	百分比（%）	个案百分比（%）
思想水平方面	884	29.3	91.3
政治觉悟方面	732	24.3	75.6
道德素质方面	689	22.9	71.2
文化素养方面	709	23.5	73.2
总计	3014	100.0	311.3

（二）新时代大学生思想政治教育获得感的水平结构

思想政治教育不仅局限于思政课，还涵盖高校日常思想政治教育。

通过"通过思想政治理论课以及高校日常思想政治教育，您在以下哪些方面有获得感？"这道题进一步考察大学生的获得感状况。调查结果的个案百分比显示，86.7%的大学生在"理论知识层面"有获得感，70.2%的大学生在"个人情感层面"有获得感，69.8%的大学生在"观念价值层面"有获得感，66.8%的大学生在"综合能力层面"有获得感，56.7%的大学生在"行为遵从层面"有获得感，34.5%的大学生在"思想境界层面"有获得感（见表4-10）。由此可知，绝大多数大学生在知识、情感、价值、行为规范等各方面都取得了一定的获得感。然而，对这几项内容进行横向比较可以发现，大学生在不同方面的获得感呈现出一定的不平衡性，其情感、价值、行为等层面的获得感还有待提升，进而推动大学生思想政治教育获得感水平的整体提升。

表4-10 大学生"思想政治理论课与日常政治教育"获得感状况

项目	响应 N	百分比（%）	个案百分比（%）
理论知识层面	839	22.5	86.7
个人情感层面	680	18.3	70.2
观念价值层面	676	18.1	69.8
综合能力层面	647	17.4	66.8
行为遵从层面	549	14.7	56.7
思想境界层面	334	9.0	34.5
总计	3725	100.0	384.7

（三）新时代大学生思想政治教育获得感的空间结构

1. 获得需要强烈且个性多样

大学生的内在需要是思想政治教育获得感形成的逻辑起点，而需要的满足程度是衡量大学生获得感的重要指标。此部分设置了四道题目，即"您在思想政治理论课上所收获的东西是否满足您的需要？""您每天花多长时间使用网络？""为了更好地掌握思政课上老师讲授的重要理论

(或知识),您课下是否会花时间去钻研?"以及"您上网一般会做些什么?"综合起来观察新时代大学生的获得需要及其践行程度。因为大学生思想政治教育获得感不是整齐划一的,而是具有鲜明的差异性,不同的感知主体基于不同的内在需要会形成不同的获得感受。

"您在思想政治理论课上所收获的东西是否满足您的需要?"的调查结果表明,11.30%的大学生表示"非常满足",19.80%的大学生认为"比较满足",认为"一般""不太满足"和"不满足"的分别占43.50%、24.10%和1.30%(见图4-8)。这就从侧面反映出新时代大学生对思政课有着更高的期待,希望思政课可以满足自己多方面、多层次的需要。

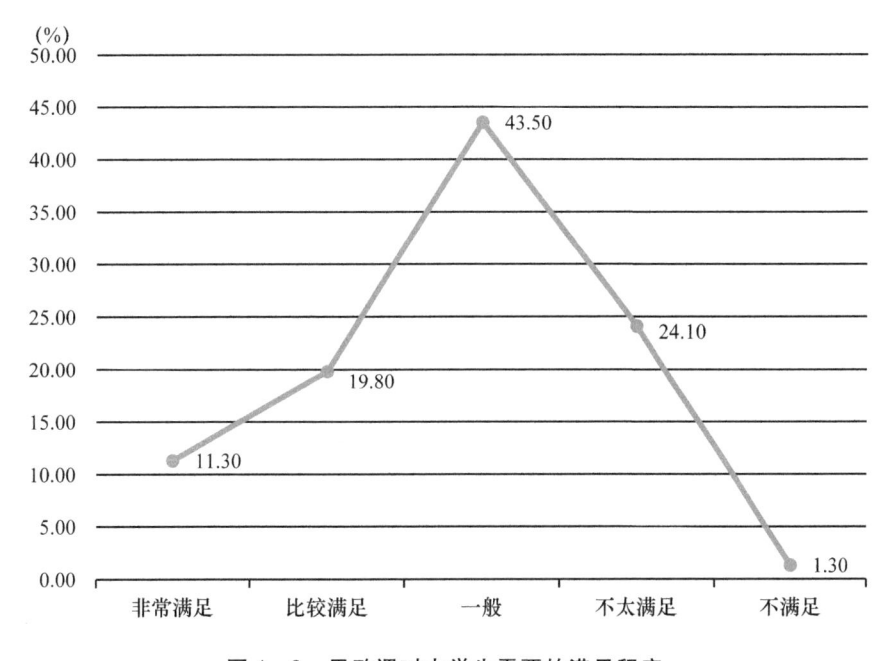

图4-8 思政课对大学生需要的满足程度

我们进一步设计了"为了更好地掌握思政课上老师讲授的重要理论(或知识),您课下是否会花时间去钻研?"的题目。调查结果表明,20.40%的大学生选择"会的,通过各种渠道",66.40%的大学生选择"感兴趣的话题会去钻研",而选择"不太会,得过且过吧"和"不会,有点浪费时间和精力"的大学生占13.20%(见图4-9)。这就表明,新时代大学生不但有着强烈的获得需要，而且超过 80% 的大学生有着钻研学习的主动性，并在一定程度上付诸实践。

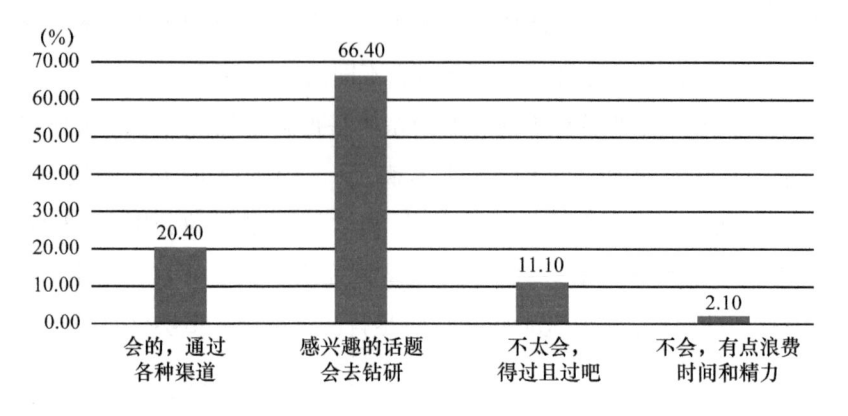

图 4-9 课下钻研重要理论（或知识）的主动性

新时代的大学生是"数媒土著"，被称为"Z 世代"[①] 人群，74.50% 的大学生每天的上网时长超过 3 小时（见图 4-10），其中 35.40% 的大学生上网时长 5 小时以上，39.10% 的大学生上网时长为 3—5 小时，在长期使用网络媒体的过程中形成了一定的互联网思维。网络成为重构世界的结构性力量，正深刻形塑着当今大学生的生活方式。网络上充斥着丰富多样的学习资源，学习形式也越来越灵活多样与个性化。大学生的自主性、能动性与创造性更加凸显。他们求知欲强、好奇心重，对思想政治教育知识的占有不再满足于课堂有限的 45 分钟。课堂之外，66.40% 的大学生会主动通过各种渠道去探索自己感兴趣的话题（见图 4-9），从而更好地掌握重要理论与知识。除了上网玩游戏、交友聊天、休闲娱乐外，73.9% 的大学生会去了解体育、文化、娱乐、财经等新闻资讯，59.8% 的大学生会在网络上去了解国内外时事政治新闻，70.2% 的大学生会去查找相关学习资料，3.0% 的大学生选择"其他"（见表 4-11）。通过对"其他"选项所填内容的梳理发现，大学生的上

[①] 参见 Mob 研究院《Z 世代大学生图鉴》。Z 世代，也称互联网时代或"移动原生代"，指的是"95 后"和"00 后"。

第四章　新时代大学生思想政治教育获得感的现状分析　135

网目的除了以上所列选项之外，填写内容较多的有浏览 B 站、小红书、知乎、果壳等。其中出现频率最高的是"浏览 B 站"，这一调查结果跟 QuestMobile 研究院 2018 年所作的《Z 世代洞察报告》Z 世代偏爱 TOP20 App（见图 4-11）的结果基本吻合。这也从侧面彰显出新时代大学生精神需求的个性化特征。

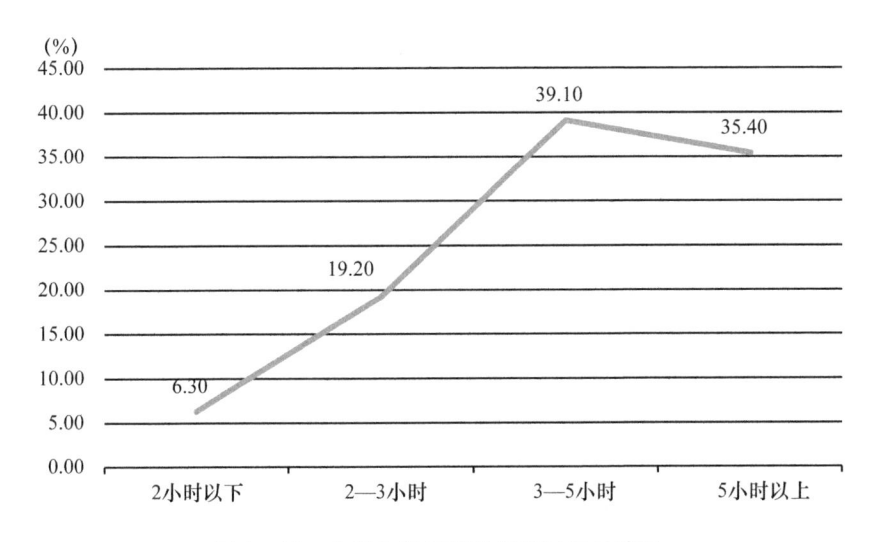

图 4-10　大学生每天接触网络时长的情况

表 4-11　　　　　　　　大学生上网目的调查

项目	响应 N	百分比（%）	个案百分比（%）
了解体育、文化、娱乐、财经等新闻资讯	715	24.3	73.9
了解国内外时事政治新闻	579	19.7	59.8
查找自己专业方面的学习资料	680	23.2	70.2
交友聊天、休闲娱乐	675	23.0	69.7
玩网络游戏	259	8.8	26.8
其他	29	1.0	3.0
总计	2937	100.0	303.4

哔哩哔哩	247.5	美团	166.5
抖音短视频	223.9	绝地求生：刺激战场	163.7
网易有道词典	214.9	王者荣耀	162.8
快手	199.4	微博	160.2
芒果TV	190.6	闲鱼	157.5
B612咔叽	185.5	全民K歌	152.9
网易云音乐	184.6	美图秀秀	150.6
Faceu激萌	184.0	优酷	142.8
天天P图	177.4	美颜相机	142.4
百度网盘	168.2	QQ音乐	138.5

Source: QuestMobile TRUTH 中国移动互联网数据库 2018年10月　　注释：已筛选MAU大于5000万

图 4-11　Z 世代偏爱 TOP20 App（活跃渗透率 TGI）

资料来源：QuestMobile：《Z 世代洞察报告》。TGI：目标群体指数，TGI > 100 代表该类用户的该特征高于整体水平。

B 站的全称是 bilibili 弹幕网，其诞生之初意在打造一个以二次元文化为依托的文化社区，用户在这个小众文化圈层中与"志趣相投"的同辈群体进行交流互动并获得精神共鸣与情感互联，从而扩大社会交际圈。B 站不同于其他平台"流量为王"的运营理念，而是秉持以兴趣为核心引力、以用户体验为内在追求、以打造"强关系"为价值旨归，具有强烈的人文关怀。B 站有着众多才华横溢的"UP 主"创作优质内容，用户在观看视频时可以发送弹幕表达观点，为用户表达与展现自我提供了一个平台。同时，B 站开发出购物、VLOG 视频、直播等版块，创设纪录片、番剧、时尚等多个内容分区，用户可根据个性化需求精准查找与学习吸收，沉淀了众多忠实粉丝。B 站上有着丰富多样的教育资源，会集了一些学生喜爱的"网红名师"，如罗翔、戴建业、葛雅琦等，契合"Z 世代"大学生的个性化需求，彰显出新时代大学生的自我意识，得到众

第四章　新时代大学生思想政治教育获得感的现状分析

多大学生的青睐。

2. 获得动因复杂且多维交织

学习动力与学习效果息息相关。深层次、持久的、正向的学习动力往往可以调动学生学习的积极性与主体性，从而深化与促进大学生的学习效果。大学生思想政治教育获得感同样如此。大学生的获得动力与其获得感状况也是密切相关的。

此部分设置了一道多项选择题"以下情形会使您产生多大程度的思想政治教育获得感？请勾选符合您情况的选项"。共设置了13种情形，包含物质方面的获得感与精神方面的获得感、大学生眼前经过努力即可达到的获得感与未来方能显现的获得感、助益个人发展的获得感与助益社会发展的获得感等。按照"很强""比较强""一般""不太强""不强"五个维度对大学生的感知情况进行调查，以期了解新时代大学生对获得感的理解、认同与追求。通过大学生的选择来透视与梳理大学生的获得动因。如此，也可以侧面反映出大学生获得感现状。

调查结果显示，新时代大学生思想政治教育的获得动因复杂多样（见图4－12）。既有"教育过程中体会到自己被尊重"这种内在因素的驱动，也有外在因素的刺激；既有"参与党团活动获得的奖励与证书""未来可以找个好工作""学到的知识有助于考研考公务员"等物质性利益的驱使，也有科学思维方式的习得、意志得到磨炼、思想境界得到升华等精神性利益的驱动；既有"在思想政治理论课上取得的学分绩点"这种对眼前利益的关注，也有"收获终身受用的价值"这种对长远利益的关注；既有出于个人前途命运的考量，也有"所学知识以后可以为社会发展做贡献"这种自觉关注社会、民族与国家前途命运的考量。

当然，这12种情形包含于但不限于大学生思想政治教育获得感形成的所有因素。并且，毋庸置疑的是，这些因素在获得感的形成过程中，有些是单独起作用的，如"在思想政治理论课上取得的学分绩点"或者"参与党团活动获得的奖励与证书"就可单独产生即时性获得感；有些是复合叠加从而产生效果的，如取得学分绩点、获得奖励与证书等有助于未来找个

	在思想政治理论课上取得的学分绩点	参与党团活动获得的奖励与证书	科学的思维方式与能力的习得	塑造积极的理想信念	意志得到磨炼，日常生活中能够迎难而上	思想境界得到升华	未来可以找个好工作	学到的知识有助于考研考公务员	收获终身受用的价值	所学知识以后可以为社会发展做贡献	教育过程中体会到自己被尊重	成长需求得到满足
不强	1.10%	3.30%	2.50%	2.60%	2.90%	1.50%	1.70%	2.30%	1.60%	3.20%	1.40%	2.50%
不太强	6.50%	21.90%	25.40%	20.30%	7.50%	13.50%	4.30%	8.50%	4.10%	7.30%	5.80%	7.50%
一般	10.90%	10.40%	37.20%	26.90%	40.20%	29.40%	11.60%	24.60%	35.80%	41.30%	28.60%	26.70%
比较强	48.20%	34.60%	14.40%	24.70%	30.30%	30.90%	43.60%	44.20%	30.60%	29.40%	39.90%	37.80%
很强	33.30%	29.80%	20.50%	25.50%	19.10%	24.70%	38.80%	20.40%	27.90%	18.80%	23.30%	25.50%

图 4-12 大学生不同情形之下思想政治教育获得感对比图

好工作，这些因素可以复合叠加起来促使大学生既可以在当下收获一种获得感，还可以在未来收获获得感；还有一些因素多维交织从而形成获得感，如"所学知识以后可以为社会做贡献"这种获得感的产生绝非仅仅学习理论知识就可以实现的，还需要大学生树立积极坚定的理想信念、培养科学的思维方式、磨炼意志品质、提升思想境界等，只有将这些因素多维交织、有机耦合，才能助益大学生形成并积淀思想政治教育获得感。

3. 获得渠道多元且交互联动

通过半封闭式多选题"您通过以下哪些途径接收思想政治教育内容并有所获得感？"来了解大学生思想政治教育获得感的获得渠道。调查结果显示，选择"思想政治理论课""网络新媒体""书籍报刊""社会实践活动""广播影视""学术会议与学术讲座""家庭教育""朋辈群体""其他"的个案百分比分别为 86.2%、65.5%、57.3%、50.2%、50.1%、38.7%、32.7%、21.9%、1.5%（见表 4-12）。可见，新时代大学生思想政治教育获得途径趋向多元化。既有传统媒介如书籍报刊、广播影视，也有网络新媒体渠道；既有学校教育的影响，也不乏家庭、朋辈群体的影响；既通过思政课这一主渠道进行获取，也有学术会议、学术讲座、社会实践活动等渠道的补充。

表4-12　大学生思想政治教育内容获得渠道的多重响应频率表

项目		响应		个案百分比（%）
		N	百分比（%）	
通过哪些途径接收思想政治教育内容并有所获得感	思想政治理论课	834	21.3	86.2
	书籍报刊	555	14.2	57.3
	广播影视	485	12.4	50.1
	网络新媒体	634	16.2	65.5
	社会实践活动	486	12.4	50.2
	学术会议与学术讲座	375	9.6	38.7
	家庭教育	317	8.1	32.7
	朋辈群体	212	5.4	21.9
	其他	15	0.4	1.5
	总计	3913	100.0	404.1

诚然，思政课在高校落实立德树人的根本任务中起着"基础保障作用"[1]，作为大学生思想政治教育主渠道的地位是不可取代的，应进一步加强与改进高校思政课建设，充分发挥其主渠道作用。与此同时，网络新媒体作为当今大学生接收教育资源的第二大渠道，其重要作用日益凸显。随着人工智能技术的发展，其与社会发展全面勾连，正深刻形塑着当今人们的生产方式、生活方式与思维方式。算法推荐正深刻嵌入并重塑着新媒体的内容生产与传播机制。算法技术对思想政治教育工作而言可谓是一把"双刃剑"，一方面对用户信息选择造成了潜在的"控制"，另一方面也为思想政治教育的精准化和针对性实施进行

---

[1] 王学俭、许斯诺：《"理直气壮开好思政课"的战略意义、力量来源、基本要求和实践举措》，《新疆师范大学学报》（哲学社会科学版）2019年第4期。

"赋权"。因而，高校思想政治教育工作应顺应新媒体发展的时代潮流不断改革创新，推动新媒体技术与思想政治教育的深度融合，针对新时代大学生的代际特征、主观偏好与接受习惯，结合新媒体的传播规律与特点，善于运用手机、iPad等移动终端与蓬勃发展的各种教育App对大学生开展形式多样的思想政治教育，推动思想政治教育的供给侧改革，强化优质内容供给，切实增强思想政治教育的亲和力与大学生的接受度。

除此之外，新时代，思想政治教育传播渠道正呈现出交互联动态势，大学生思想政治教育获得感的形成也是多元渠道交互联动复合影响的结果。网络作为改造世界的结构性力量正深深嵌入社会发展的方方面面。新媒体沿承网络"去中心化"、即时性、互动性的传播特点无时无刻不在输出海量信息与教育资源，且新媒体的低门槛准入机制为大学生获取思想政治教育资源提供了便利条件。当今大学生接收思想政治教育资源不再拘泥于某一种或某几种渠道，而是在各种渠道有机结合、交互联动中体验全方位、多频率的思想政治教育传导。例如：新媒体与传统思政课堂相"联姻"；虚拟现实学习平台与现实思想政治教育相联动打造沉浸式学习体验；家庭教育、朋辈教育与学校教育相协同，等等。这些都增大了思想政治教育的覆盖面，也引领思想政治教育内容向纵深扩展，同时扩大了大学生的获得渠道，共同促进大学生进德修业。

4. 获得心态积极且开放包容

党的十九大报告提出要"培育自尊自信、理性平和、积极向上的社会心态"[①]。社会心态既包括较为稳定的社会心理共识，也包括暂时性的社会心境，反映了个人与社会之间的心理关系。作为连接社会存在和社会意识的精神纽带，社会心态具有群体性、弥散性、历史性等特征，其处于动态生成和演变之中，正面社会心态可能会

---

① 习近平：《决胜全面建成小康社会 夺取新时代中国特色社会主义伟大胜利——在中国共产党第十九次全国代表大会上的报告》，人民出版社2017年版，第49页。

巩固壮大，负面社会心态也可能于生成之中被抑制或演变之中被规正。社会心态深刻影响人们的思想意识和行为选择，也影响社会治理的有效推进。

当前，受时代发展和重大社会变迁的影响，多种社会心态交织、杂糅、竞相呈现，有积极的有消极的，有理性的有非理性的，有正面的有负面的。目前存在着功利浮躁、怨恨报复、颓然焦虑和偏执激进等不良社会心态，其蔓延扩散易造成社会有机体耗损，扰乱社会运行秩序，冲击社会治理效能。不良社会心态的产生在一定程度上源于马克思主义信仰危机，进而导致对中国特色社会主义的不自信。高校思想政治教育的育人功能体现在感染并引导大学生良好社会心态的形成，进而促使良好社会心态转变为先进社会意识，变为"改造世界的物质力量"。如2020年初新冠疫情暴发之初，社会上存在一些恐慌、麻痹、放任等不良社会情绪，为引导大学生正确认识疫情并助力投入这场阻击战，思想政治工作者以各种方式进行疫情解读和社会正能量宣传，抑制不良社会情绪蔓延，鼓舞士气斗志，引导大学生形成积极、正面、平和、理性的心态。

为了解大学生思想政治教育的信仰崇高感状况，此处设置了"中国特色社会主义进入新时代，您最直观的感受是什么？"和"通过'全国大学生同上一堂疫情防控思政大课'您有什么体会？"两道题目。

通过大学生对新时代的理解来透视大学生对时代方位与自身肩负的时代使命的认识，从而增强大学生思想政治教育获得的主动性、自觉性与实效性。调查结果的个案百分比显示，81.4%的大学生为新时代的到来"备受鼓舞，对国家发展充满信心"，73.2%的大学生认为新时代"具有划时空的里程碑意义，体现了科学社会主义的蓬勃生机"，67.9%的大学生认为"中国特色社会主义制度优势越来越彰显"，35.4%的大学生认为"国际形势复杂变化，对未来的不确定性深感担忧"（见表4-13）。可见，绝大多数的大学生可以理性认识新时代，他们关心国家大事与世界发展大势，有着很强的政治敏感性，表现出对中国特色社会主义制度的认同，有着强烈的民族自豪感和自信心，并对新时代抱有积极期许与美好愿景，这就有助于引导其以积极、理性、乐观的心态接收思想政治教育内容并形成获得感。

表4-13　大学生对中国特色社会主义进入新时代的直观感受

项目	响应 N	百分比（%）	个案百分比（%）
备受鼓舞，对国家发展充满信心	788	30.4	81.4
国际形势复杂变化，对未来的不确定性深感担忧	343	13.2	35.4
绘就中国特色社会主义发展的新蓝图，中国特色社会主义制度优势越来越彰显	657	25.3	67.9
具有划时空的里程碑意义，体现了科学社会主义的蓬勃生机	709	27.3	73.2
这只是一个时空定位，没有实际意义	61	2.4	6.3
不关心，也没有太多的感受	29	1.1	3.0
其他	6	0.3	0.6
总计	2593	100.0	267.8

与此同时，结合大学生的生活实际，以2020年席卷全球的新冠疫情为例，调查大学生在"同上一堂疫情防控思政大课"之后对思想政治教育的接受心态与获得感。通过这场特殊的思政大课，88.3%的大学生认为"青年一代是大有可为的一代，勇担时代使命"，80.4%的大学生"感受到了中国特色社会主义制度的优越性"，还有74.6%的大学生通过全球疫情防控体会到人类命运共同体理念的科学性与道义性（见表4-14）。可以说，在这场突如其来的重大疫情面前，青年大学生展现出积极有为、勇于奉献的精神风貌，得到了成长与历练。大学生也亲身感受到了中国在全球疫情防控中的责任担当与智慧贡献。可见，当代大学生对新冠疫情的认识总体上呈理性向上态势，他们在这场全民战争中接受了思想洗礼与观念更新，大多数学生有着坚定信仰的崇高感。

表4-14 "全国大学生同上一堂疫情防控思政大课"的体会

项目	响应 N	百分比（%）	个案百分比（%）
感受到了中国特色社会主义制度的优越性	778	20.6	80.4
疫情防控是一场伟大的人民战争	753	19.9	77.8
青年一代是大有可为的一代，勇担时代使命	855	22.6	88.3
秉持人类命运共同体理念，为全球疫情防控贡献中国智慧	722	19.1	74.6
深化了我对思政课堂上老师教授的知识与理论的理解	670	17.7	69.2
其他	2	0.1	0.2
总计	3780	100.0	390.5

第三节 新时代大学生思想政治教育获得感的问题透视

研究大学生思想政治教育获得感要厘清大学生思想政治教育获得感存在的问题。"什么叫问题？问题就是事物的矛盾。哪里有没有解决的矛盾，哪里就有问题。"[①] 新时代大学生思想政治教育获得感总体状况较好，但也不乏存在一些问题。通过调查发现，一些大学生获得感欠佳的具体表现如下：

一 获得感的全面性有待优化

高校思想政治教育对大学生的影响主要是通过精神性而非物质性的内容供给达致的，旨在通过知识供给与价值引领引导大学生形成与社会发展相一致的思想道德观念。大学生思想政治教育获得感虽是一个主观感受性的意识范畴，但其不仅仅停留于"感"的层面。大学生思想政治教育获得感的内核指向思想政治教育内容，其绝非一个单一体，而是一

---

① 《毛泽东选集》（第3卷），人民出版社1991年版，第839页。

个"要素完整、结构协调、层次科学"①的有机整体系统，内含多维属性，包含多样的部分，外延也涵盖多个层次。

从思想政治教育内容要素的完整性看，大学生思想政治教育获得感具有全面性。从获得内容的维度进行审视，大学生思想政治教育获得感是大学生接受思想政治教育之后在思想水平、政治觉悟、道德素质、文化素养等方面的图式结构得到优化发展而产生的正向积极感受。以上这些方面在思想政治教育内容要素系统中处于不同的地位，但毋庸置疑的是，这些方面共同组成思想政治教育内容的整体系统，其中任何一方面都不应被遗漏、淡化或者窄化。从获得过程的维度看，作为基于客观获得而产生的一种主观的正向性感受，它是大学生主体通过认知、情感、意志、践行四个环节与阶段而形成的，这四个环节之间不可替代与补位。

同时，思想政治教育内容体系是一个层次科学的系统。高校思想政治教育并非只有马克思主义、中国特色社会主义理论体系等高层次的教育内容，也有生动丰富的生活内容等，在教育过程中应构建起层次分明的内容体系，方能增强教育的针对性与亲和力。尤其是立足当前社会深度转型的时代场域，社会背景复杂交织，社会现实呈现出复杂性"面相"，人们的思想意识也在诸多因素影响之下不断嬗变，决定了思想政治工作者以及大学生需树立起一种全面性思维方式，"综合运用理论灌输、道德引领、政治宣传和文化熏陶、环境感染、媒体宣传"②等方式向学生传输全面、立体、多维的思想政治教育内容，整合优化思想政治教育获得结构，从而收获全面性的获得感。

为了调研当前大学生思想政治教育获得感的全面性状况，本书设计"通过思想政治理论课，您在以下哪些方面有获得感？"这样一道题目。调查结果的响应百分比显示，29.3%的大学生在"思想水平方面"有获

---

① 郑敬斌、王立仁：《论思想政治教育内容体系的系统构建》，《东北师大学报》（哲学社会科学版）2012年第2期。

② 赵丽涛：《复杂性视域下思想政治教育的认同问题及其出路》，《思想教育研究》2018年第6期。

得感，24.3%的大学生在"政治觉悟方面"有获得感，22.9%的大学生在"道德素质方面"有获得感，23.5%的大学生在"文化素养方面"有获得感（见表4-9）。由此可知，绝大多数大学生通过思政课在思想品德、政治法律、心理健康、理想信念以及文化素养方面收获了一定程度的获得感，然而通过横向对比可见，大学生在道德素质、文化素养方面的获得感还比较薄弱，这也就向思想政治教育工作者指明了改进的方向。与此同时，通过"您的思政课老师在上课过程中会涉及以下哪些方面的知识？"这道题目调研可知，91.2%的思政课教师在课堂教学中注重对学生进行道德培养、品质塑造、人格养成等思想政治教育基本内容的教育，然而对社会热点、难点和焦点问题，重大理论与现实问题，大学生交友、生活、人生规划等实际问题关注还有所不及（见表4-15）。

表4-15　　　　　　　思政课教师上课过程中涉及的内容

项目	响应 N	百分比（%）	个案百分比（%）
重大理论与现实问题分析	748	24.6	77.3
关于道德培养、品质塑造、人格养成等方面	883	28.9	91.2
社会热点、难点、焦点问题分析	727	23.9	75.1
关于交友、生活、人生规划等自身实际问题	657	21.6	67.9
其他	30	1.0	3.1
总计	3045	100.0	314.6

由于思想政治教育具有鲜明的属人性和时代性，新时代思想政治教育工作者应观照人的生活世界，并"因时而进"，增强教育内容的感召力。同时还要注重根据教育时机与情境进行应时性与应景性教学内容供给。有学者指出，如面对新冠疫情，高校思想政治教育"需承担起意识形态博弈与辩护功能，以人们的生活世界为创作源泉，讲好中国抗'疫'故事，驳斥'后真相'的虚伪性、片面性和主观性，引领人们澄

清价值判断并作出正确价值选择,为凝聚社会价值共识奠定思想前提"[1]。此外,新时代思想政治教育在具体的实践过程中,除关照内容的全面性之外,还要注意内容的结构安排,比如根据学生的学习接受能力安排难度适宜的内容,使其循序渐进,从简单性内容逐步过渡到复杂性内容;根据人的思想品质发展的阶段性与顺序性对教育内容进行区别、整合,有所侧重地进行施教;合理安排理论性内容与实践性内容的比重,使其相互补充、互相映射,增强教育的针对性与学生的获得感。

二 获得感的发展性有待引导

高校思想政治教育担负着双重责任:既承担着传播主导意识形态的使命,又要促进社会成员思想政治素质的提升;传播社会主导意识形态时要将其与大学生的需求统一起来,促进大学生思想政治素质提升时要努力将个体发展愿景与社会要求有机结合起来。大学生需要层次的高低、需要是否得到满足与其获得感状况息息相关,反过来也是透视其获得感状况的一个窗口。

(一)从大学生精神成长发展阶段的纵向维度上看,精神需求的发展性不强

人通过满足自己的需要来确认人的本质力量,同时,需要还是人的生存发展状态的体现。由于人的需要的满足程度受社会发展水平的制约,因而需要也在一定程度上体现了社会的发展状况。物质需要是人的基本需要。社会需要是人的本质需要,人们通过社会性生产实践满足自己的需要并推动人类社会发展。精神需要是人的高层次需要。人除了基本的物质生活外,还会发挥自身的主观能动性去追求意义世界,提升人的精神境界,通常体现为自发性需要与自觉性需要。如列宁所言:"'自发因素'实质上无非是自觉性的萌芽状态。"[2] 自发需要与自觉需要是相伴相

---

[1] 卢黎歌、吴凯丽:《积极文艺作品凝聚社会价值共识的三重思考》,《江汉论坛》2020年第9期。

[2] 《列宁选集》(第1卷),人民出版社2012年版,第317页。

生的，自发需要是自觉需要的基础，自觉需要是人们追求的高层次需要，通过教育引导人们从自发需要向自觉需要跃升，唯有如此，方能摆脱盲目被动、无所适从、停滞不前的状态，明确自身的发展目标并获得动力之源，从而更好地融入社会发展。而思想政治教育是一种观念性精神实践活动，重在观照大学生的精神成长需求。

大学生在精神成长的不同阶段有着不同的精神需求，主要包含实践的需求、交往的需求和发展的需求三个方面。实践的需求重在表征人与客观世界的关系，一般外在表现为人的物质需求的满足，如通过学习获取系统化的知识、对世界有了较为客观的认识、取得了一定的成绩等。交往的需求重在表征人与社会之间的关系，如大学生随着年龄的增长有着与异性交往的情感需求，同时渴望建立起和谐的团队合作关系等需求。发展需求重在刻画人与自我世界的关系，通过内在的否定扬弃实现自我本质力量的彰显，着力体现为人的精神境界的提升、精神人格的塑造与社会价值的实现。

大学生的精神需求深深打上时代的烙印，深受整体生存语境、社会风气以及大众传媒等的影响。"大学生一方面要不断锤炼提升自身的素养，另一方面还要提高自身的社会化程度。"[①] 大学生是社会群体中素质较高的那部分人群，其所肩负的历史使命决定了大学生在观照个人实践需求与交往需求的同时，还应致力于满足更高层次的发展需求，实现自我超越与人生境界的提升，从而更好地将自身发展融入社会发展洪流，将个人理想与社会使命统一起来。可见，新时代的教育工作者应紧扣时代语境转换的脉搏，同时结合大学生所肩负的时代使命，引导大学生校正获得需求，从而实现更高层次的发展。

（二）从时态上看，潜在性获得需求与储备性获得需求有所欠缺

大学生思想政治教育获得感作为一种基于客观所得的主观感受，既受教育内容教育效果的释放程度、覆盖面大小等客观性因素的影响，同

[①] 郑永廷、曾萍：《当代大学生的成长需要与高校思想政治教育的价值实现》，《思想理论教育导刊》2010年第12期。

时也与教育对象自身的先在结构、实际获得、感知能力等有着一定的关系。大学生对教育者所传导内容的接受程度是大是小、是快是慢、是好是坏，以及其自我感知是越来越好还是停滞不前都是一个动态的过程。因此，从生成时态上看，大学生思想政治教育获得感分为现实获得感与潜在获得感、即时性获得感与储备性（未来的）获得感。

1. 潜在获得感有所欠缺

现实获得感是大学生接受思想政治教育之后获得直接、显性的受益进而产生的正向积极感受。潜在获得感往往不是直接显现的，而是以间接的方式、需要经过一段时间或者通过一定的条件方能转化为现实。如表4-16所示，本书列举了12种情形来调研大学生对思想政治教育获得感的认知与理解。通过梳理大学生对12种情形选择"很强"那一项数据的统计可知，34.8%的大学生认为"参与党团活动获得的奖励与证书"能使他们产生很强的获得感，38.8%的大学生认为"在思想政治理论课上取得的学分绩点"对其来说有着很强的获得感。以上两种情形均属于现实获得感。相反，大学生的"意志得到磨炼，日常生活中能够迎难而上""思想境界得到升华""所学知识以后可以为社会发展做贡献""收获终身受用的价值"均属于潜在获得感，而这4种情形中大学生认为获得感"很强"的个案百分比分别为24.6%、27.9%、23.2%、32.1%。可以明显看出，大学生对现实获得感的诉求要超过对潜在获得感的诉求。换句话说，潜在获得感的需求有所欠缺。

2. 储备性获得感有所欠缺

思想政治教育不是直接"给定"的一个具体之物，也不可能直接显现出效果。同时，科学的"三观"也不是一朝一夕就能形成的，一些思想性、价值性和方法论层面的获得感需要经过一个长期的储备与矛盾运动过程方能形成，其效果释放同样如此。然而随着经济全球化的发展，不同文化之间的界限越来越模糊，西方实用主义思想、后现代主义思潮等文化在其强势经济实力的裹挟下向全球输出与蔓延，在一定程度上影响了中国人的文化心理结构；加之市场经济某些负面影响滋生急功近利、重"利"轻"义"的道德心理以及社会不确定性因素的增长进而引发精神焦虑,一部分人形成了"当下即是"的思维方式与"过好眼前就好"的生活态度。在"当下即是"思维的影响之下,人们惯常诉诸眼前的、感性的、具体的利益,造成人们理想信念淡漠、公共精神岌岌可危、公共道德价值偏移以及批判性思维弱化等社会风险与精神困境。如表4-16所示,通过梳理大学生认为思想政治教育获得感"很强"的12种情形的调查数据可知,大学生对"成长需求得到满足""收获终身受用的价值"之类的储备性获得感的追求与体验不如学分绩点、奖励证书等一些即时性获得感深刻。

表4-16 大学生对下列情形思想政治教育获得感"很强"的调查统计

项目	有效百分比(%)
在思想政治理论课上取得的学分绩点	38.8
参与党团活动获得的奖励与证书	34.8
科学的思维方式与能力的习得	27.6
塑造积极的理想信念	26.4
意志得到磨炼,日常生活中能够迎难而上	24.6
思想境界得到升华	27.9
未来可以找个好工作	30.8
学到的知识有助于考研考公务员	25.2
收获终身受用的价值	32.1
所学知识以后可以为社会发展做贡献	23.2
教育过程中体会到自己被尊重	28.8
成长需求得到满足	30.0

综观以上,高校思想政治教育工作者应对大学生的获得需求进行校正引导,除现实性获得需求与即时性获得需求外,还应诉求潜在性获得需求与储备性获得需求,从而更好地实现自我发展,并不断储备与激发

其实现中华民族伟大复兴中国梦历史使命的能力。

三 获得感的高阶性有待升华

大学生要想形成一定的思想政治教育获得感，既少不了教育一方的供给，也少不了大学生内在动力的驱使。要想形成高层次的思想政治教育获得感，既要提升思想政治教育供给侧的质量，也要调动大学生需求侧的主观能动性。当然，不可否认的是，大学生个体先在结构有所不同，实际需求也不尽相同，从横剖面看，大学生的获得感难免存在差异。但从纵向上看，大学生接受与获取思想政治教育资源是一个动态而非停滞的过程，大学生自身先在结构与素质也是一个不断提升的过程。将大学生置于个体提升与社会发展的宏观语境看，其思想政治教育获得感的获得层次理应处于一个依次递进、不断进阶升华的动态演进过程之中。总体来说，大学生思想政治教育获得感获得层次的高阶性包括三个方面：从物质获得感向精神获得感跃升；从个人价值获得感向社会价值获得感跃升；从具体层面的浅层获得感向总体意义上的深层获得感跃升。

为了透视大学生获得感的获得层次，本问卷设计了"您接受思想政治教育的主要动力是什么？"这样一道半封闭式多选题，列举出9种情形，考虑到选项的无法穷尽性，设置了"其他"选项供被调研者根据自身情况填写。调查结果显示，大学生接受思想政治教育的动力复杂多样。34.5%的大学生选择"增强理论素养，坚定马克思主义信仰"，76.3%的大学生选择"有助于评奖、评优"，37.2%的大学生选择"提升自身综合素质，争做时代新人"，41.4%的大学生选择"满足自身的求知欲"，39.6%的大学生选择"学习带来的愉悦感"，79.9%的大学生选择"有助于考取一个好的课程成绩"，43.2%的大学生选择"追求真善美，宣传社会正能量"，37.8%的大学生选择"提高意识形态辨别力，向错误思潮'亮剑'"，42.6%的大学生选择"掌握国家发展大势，努力将个人发展融入社会发展洪流"。另外，还有1.5%的大学生选择"其他"，学生填写的答案有"实现中华民族伟大复兴的中国梦""大学毕业想考取公务员、事业单位、军队文职等岗位""我们的思政课教师很有趣""培养自己科学辩证的思维方式""国家越来越重视思想政治教育"等。

由上可知,新时代大学生思想政治教育的获得动力源于多方面且体现为多个层次。既有大学生内在因素的驱动,也有外在因素的刺激;既有评奖评优、就业筹码等物质性利益的驱使,也有满足自身的求知欲、学习带来的愉悦感、增强理论素养,坚定马克思主义信仰、培养科学思维方式等精神性利益的驱动;既有"考取一个好的课程成绩"这种对眼前利益的关注,也有"提升自身综合素质,争做时代新人"这种对长远利益的关注;既有出于个人前途命运的考量,也有"追求真善美,弘扬社会正能量""提高意识形态辨别力,向错误思潮'亮剑'""将个人发展融入社会发展"这种自觉关注社会、民族与国家前途命运的考量(见表4-17)。

表4-17　　　　　　大学生思想政治教育接受动力

项目	响应 N	百分比(%)	个案百分比(%)
有助于评奖、评优	739	17.6	76.3
增强理论素养,坚定马克思主义信仰	334	7.9	34.5
有助于考取一个好的课程成绩	773	18.4	79.9
满足自身的求知欲	401	9.5	41.4
学习带来的愉悦感	383	9.1	39.6
提升自身综合素质,争做时代新人	360	8.6	37.2
追求真善美,宣传社会正能量	418	10.0	43.2
提高意识形态辨别力,向错误思潮"亮剑"	366	8.7	37.8
掌握国家发展大势,努力将个人发展融入社会发展洪流	412	9.8	42.6
其他	15	0.4	1.5
总计	4201	100.0	434.0

综合以上结果可知,大学生思想政治教育获得感存在高阶性不足的问题,具体来说:

(一) 就物质获得感与精神获得感而言，精神获得感有待进阶提升

物质获得感，是指大学生接受思想政治教育之后，其客观物质需要得到一定程度的满足进而产生的一种积极正向的主观感受。物质需要是人的基本需要，精神需要是人的高层次需要。从这个意义上来说，物质获得感在大学生思想政治教育获得感结构体系中处于最基底的位置，是精神层面更高获得感的基础。满足大学生的基本物质需求，使其思想政治素质、道德观念水平与社会化生产所要求的条件相契合，才能使大学生顺利参与至社会化生产活动之中。也就是说，大学生追求物质获得无可厚非，但若仅仅停留在物质获得感层面，则容易偏废与罔顾精神世界的丰盈致使其矮化干瘪，同时也折损了思想政治教育的意义，因为思想政治教育不同于其他的实践活动，其主要是指向精神层面的。

思想政治教育当然会满足人们的物质利益追求，因为其若不能满足大学生的物质需要就很难激发起大学生的学习兴趣与动力。但同时应认识到，思想政治教育作用方式有别于其他的实践活动。思想政治教育很难直接地满足大学生的物质需要，而是往往需要经过大学生的内化转化为一种内在精神力量，进而由精神转化为物质。思想政治教育在由精神转化为物质的过程中，大学生的获得感将不再停留于先前的直接的物质获得感层面，而是层次递进、螺旋上升的，大学生的感受也会更加深刻持久。例如，对"大学生思想政治教育接受动力"调研结果的个案百分比显示，超过75%的大学生追求"考取一个好的课程成绩"与"评奖评优"此类直接的、现实的物质获得感，这是无可厚非的。但此类获得感往往是即时的、短暂的，随着物质利益的实现感受呈现递减趋势。相反，"学习带来的愉悦感""满足自身的求知欲"等此类精神性的获得感往往会更加持久与深刻。

(二) 就个人价值获得感与社会价值获得感而言，社会价值获得感有待进阶提升

近年来，思想政治教育研究范式发生转化，"其价值也经历了从

'社会本位'向'个人本位'的转变"①。思想政治教育具有个体价值与社会价值两个维度的价值，这两个维度是紧密联系、互相不可或缺的。既不能用个体价值代替社会价值，也不能用社会价值削弱个体价值，否则就会出现"只见社会不见个人"或者"只见个人不见社会"的逻辑空场。置身百年未有之大变局和中华民族伟大复兴中国梦的两个大局，政治思想文化领域风云激荡、大国战略博弈全面加剧、意识形态竞争态势更加激烈，这些呼唤着新时代大学生增强理论武装、提升精神境界，肩负大变局之下的大使命，自觉投身社会主义建设事业，助力中华民族伟大复兴中国梦的实现。

当然，现实生活中，个人价值与社会价值之间往往不是协调一致的，有时会存在一定的张力，这时要同时兼顾二者并合理规划布局二者所占的权重，使二者可以协调统合起来。本书中对"大学生思想政治教育接受动力"调研结果的个案百分比显示，大学生对考取好的成绩、评奖评优等个人价值的追求比例超过70%，而"追求真善美，宣传社会正能量""掌握国家发展大势，努力将个人发展融入社会发展洪流""提高意识形态辨别力，向错误思潮'亮剑'"和"提升自身综合素质，争做时代新人"这四个指向社会价值的选项所占的比例分别为43.2%、42.6%、37.8%和37.2%。因而，在个人价值获得感与社会价值获得感方面，应引领大学生获得感层次的进阶升华，诉求社会价值获得感，进而为个人价值获得感提供更好的条件与基础。

（三）就具体层面的浅层获得感与总体意义上的深层获得感而言，总体意义上的深层获得感有待进阶提升

思想政治教育的深层意义在于"使每一个人都成为一个自由全面发展的人"②。思想政治教育不同于其他的学科。其他学科主要解决的是学生"是否知道""是否懂得"的问题，而思想政治教育并不停留于"知"与"懂"的浅层次，而是指向"悟"与"信"的深层次、最终落脚至学

---

① 项久雨：《论主体性思想政治教育的四个维度》，《江汉论坛》2015年第9期。
② 王娟：《思想政治教育沟通的人学特质》，《思想政治教育研究》2006年第4期。

生"行"的问题,也即通过主体性的自我确证实现一种自我超越。

新时代思想政治教育要坚持工具理性与价值理性的统一。绝不能把思想政治教育简单视为一种意识形态工具,而是在工具理性塑造功能之外,更加凸显其价值理性功能,注重在价值理性的引导之下,通过主流价值共享与传递,促进价值主体的自我超越增值与进阶提升,聚合社会成员的价值体认,使个人与社会同向同行。由此可以看出,思想政治教育主要是指向深层意义的,是与人的终极价值实现相联系的。当然,思想政治教育指向深层意义并不意味着其疏离现实生活,也并非"悬浮"于现实生活之上,而是具备一种更高维度与层次的价值引领。本书中对"以下情形会使您产生多大程度的思想政治教育获得感?"调研结果的个案百分比显示(见表4-16),在所列举的12种情形中,大学生对"思想境界得到升华"(27.9%)、"收获终身受用的价值"(32.1%)、"意志得到磨炼,日常生活中能够迎难而上"(24.6%)、"塑造积极的理想信念"(26.4%)等此类指向未来维度与深层意义的情形的获得感并不及对学分绩点(38.8%)、奖励证书(34.8%)与好工作(30.8%)此类具体层面的获得感强。因而,在具体层面的浅层获得感与总体意义上的深层获得感方面,应引领大学生获得感层次的进阶升华,引导大学生不断诉求总体意义上的深层获得感。如此,反过来也可以更好地引导其现实生活与具体层面获得感朝着社会发展要求的方向前进。

四 获得感的持久性有待延伸

对大学生思想政治教育获得感的持久性的研究旨在从效果维度考量大学生思想政治教育受教效用的延续时效。这一命题内在蕴含两个方面,一方面是思想政治教育的有效性,另一方面是大学生受教效用的持久性。"思想政治教育内容的有效性表现为思想政治教育内容是否有利于在教育对象身上引起预期的变化、形成预期的思想观念和行为"[1],因为教育

---

[1] 沈壮海:《思想政治教育有效性研究》(第三版),武汉大学出版社2016年版,第82页。

者在教育之前往往会先预设一个目标,目标的实现程度越高则有效性越高,反之亦然;大学生受教效用往往并不是整齐划一的,而是具有一定的参差性,同时受教效用的持久程度也不尽相同,其与具体的教育活动有着密切的关系。"有些教育活动可以在较短的时间内呈现出一定的效用,而有些教育活动的效用则要经历长时间的沉淀与酝酿方能显现。"①

众所周知,从纵向的思想政治教育过程来看,始终贯穿着一对基本矛盾,其"在教育过程中居于基底性的地位,牵制并规约着教育的全过程"②。换句话说,从时间维度上观之,思想政治教育的基本矛盾贯穿教育的全过程。将思想政治教育的基本矛盾置于大学生思想政治教育的框架进行分析可知,这一基本矛盾不断推动着大学生思想品德素质的提升,因而应以宽广的视野审视并不断延展大学生获得感的作用时效。

从横向的思想政治教育诸要素之间的联系来看,思想品德是知情意行诸多要素辩证运动和发展的过程,大学生思想政治素质形成发展过程是其认知、情感、意志和行为的矛盾运动过程。大学生获得感形成的前提在于大学生思想政治素质"在客观上有所提升",这就离不开大学生对思想政治教育活动的有效参与、积极接受、内在认同与外在践行等环节,在此过程中体现为获取知识的成就感、体验情感的共鸣感、锤炼意志的坚韧感、坚定信仰的崇高感和规范行为的自觉感等主要方面。这四种获得感不是彼此割裂的,而是循序渐进、相辅相成的。因而,从获得感生成过程的维度看,大学生思想政治教育获得感的全面性体现为"知、情、意、行"四个环节的统合发展,同时这四个环节应该是相互转化、不断递进的。"通过思想政治理论课以及高校日常思想政治教育,您在以下哪些方面有获得感?"一题的调查结果显示,86.7%的大学生在"理论知识层面"有获得感,70.2%的大学生在"个人情感层面"有获得感,69.8%的大学生在"观念价值层面"有获得感,66.8%的大学

---

① 白显良:《论隐性思想政治教育的受教特性》,《学校党建与思想教育》2013年第22期。
② 匡宁、王习胜:《思想政治教育基本矛盾与主要矛盾的差异和关联》,《思想理论教育》2019年第8期。

生在"综合能力层面"有获得感，56.7%的大学生在"行为遵从层面"有获得感，34.5%的大学生在"思想境界层面"有获得感（见表4-10）。由以上调研数据可知，大学生在认知、情感、意志、行为四个方面的获得感呈现不均衡发展状态，存在"知而无情、情而少意、信而不坚、知而不行"的窘境，在一定程度上限制了知、情、意、行之间的相互转化与递进升华，因而也就在一定程度上消解了获得感的持久性。

从大学生思想品德形成发展规律看，大学生思想政治品质不是一次性完成和结束的，这也就意味着大学生思想政治教育获得感的产生不是一劳永逸的。要想收获较长时效的获得感，大学生在接受思想政治教育时就不能停留于蜻蜓点水、浅尝辄止的层面，而是应深入理解、融会贯通，不断添加新知识与新素材，形成新认识并修正错误价值判断，完善自身的智能结构与思维方式，推动思想政治教育接受处于一个不断更替、发展与积淀的螺旋式上升过程之中。与此同时，大学生在收获一个具体的获得感之后，往往会产生一种自我满足与自我肯定的愉悦心情并增强了其自身的信心，因而可顺势将这种获得感转化为内在精神动力，推动其追求并获取下一个、更高层次的获得感。此外，要想储备延长获得感的获得时效，还应随着时代发展变迁、大学生先在结构与思想政治教育实际获得状况动态引导与提升大学生的感受阈值，推动获得感的发展与升华。

第五章

新时代大学生思想政治教育获得感的影响因素

思想政治教育本身是一个系统工程，其运行状况与系统内诸要素息息相关。单个要素的发展状况以及要素间联结方式决定着思想政治教育系统效果的发挥。同时，思想政治教育又是一个耗散结构系统，与外界环境不断进行着能量的沟通与互动。新时代，复杂多变的国内外环境给思想政治教育工作带来很大的挑战。

第一节 教育对象因素

大学生思想政治教育获得感的建基基础、生成关键与考量评价都与大学生内在因素息息相关。大学生思想政治教育获得感作为一种特殊的获得感，有其自身发生、发展的特定规律，虽然"获得感被引用至思想政治教育中，目的不在于进行具体数量的检测"[1]，但这并非意味着思想政治教育获得感不可衡量。聚焦大学生微观群体进行审视可知，大学生思想政治教育获得感无疑是对大学生个体的实际获得与其心理预期之间

---

[1] 李合亮：《要深化对思想政治教育获得感的认识》，《思想理论教育》2021年第2期。

商数的表征,商数越高则表明获得感越高。这也就指涉出观测大学生思想政治教育获得感的两个重要方面:客观的实际获得与主观的心理预期。实际获得是建基在教育对象一定的先在结构基础之上的,而其影响着教育对象的目标期待、价值选择与行为实践;获得感的生成是基于教育对象一定的期待视野,而其与审美距离之间的张力息息相关;获得感也是基于教育对象一定的主观能动性,而教育对象的思想认同基础与认知接受能力都影响着获得感的积淀。

一 先在结构与实际获得之间的张力

先在结构作为一种历史性存在,它是由历史产生并指向历史的未来,生活在不同历史条件下的个体有着不同的先在结构。同时,先在结构也是一种现实性存在,生活在不同现实境遇之下的个体有着不同的先在结构。先在结构决定了教育对象拥有不同的思想基质、预存立场和意愿图景,进而影响着教育对象的目标期待、价值选择以及行为实践。

其一,思想基质影响目标期待。"基质"(substratum)即"承载各种偶性而自身不变者"[1],其"包括三个方面的意义:质料、形式以及这两者的合成物"[2],通常是构成事物的基本要素。思想基质是教育对象在一定的生理遗传基因、社会历史实践、教育成长背景、知识理论体系等因素的复合影响下逐渐积淀起的思想底色,会对个体的思想认知产生长期影响,并影响着个体的目标期待。换言之,从思想政治教育活动展开的时间维度看,思想基质属于先前的"曾在"范畴,是大学生接受思想政治教育之前头脑中已然存在的一些对于思想政治教育的体会、认知与理解,以一种"自在"状态弥散于大学生的主体意识层面,影响着大学生对"此在"和"将在"教育实践活动的目标期待。从宏观上看,通过

---

[1] 徐英瑾:《如何奠定历史唯物主义的"理论哲学基础"——一种基于"蕴相殊"理论的重构方案》,《学术月刊》2017年第9期。
[2] 周志荣:《形式:亚里士多德〈形而上学〉中一个奇特的概念》,《北方论丛》2009年第5期。

第五章　新时代大学生思想政治教育获得感的影响因素　159

"中国特色社会主义进入新时代,您最直观的感受是什么?"和"通过'全国大学生同上一堂疫情防控思政大课'您有什么体会?"这两道题目可以看出当今大学生对新时代抱有积极期许与美好愿景,对中国特色社会主义的认同程度较高,他们有着较强的政治敏感度,关心国家大事与世界发展大势,有着强烈的民族自豪感和自信心,他们以积极理性的态度对待高校思想政治教育工作。当然,从微观来看,不同思想基质的教育对象在接受与获取思想政治教育内容之前可能会树立起不同层级的目标。如在问及大学生"您上网一般会做些什么?"时(见表4-11),73.9%的大学生选择"了解体育、文化、娱乐、财经等新闻资讯",69.7%的大学生选择"交友聊天、休闲娱乐",59.8%的大学生选择"了解国内外时事政治新闻",70.2%的大学生选择"查找自己专业方面的学习资料",此外还有26.8%的大学生选择"玩网络游戏"。由此可见,大学生对思想政治教育的目标期待各不相同,有些学生注重休闲娱乐,有些学生旨在关注社会发展与追求自我提升等精神层面的获得感。

其二,预存立场影响价值选择。"意义的解释性筹划根源于解释者的境遇"[1],即教育对象对事物的认知与理解并非处于"真空"状态,而是基于一定的预存立场,因而对于思想政治教育的接受与获取也必然存有一定的差异,进而影响着教育对象的价值选择,如是更加注重个体性还是社会性,是更加倾向工具理性还是价值理性等。从宏观上看,进入新时代以来,党中央提出"理直气壮开好思政课"、"大中小思政课一体化建设"、"课程思政"、开展"四史"教育以及"'大思政课'我们要善用之"等的要求,国务院出台深化新时代教师队伍建设改革的意见,教育部开展高校思政课教学展示活动、设立思政专项课题基金等举措,为思想政治教育的发展营建出良好的环境,这些直接关涉大学生可资获得的内容、层次、品质和时效等,大学生的获得状况整体向好。不过,需要注意的是,从微观层面看,大学生的预存立场依然会影响思想政治教

---

[1] 洪汉鼎:《伽达默尔的前理解学说(上)》,《河北学刊》2008年第1期。

育价值选择。如通过"您的政治面貌是什么?"和"您接受思想政治教育的主要动力是什么?"的交叉分析可知,不同政治面貌的大学生对思想政治教育有着不同的价值诉求,进而作出了不同的价值选择。一些大学生更诉求个体的、现实即时的物质获得感,而另一些大学生更诉求助益社会性发展的、储备性的精神获得感。

其三,意愿图景影响行为实践。海德格尔认为,"前把握"是"理解者的前理解"[①],即我们在认知与理解某一事物时头脑中已然具备的思维模式或者分析框架。将"前把握"这一先在结构具体到大学生思想政治教育获得感这一论题上即是教育对象在获取与接受思想政治教育之前对思想政治教育已然存有的一种愿景假设。质言之,大学生在接受具体的教育实践活动与生成思想政治教育获得感之前就已在头脑中规划设计好了思想政治教育的"概念框架"。在这样的"概念框架"指导之下,大学生进入思想政治教育"本身",在对思想政治教育的理解与接受过程中不断修正自身的"先在结构",保留其合理性,剔除先在结构中的不合理因子,整合优化先前的认识结构,促使正确的、合理的认识的确立,并推动情、意、行的转换升华,进而影响着交往理性或非理性行为的积淀。通过调查问卷可知,"您对思想政治理论课的态度是什么?"影响了大学生对思想政治教育获得感的认知态度以及"在日常学习和生活中,您是否会自觉运用思想政治理论课所学方法解决实际问题?"的行为选择。可见,基于不同的思想政治教育认知态度与行为践行,大学生会收获不同程度的"实际获得",因而也就形成了不同的获得感。

二 期待视野与审美距离之间的张力

习近平总书记强调指出,思想政治工作要"满足学生成长发展需求和期待"[②],指涉出学生期待在思想政治教育实践中的重要地位。期待视

---

① 陈来:《诠释学中的"前见"——以〈真理与方法〉为中心的分析》,《文史哲》2021年第3期。

② 《习近平谈治国理政》(第二卷),外文出版社2017年版,第378页。

野是姚斯接受美学的"方法论顶梁柱"。读者在阅读与接受一部作品之前,其思想并非一块白板,而是在其先在经验、欣赏水平、能力素养、理想愿景等融合激荡下已然形成一个"潜在结构",这就成为其接纳新知识、新观点的一个"前置性"因素,在这个因素的规约之下,读者天然地具有不同的接受能力与欣赏水平,并对作品有着不同的潜在审美期待,基本分为定向期待与创新期待两大类。大学生思想政治教育获得感提升的前提在于大学生期待的实现与满足。在学习与接受的过程中,若思想政治教育内容与大学生自身经验阅历有较高程度的"重叠",就比较符合大学生的现有期待,因而也能较为顺利地将其期待具体化、现实化,促使大学生生发出学习接受的自觉性、满足感与欣悦感。此外,还需提升思想政治教育供给质量来引导学生的创新期待,使其具有"意想不到"的收获,并建构起新的期待视野,从而以更高的审美经验与更高的精神境界投入思想政治教育学习与实践。

"审美距离"是瑞士美学家布洛提出的重要观点,旨在从人的内心中探求美而非客体对象[1],这里并非强调审美的无功利性,而是旨在强调一种"审美态度"[2],即超越休闲娱乐、生理快感、感官享受、欲望释放等浅层次体验的限囿,实现审美自觉与审美体验的升华,收获深层的精神愉悦感与自我效能感。将"审美距离"具体到本论题则指的是保持教育对象的主观感知与思想政治教育内容之间合适的心理距离,引领教育对象不断细细体验并感悟教育内容,实现教育对象审美体验的升华并积淀起高层次的获得感。

其一,物质期待与审美距离之间的张力。物质期待是指大学生期冀通过思想政治教育实践活动可以满足自身一些物质需要与现实需求,从而成长为具备独立生存能力与具备国家和社会发展所需要的一些能力素质的人才。物质需要的满足是人得以生存与发展的基础。大学生要想形

---

[1] 毛雨清:《亲近与弥合:虚拟现实语境下电影审美距离变革》,《新媒体研究》2018年第19期。
[2] 唐小林:《布洛说反了:论审美距离的符号学原理》,《中国人民大学学报》2015年第1期。

成获得感，首先应具备的条件是其自身需要得到满足，而这些需要中首先应当予以关注的就是物质需要，因为人是生活在一定社会现实中的人，物质需要的满足是人生存的前提。如新时代的大学生要想实现自己的发展，首先难免会对思想政治教育抱有一些实实在在的"物质性"期待，如在思想政治理论课上取得好的绩点、在评奖评优中具备学业成绩优势、在就业市场中拥有竞争力等。如在问及大学生"您对思想政治理论课的态度是什么？"时（见图4-2），18.1%的大学生认为其是必修课，然而自己没有太大兴趣；在问及"您认为学习思想政治理论课对自己有什么帮助？"时（见表4-7），66.3%的大学生认为"好的思想政治素质可以帮助自己以后找到好工作"；在问及"您接受思想政治教育的主要动力是什么？"时（见表4-17），79.9%的大学生选择"有助于考取一个好的课程成绩"，76.3%的大学生选择考取"有助于评奖、评优"。当然，对思想政治教育抱有物质期待无可厚非，然而，思想政治教育更多指向人的精神层面，因而需合理调试大学生对于思想政治教育的"审美距离"，否则将会导致过于推崇物质利益的满足而消解了思想政治教育的价值维度，滑入庸俗化局面。

其二，价值期待与审美距离之间的张力。价值期待是指大学生对思想政治教育价值应然状态的期待与预估，期冀通过思想政治教育价值供给实现自身成长发展与社会发展要求之间的良性互动。进入新时代，我国发展不平衡不充分的问题日益凸显，利益格局的深刻调整造成价值观念多样化图景，呈现出一定的价值观撕裂。"95后""00后"大学生成长于价值观念日趋多样化的时代，加之扁平化、网络化的生存方式为他们接触多样思潮提供了便利条件，使他们身处多元价值观博弈、交织的场景。如在问及大学生"您接受思想政治教育的主要动力是什么？"时（见表4-17），大学生呈现出多样化的价值取向。当然，不容忽视的是，除了追求个人利益之外，42.6%的大学生选择"掌握国家发展大势，努力将个人发展融入社会发展洪流"，37.8%的大学生选择"提高意识形态辨别力，向错误思潮'亮剑'"。可见，正处于"拔节孕穗期"成长阶段的大学生，生理与心理发展不平衡的矛盾突出，面对着形形色色的思想观念与价值判断，他们期冀思想政治教育可以帮助他们解除思想迷茫与困惑、力避价值空场与错位，消除错误价值观的不良影响，实现个体价值观的正确建构。总的来说，大学生在学习与获得过程中对个体价值的期待无可厚非，但若只关注个体价值而罔顾社会价值，容易造成个体与社会关系的疏离，引发社会原子化生存境况，降低社会凝聚力。因而教育对象需合理调试对于思想政治教育的"审美距离"，跳出仅仅关注个体价值的功利性价值取向框架，实现个体价值与社会价值的良性互动。

三 主观能动性与召唤结构之间的张力

大学生思想政治教育获得感的落脚点是"感"，可见其与人的主观感受相连。同时，获得感虽是一种主观感受，但其不停留于感官层面，究其内里，是与实际的客观获得相关的。也就是说，获得感在形成之前往往是基于一定的主观预期，没有自觉自发的主观预期获得感就失去了可资参考的"锚点"，也就难以谈得上刻画基于客观获得的主观感受。此外，主观预期并不会凭空转化为获得感，而是需要主体的参与，这就缺不了一定的主观能动性的发挥。教育对象接受教育内容的过程，也是教育内容的"召唤结构"激发与调动教育对象主观能动性的过程。大学生主观能动性与召唤结构之间的张力影响着大学生获得感的高低。主观能动性发挥程度越高，越贴合思想政治教育本身的"召唤结构"，则思想政治教育的输出与接收就越顺畅，越容易转换为教育对象的获得感；反之亦然。

其一，思想认同基础对获得感的影响。思想认同基础是教育对象在接受思想政治教育实践活动后形成的较为稳定的思想趋向、观念系统和行为态度，具有一定的系统性、能动性、时代性和兼容性。思想认同基础分为不同的层次，既有初级的层次如知识接受，也有较高的层次如价值认同。教育对象如果对思想政治教育的认同基础较好，则更容易对教育内容产生亲近感，并将思想政治教育内容纳入自身的认知结构，进而在内心生发出对思想政治教育的创新期待,从而以主动的、积极的态度参与思想政治教育实践活动,最终积淀起较强的获得感。反之,思想认同基础较为薄弱,则思想政治教育内容很难进入其头脑,同时也难以将教育内容与自身知识结构相"链接",在一定程度上阻滞获得感的生成。为了调查不同思想认同基础大学生的思想政治教育获得感状况,此处分析"您的信仰情况是什么?"对于"在接受高校思想政治教育之后,您的获得感如何?"的差异性。由于 X(信仰)和 Y(获得感状况)分别为定类(n)数据和定量数量,所以可用独立方差分析进行研究。由表5–1可知,"信仰"对"思想政治教育获得感"呈现出0.05的水平显著性($F = 2.745$,$p = 0.028$),由此可见,不同信仰状况的大学生在接受思想政治教育后,其思想政治教育获得感具有显著性差异。

表5–1　　　　信仰情况与思想政治教育获得感的方差分析结果

	您的信仰情况是什么?(平均值 ± 标准差)					F	p
	宗教 (n=27)	马克思主义 (n=793)	自由主义 (n=53)	享乐主义 (n=7)	其他 (n=88)		
在接受高校思想政治教育后,您的获得感如何?	2.00 ± 0.87	2.04 ± 0.72	2.23 ± 0.75	2.2 ± 0.76	2.33 ± 0.67	2.745	0.028*

$*p < 0.05$,$**p < 0.01$

其二,认知接受能力对获得感的影响。大学生有着不同的成长背景、知识结构和社会阅历,认知接受能力发展并不均衡。认知接受能力较强的大学生往往能够更顺畅地找到教育内容与认知结构的融通点,进而快速地将新内容吸收内化成自身的知识体系,从而优化自身的先在结构,在这一过程中形成一定的思想政治教育获得感。相反,认知接受能力较差的大学生要么难以接受新的教育内容,要么难以将新的教育内容与自身知识结构融会贯通,甚或因自身认知接受能力差造成对教育内容的负向消解,导致难以形成或折损思想政治教育获得感。为了调查不同认知接受能力的大学生思想政治教育获得感状况,对"您对于思想政治理论课上的理论知识的掌握程度如何?"与"在接受高校思想政治教育后,您的获得感状况如何?"的相关性进行分析。由于 X（掌握程度）与 Y（获得感状况）均为定量数据,因而,可用 Pearson 相关系数研究二者之间的相关性。数据分析显示:二者之间的相关系数值为 0.522（见表 5-2）,并且呈现出 0.01 水平的显著性,说明二者之间有着显著的正相关关系。

表 5-2　掌握程度与思想政治教育获得感的 Pearson 相关—详细格式

		Pearson 相关—详细格式
		您对于思想政治理论课上的理论知识的掌握程度如何?
在接受高校思想政治教育后,您的获得感状况如何?	相关系数	0.522**
	p 值	0.000
*p<0.05,　**p<0.01		

总体来说,对思政课上的理论知识掌握程度越高的大学生,其在接受高校思想政治教育之后的获得感也相对较高。调研数据显示,对思政课上的理论知识"完全掌握"的大学生中,71.43%的大学生有"很强"的获得感,25%的大学生有"比较强"的获得感,3.57%的大学生获得感"一般";"较好掌握"思政课上的理论知识的大学生,其获得感"很强""比较强""一般""不太强"所占的比重分别为 20.25%、66.46%、12.66%、0.63%;对思政课上的理论知识"掌握一般"的大学生中,7.25%的大学生有着"很强"的获得感,35.51%的大学生有着"比较强"的获得感,56.52%的大学生认为获得感"一般",0.72%的大学生认为获得感"不强"。因此可以看出,对思政课上的理论知识"完全掌握"的大学生,认为获得感"很强"和"比较强"的比重远远高于那些"掌握一般""较少掌握"和"没有掌握"的大学生。

第二节 教育者因素

大学生的获得感从深层次看是对教育内容于"意义层面"的认同，从直接来源看是对教育者的一种认同与接纳。大学生在思想政治教育过程中获得"获得什么""获得多寡""获得优次"都直接来源于教育者。教育者的核心素养、教育智慧以及教育合力的发挥情况，均会影响到大学生思想政治教育获得感。

一 教育者核心素养对获得感的影响

教育者的核心素养如思想政治理论素养、师德状况、个性魅力等全方位的能力素质，均会影响到大学生思想政治教育获得感。

其一，思想政治理论素养对大学生获得感的影响。教育者是否具有坚定的政治立场、较高的思想素养和深厚的理论学养直接影响着大学生对思想政治教育的认知与接受态度。第一，教育者思想政治素养对获得感的影响。习近平指出，"要理直气壮开好思政课"[1]。而思政课教师能否理直气壮地讲好思政课在一定程度上取决于其是否政治过硬，能否以坚定的政治立场、政治方向和政治觉悟感染学生，实现"一个灵魂唤醒另一个灵魂"的效果。如果思政课教师立场摇摆、政治觉悟不高就会"底气"不足，直接影响学生对其所传导内容的信服程度，致使学生难以对其所传授内容产生情感认同，更遑论形成思想政治教育获得感。第二，教育者的理论学养对获得感的影响。思想政治教育过程不仅是知识的传授，还有价值的引领与浸润。后喻时代的到来，一方面，使学生获取知识的渠道更加多元，对教师权威造成一定的冲击与挑战；另一方面，学生学习的碎片化、娱乐化凸显，呼唤教师以鞭辟入里的讲授统合其思

---

[1] 《习近平谈治国理政》（第三卷），外文出版社2020年版，第329页。

想碎片、深化对知识与理论的理解。思政课教师是否具有扎实的理论功底和学识，是否具有宽广的学术视野，能否以彻底的理论掌握学生，能否帮助学生释疑解惑，能否引领学生实现对马克思主义的价值认同都直接影响其获得感。

其二，师德修养对大学生获得感的影响。教育者除了传授知识之外，还要通过师德示范、为人师表，对学生进行潜移默化的价值引领，引领学生追寻生命的意义，实现自己人生价值的升华。"教师的道德修养至关重要，在其综合素质中占有重要权重。"[1] 除具备爱岗敬业、治学严谨、热爱学生、为人师表等基本师德之外，还应以更高的要求鞭策自身发展，通过树立坚定的理想信念、磨砺高尚的道德情操，为大学生树立榜样、楷模与标杆，当好学生的引路人。唯有如此，方能以高尚的德行感染学生，促使学生打心底生发出对思政课教师的崇敬之情而"亲其师"，进而"信其道"即赢得学生对思政课教师及讲授内容的积极情感，吸引学生见贤思齐，在潜移默化的教育实践中转化为积极行为。

其三，个性魅力对大学生获得感的影响。教师的个性魅力是教师自身独有的个性品质与性格特质，可在无形之中形成一种吸引力。教师高超的个性魅力可以激发学生的学习兴趣和自信心，引导其以强烈的动机、昂扬的热情、坚定的意志投入学习，进而间接地提升其学习效果。新时代的大学生成长于改革开放之后，他们成长所处的时代物质财富更加充裕、社会开放程度更高，他们也有着有别于其他代际大学生的显著的特征，如他们更加敢于打破常规、更加注重显扬个性、更加善于表达自己的观点。他们有着很强的个性和自主意识，对教学也有着更多新期待，他们不喜欢"被定义"，不喜欢千篇一律、千人一面的教学风格。如果教师有着较强的个性魅力，则更容易影响和感染学生，使学生对教师产生信服和崇敬之情，进而增强对思政课的认同感。

---

[1] 王易、岳凤兰：《建设符合新时代要求的高素质思想政治理论课教师队伍》，《思想理论教育》2020年第5期。

二 教育者教育智慧对获得感的影响

教育智慧是教育者在积累教育经验的基础上，基于一定的教育理念和教育艺术集成创新而形成的具有鲜明个性的教育能力。可见，教育智慧指向理性、能力和伦理三个维度，其既是对教育理论的深刻感悟与教学规律的理性遵循，又体现为教育实践中驾驭教育过程的综合能力，还具有"向善"的价值追求。教育者的教育智慧主要通过其教育理念和教育艺术体现出来。

其一，教育理念影响大学生在教育过程中的参与深度和其可能形成的获得感。教育理念是教育智慧得以形成和彰显的内核，是教师在教育教学过程中秉承的"形而上"思想原则，其指导着具体的思想政治教育实践活动。教育者教育理念的科学与否、是否与时俱进彰显时代要求、是否与学生成长发展期待相契合这些因素都会影响着学生的获得感。进入新时代以来，思政课地位与作用更加凸显，迎来了新的发展气象，教师队伍建设也取得长足发展。然而，在现实的思想政治教育实践活动中，部分思政课教师囿于传统教育理念，片面强调教师的主导作用，对学生主动性、创造性的关注有所不及，导致"一言堂""满堂灌"，难以调动学生积极参与思政课，也就阻碍了大学生思想政治教育获得感的形成。此外，还有一些教师虽然在思想层面更新了其教育理念，然而在实际教育过程中存在着实践与理论的差距、错位与失衡等"文化堕距"（Culture Lag）[1]现象。如受工具理性的影响，在现实的实践场域中，高校的教师评价机制主要以科研工作量、教学工作量等量化指标为主，"加剧了教师重'传道'轻'解惑'、重'科研'轻'教学'、重'形式'轻'效果'的不良导向"[2]，掣肘了大学生思想政治教育获得感的积淀。如

---

[1] 张桂敏、吴湘玲：《文化堕距理论视角下农民工市民化"困境"与"出路"的分析》，《云南社会科学》2018 年第 3 期。

[2] 熊钰：《高校网络思想政治教育方法理念的时代复归——从"以意义为原点"到"以生活为原点"》，《西南交通大学学报》（社会科学版）2020 年第 2 期。

在问及学生"通过思想政治理论课以及高校日常思想政治教育,您在以下哪些方面有获得感?"来观测教师的教学内容时,86.7%的大学生认为在"理论知识层面"有获得感,而选择在"思想境界层面"有获得感的大学生仅占34.5%(见表4-10)。

其二,教育艺术对获得感的影响。思想政治教育不是单纯的知识教育,而是融知识性与价值性为一体,这也就决定了教育教学过程势必伴随着师生间思想交流、情感互动和价值沟通等环节。换言之,思想政治教育过程是理性因素与非理性因素的交织互动,不同的教育者由于有着不同的教育智慧体现出不同的教育艺术与风格。有些教育者学识渊博,课堂以学理性强见长,学生听后意犹未尽;有些教育者因风趣幽默、感染力强深得学生喜爱;有些教育者亲和、民主、新潮、关爱学生,容易与学生"打成一片",增进了师生间的沟通,更易收获学生的信赖。当然,不乏一些教育者在教育艺术方面有所欠缺,如教学方法运用不当、教学语言干瘪枯燥、教学技巧使用不善等,导致课堂寂静、抬头率低,难以给学生带来积极的、亲近的情感体验,更难以转化成实实在在的获得感。

三 教育者育人合力对获得感的影响

人是一种整体性的存在,人的发展诉求是全面的、综合的。思想政治教育是一个系统工程,需要教育各因素的贯通与联动。为了增强大学生思想政治教育获得感,呼唤一种"'人在哪里思想政治工作就在哪里'的大思想政治教育观"[①],全方位、系统性观照大学生思想政治教育的全过程,将教育各部门、教育各环节、教育各主体统筹协同起来形成教育合力。教育者协同育人合力影响着大学生的获得感。

其一,从教育各部门来看,大学生思想政治教育获得感的形成不仅仅局限于思政课教师,还有赖于辅导员、其他专业课教师以及高校各部

---

① 李辉:《新时代与思想政治教育新定位》,《马克思主义理论学科研究》2018年第4期。

门的日常思想政治教育。第一，辅导员与大学生日常生活接触最多、交往最密切，辅导员往往对学生的生活状况与思想困惑最为了解，但辅导员队伍的专业化、职业化建设方向容易"隔离"其与思政课教师之间的协同联动。辅导员与班主任之间沟通较少，往往是班级和学生出现问题时才进行联系，使得二者在一些事情的处理上缺乏默契，育人效果不是很好。在问及大学生"您的辅导员会对你们进行思想政治教育吗？"时，选择"经常""偶尔""一般""很少"的大学生分别占比29.9%、44.3%、20.3%、4.2%（见表5-3）。可见，辅导员对大学生进行思想政治教育的频率有待进一步加强。第二，有些专业课教师认为思想政治教育并不属于自己的"责任田"，在教学过程中缺乏价值引领意识。调研数据显示，33.5%的大学生认为任课教师"偶尔"会挖掘专业课程中的思想政治教育资源对学生进行思想政治教育，26.9%的大学生认为任课教师"一般"会进行，3.3%的大学生认为任课教师"很少"会进行，1.2%的大学生认为任课教师"从未"进行（见表5-3）。可见，一些专业课教师在教学过程中，课程思政的自觉意识不足，除对学生进行知识传授外，较少进行价值引领，各类课程彼此孤立、单打独斗。第三，高校的党政干部和各类行政人员也基于各自的岗位职能承担着一定的思想政治教育任务。在"请评价您在高校日常思想政治教育中的获得感状况"这道题中共列举了12种情形，涵盖管理、心理、实践、资助、网络、文化、服务等多个方面，来观测高校日常思想政治教育状况。大学生在"创新创业教育""日常事务管理""职业规划与就业指导""后勤服务""资助帮扶""社会实践活动"等方面的获得感显示"不太强"或者"不强"（见表5-4）。可见，高校各职能部门的思想政治教育效果参差不齐，一些部门要么未能很好地开发各种活动形式的育人功能，要么未能将思想政治教育很好地融渗至大学生日常生活，导致党团组织与各类职能部门并未形成协同育人的"组合拳"，影响了大学生的获得感。

表5-3 辅导员与任课教师（除思政课教师外）
对大学生进行思想政治教育的频率

项目	经常	偶尔	一般	很少	从未
辅导员	289（29.9%）	429（44.3%）	196（20.3%）	41（4.2%）	13（1.3%）
任课教师	340（35.1%）	324（33.5%）	260（26.9%）	32（3.3%）	12（1.2%）

表5-4 大学生日常思想政治教育获得感状况

项目	很强	比较强	一般	不太强	不强
基层党组织建设	262（27.1%）	356（36.8%）	308（31.8%）	30（3.1%）	12（1.2%）
校园文化活动	273（28.2%）	344（35.5%）	321（33.2%）	21（2.2%）	9（0.9%）
团组织建设	203（20.9%）	351（36.3%）	288（29.8%）	75（7.7%）	51（5.3%）
社会实践活动	247（25.5%）	303（31.3%）	271（28.0%）	110（11.4%）	37（3.8%）
心理健康教育	169（17.5%）	377（38.9%）	286（29.5%）	80（8.3%）	56（5.8%）
社团活动	222（22.9%）	367（37.9%）	298（30.8%）	49（5.1%）	32（3.3%）
创新创业教育	46（4.8%）	149（15.4%）	211（21.8%）	319（32.9%）	243（25.1%）
网络思想政治教育	255（26.3%）	409（42.3%）	277（28.6%）	20（2.1%）	7（0.7%）
日常事务管理	28（2.9%）	99（10.2%）	337（34.8%）	296（30.6%）	208（21.5%）
职业规划与就业指导	73（7.5%）	136（14.0%）	348（35.9%）	279（28.8%）	132（13.8%）
后勤服务	142（14.7%）	238（24.6%）	256（26.4%）	201（20.8%）	131（13.5%）
资助帮扶	66（6.8%）	131（13.5%）	359（37.1%）	277（28.7%）	135（13.9%）

其二，从教育各环节来看，思想政治教育应贯穿大学生成长成才全过程，也即大中小不同的学段都应进行一定程度的思想政治教育。现行教育体制之下，一些小学对思想品德课重视不够，思想品德课虽然写入了教学计划也排在了课表上，但事实上课时在很大程度上被语文、数学这类所谓的"主科"所挤压，使学生产生思想品德课"可有可无"的错觉，也导致难以启蒙小学生朴素的、感性的道德情感与公民意识；中学阶段虽然逐渐推行新课改，但一些学校仍然将学生成绩和学校升学率放

在头等大事的位置，重智育轻德育的现象依然难以扭转，政治课未被置于应有的重视程度。尤其是高中文理分科后，理科生基本处于政治课"空场"状态，而文科生对政治课的态度受考场指挥棒的影响，也是以记忆固定知识点与掌握做题技巧为主，并未细细钻研其中的价值内核，思想政治教育实际收效甚微，使中学生无法建立起较好的知识体系，影响其大学阶段对思想政治教育的接受与认可。

其三，从教育各主体来看，对学生进行思想政治教育不仅仅是教师的职责，还"涉及线上与线下、课内与课外以及家庭、社会、学校多个领域。这些领域在立德树人中处于不同层次、面临不同问题、依循不同逻辑"[①]。如家庭教育以培养学生良好习惯的养成、以良好家风感染学生为主，如此可以更好地巩固学校思想政治教育效果。事实上，一些家庭和家长的育人意识与责任意识不强，认为教育学生是学校与老师的事情，对学生的一些言行、品德没有及时给予关注与引导，造成高校思想政治教育效果的消解；社会环境纷繁复杂，相关部门如果没有出台相关政策制度去规约一些不良社会现象，将会无形中侵染大学生的思想认知，动摇其价值判断，导致高校思想政治教育效果式微。

第三节　教育内容因素

大学生思想政治教育获得感之所谓的"获得"并不是抽象的所指，而是有着实在的依托与指向，究其根本，即是教育内容这一根基支撑。教育内容的抽象性与教育对象接受偏好之间的间距、教育内容与教育对象之间的话语间距、教育内容的现实阐释力这些因素都会影响大学生获得感的生成。

[①] 杨晓慧：《高等教育"三全育人"：理论意蕴、现实难题与实践路径》，《中国高等教育》2018年第18期。

一 教育内容的抽象性与教育对象接受偏好之间的间距

高校思想政治理论课多采用统编教材对大学生进行系统教育,而统编教材往往注重通过一些凝练的、逻辑化的、抽象的概念、判断与推理等来表征思想理论教育内容。思想政治教育内容的理论性与大学生现有思维能力、接受偏好之间存有一定的间距,这种间距直接影响着大学生对相关内容的内化,进而影响着获得感的生成。

一方面,大学生虽然已经具有一定的知识储备,也具有一定的分析问题的能力,但由于社会经验不足,他们惯常还是被感性经验和具象思维所支配,理性思辨与抽象思维能力有所不足。思想政治教育内容多以文字形式、理论形态进行展示,思政课教材体系的科学性、逻辑性、规范性如果不能结合实际很好地转化为生动的、具体的、鲜活的教学体系,那么教材内容就难以与大学生的认知特点相适应,进而陷入事实上的"无力""漂浮""空转"境地,势必造成大学生难以深刻理解教育内容,更难以转化为自身的信仰体系,导致教育效果式微。如在问及学生"您认为思想政治理论课的课堂教学内容存在哪些问题?"时,42.80%的大学生认为"不够接地气,有点抽象晦涩,难以亲近"(见图5-1)。

另一方面,当前泛在知识环境下,作为"网络原住民"一代的"Z世代"大学生,他们的生活与网络深度融合,在手机、平板电脑等各种移动终端加持之下,他们潜在拥有了更多的知识获取自主权,对思想政治教育内容的获取不再局限于思政课堂、思政教材和思政课教师,而是可以通过网络渠道随时随地、自由选择自身乐于接受的教育素材与教育方式。例如,大学生可以通过网易公开课、学习强国、青年大学习、中国大学生在线、bilibili学习UP主等渠道,以及网络表情包、视频、动漫、声音、VR等兼顾思想性与趣味性的形式获取自己想了解的内容。如此,教材上高度抽象性的教育内容与这些感性化、视觉化的教育资源被置于同一势位进行竞争时,难免会让位于感性化传播方式,无形中还增强了学生的拒斥感,因而难以转化成大学生思想政治教育获得感。

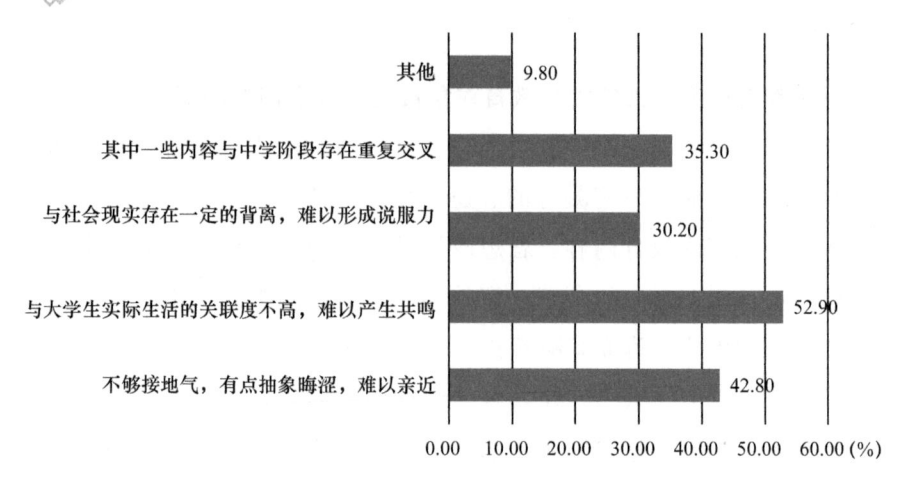

其他 9.80
其中一些内容与中学阶段存在重复交叉 35.30
与社会现实存在一定的背离，难以形成说服力 30.20
与大学生实际生活的关联度不高，难以产生共鸣 52.90
不够接地气，有点抽象晦涩，难以亲近 42.80

图 5-1　思想政治教育内容存在的问题

二　教育内容与教育对象之间的话语间距

"话语是包含价值的文化符号系统"①，是一种思想表达方式与交流介质。大学生要想生成一定的获得感，势必需要通过话语交往抵达对教育内容"意义"的理解，而教育内容与教育对象之间话语的间距影响着意义生成与传导的效度②。现实场域中，思想政治教育话语与大学生话语之间存在一定的间距，影响着教育内容意义的抵达。

一方面是话语语境间距对获得感的影响。从出场学理论看，任何理论都不是凭空出现的，而是有着一定的出场语境，思想政治教育同样如此。并且，思想政治教育除具有鲜明的意识形态属性之外，还具有文化属性，即使是同一个概念、范畴或者理论都可能有橘南枳北的巨大差异，因而对其理解应回归至特定的语境，否则可能会导致理解的错位或意义的流失。当前我国经济社会发展成就与国际话语权不相匹配，导致国际社会对中国有诸多误解难以澄清。尤其是当今世界面临百年未有之大变局，在这场没有硝烟的战场上，一些国家有意炮制出一些话语、议题与

---

① 陈曙光：《中国时代与中国话语》，《马克思主义研究》2017 年第 10 期。
② 孙丽芳、何祥林：《思想政治教育话语"意义危机"探究》，《社会主义研究》2015 年第 6 期。

第五章 新时代大学生思想政治教育获得感的影响因素

论断通过隐喻"刻意向我们展示与倾泻他们的思想与价值观,以此限制与框定我们的思维,使我们对一些事物选择性'视而不见'"[1],构建出一种幻象的"现实"[2],实则是进行意识形态渗透与争夺。如西方媒体所炮制的"中国崛起""零和游戏""权力转移"等隐喻是"对正常语言的背离",实质上建构出"修昔底德陷阱"认知框架,是西方二元对立思维方式与话语霸权的体现。新时代的大学生是沐浴在改革开放春风之下成长的一代,又欣逢新时代的难得机遇,但其心智发展不成熟,容易被一些别有用心的人所误导。大学生要想恰切领会思想政治教育内容就需将其置于古今中外特定话语语境之下进行理解,通过缩小自身视域与教育内容之间的语境间距,促使教育内容意义的顺利抵达,进而形成一定的获得感。反之,则会阻斥获得感的生成。

另一方面是话语风格间距对获得感的影响。高校思想政治教育多以政治话语、学术话语、文本话语、理论话语等形态呈现,而大学生在日常生活中多使用生活话语、大众话语,这两种不同"范式"话语之间的张力在一定程度上会掣肘思想政治教育内容意义的激活与传递。随着社会转型和新媒体的广泛普及,民间舆论场的扩大化正影响和改变着当今舆论格局,新思潮、新词汇、新表述层出不穷,如青年人所言的"后浪""斜杠青年""996工作""打工人""佛系""内卷"等,远非传统政治话语和学术话语所能阐释回应。思想政治教育话语如果不能把脉学生体验进行改善,则很难用学生喜爱的方式言说传统精深语义的"所指"。比如一些教师对年轻人喜爱的话语"不懂得""不关心""不研究",造成话语的"断裂",使得教育内容难以入脑入心,更谈不上引发学生精神共鸣,阻滞了思想政治教育获得感的养成

---

[1] George Lakoff, Mark Johnson, "The Metaphorical Structure of the Human Conceptual System", *Cognitive Science*, Vol. 4, Issue 2, 1980, p. 195.

[2] Emanuele Castano, Alain Bonascossa, & Peter Gries, "National Images as Integrated Schemas: Subliminal Primes of Image Attributes Shape Foreign Policy Preferences", *Political Psychology*, Vol. 37, No. 3, 2016, pp. 351 – 366; M. A. Olson and R. H. Fazio, "Implicit Attitude Formation through Classical Conditioning", *Psychological Science*, Vol. 12, No. 5, 2001, pp. 413 – 417.

与积淀。

三 教育内容的现实阐释力对获得感的影响

思想政治教育内容强大生命力的关键在于其现实阐释力，对于现实的阐释力越强则教育内容的说服力越强；反之亦然。大学生思想政治教育获得感不是停留在感官层面的一种感受，而是具有一定的实践性，从方法层面观之，一定的获得感往往会给学生带来一定的受惠感，换句话说，使大学生在物质或精神方面收获或多或少、或浅或深、或显或隐的益处，生发出一种助益未来发展的效能感。可见，对现实的阐释力直接影响着大学生的获得感。脱离社会实践、学生实际或者日常生活都会在一定程度上削弱教育内容的说服力，进而阻抗获得感的生成。

其一，在现实的思想政治教育过程中，如果教育内容与社会实践相脱节，忽视了人的主体性与现实的客观性，从纯粹学理角度进行阐释，使学生感觉思想政治教育是"离天近离地远"的空中楼阁，既空洞又抽象，则会滑向教条主义或者乌托邦式的理想主义模式。如此，学生就会对教育内容"不感冒"，削弱了教育内容的说服力，更遑论消化吸收。如教育内容脱离社会实践，学生很难了解世情、国情、社情、民情，难以正确认识世界发展大势、难以正确认识中国特色与国际比较、难以正确定位自身历史使命与担当的重任，更无法勾连其"小我"与"大我"的扭结。其二，如果教育内容脱离高校大学生实际，不能直面学生的现实利益与思想困惑，无法构建起教育与学生实际处境的价值关联，则很难引导学生将其内化于心、外化于行。在当今新时代的时空境遇下，大学生思想活跃但身心发展不平衡，如果他们的思想矛盾与价值困惑在现实生活中没有得到有力回应，作为"网络原住民"的他们则会转向互联网等其他渠道，如此便难以产生对思政课教师以及思想政治教育内容的崇敬感与信赖感。在问及大学生"您觉得以下哪些因素会影响您的思想政治教育获得感？"时，23.1%的大学生认为是受"思政课的课堂效果"

影响,28.7%的大学生认为"思想政治教育对大学生的实际用处不大"(见表5-5)。其三,如果教育内容只注重单纯的逻辑演绎而遮蔽鲜活的日常生活,偏废生活体验,则会偏离"现实的人",削弱了思想政治教育的现实关切与人文关怀,迷失了思想政治教育的理论本真,也无法走进学生的精神世界,阻碍教育内容进一步的"落小"与"落细",无法让学生从日常生活中生发出对理论的认同感,造成"听不进去""不愿意听""听不明白"的窘境,反而产生被强迫的逆反心理,从而影响教育内容的接受。如在问及学生"您认为思想政治理论课的课堂教学内容存在哪些问题?"时(见图5-1),52.90%的大学生选择"与大学生实际生活的关联度不高,难以产生共鸣",30.20%的大学生认为"与社会现实存在一定的背离,难以形成说服力"。

表5-5　　　　　影响大学生思想政治教育获得感的因素

项目	响应 N	百分比(%)	个案百分比(%)
我国经济社会发展中存在的问题与矛盾	596	16.9	61.6
部分领导干部的违法、贪腐行为导致党和政府的公信力下降	622	17.7	64.3
网络虚拟空间的一些负面信息	585	16.6	60.4
功利主义、金钱至上、享乐主义等不良社会风气	512	14.5	52.9
错误社会思潮(如新自由主义、民粹主义、历史虚无主义、普世价值等)的传播与干扰	429	12.2	44.3
思想政治教育对大学生的实际用处不大	278	7.9	28.7
思政课的课堂效果	224	6.4	23.1
个人所在学校、班级、社团、宿舍等其他人的思想观念	243	6.9	25.1
其他	32	0.9	3.3
总计	3521	100.0	363.7

第四节　教育载体因素

大学生思想政治教育获得感不会自发形成，而是往往包含主观与客观、主体与客体、内在与外在等一系列的矛盾运动。思想政治教育内容也不会自动作用至大学生的思想意识，而是需要借助一定的传导中介，即思想政治教育载体。大学生获得感的强弱在一定程度上与教育载体息息相关。载体属性与教育目标之间的通约性、载体形式与传导内容之间的适配性都会影响"思想政治教育解题力"[①]，进而影响教育对象对思想政治教育的认同度。

一　载体属性与教育目标之间的通约性

思想政治教育具有独特的价值性，也就决定了不是任何载体都可以进入思想政治教育实践视野。一个实体或一种形式可以充当思想政治教育载体的逻辑前提是其可以为教育者所运用并满足教育主客体之间的价值关系。换言之，教育载体除了具备工具属性外，还应具备一定的价值属性，也就是说其背后承载着一定的意义空间。思想政治教育载体的选择与运用是为思想政治教育价值目标服务的。载体价值属性与教育价值目标之间是否具有通约性、通约性如何都会影响思想政治教育价值的实现程度，而这又与大学生的获得感有着千丝万缕的联系。

思想政治教育载体的运用最初源于军队思想政治工作的需要，在新民主主义革命时期与社会主义革命时期积累了一定的经验，在一定程度上宣传了党的思想主张，提升了党的政治主张的社会认同度，但总体上是处于经验工作化阶段。改革开放以来，随着思想政治教育学科的建立，教育载体建设也进入了理论科学化阶段，形成了丰富多样的形式。然而，

[①] 倪松根、孙其昂：《思想政治教育载体价值的逻辑意蕴及其实现》，《思想教育研究》2017年第8期。

要想科学有效地使用载体,就需找准载体的价值属性与教育内容的价值目标的通约性。反之,载体价值属性式微或者与教育内容不相通约,会无益于甚至消解思想政治教育价值目标的实现。

改革开放以来,人们物质生活水平长足发展,社会工作效率大幅提高,更多关注精神领域成为可能。加之东西方文化交流、民主参政意识和审美情趣等的提高,"需求侧"由"基本生存"转向"自由发展"。随着我国社会主要矛盾的变化,人民的美好生活需要更加注重"质"而不仅限于"量",文化消费呈现升级趋势,超越了娱乐消遣和单纯感官享受的低端域,指向精神慰藉、价值引领、自我提升、教化风气等更深层次和更多向度的高端域,如新国潮产品越来越得到青少年群体的青睐。如故宫文创推出的"朝珠耳机"、御批古风折扇,"中国李宁"推出的带有超大"中国"二字 Logo 的潮服,百雀羚推出的京剧面膜、燕来百宝奁美妆礼盒等新国潮产品。这些国潮产品除潮流的外观设计对学生产生吸引之外,还内嵌本土文化基因,而其恰恰也是通达当下"95后""00后"大学生精神世界的密码,因而天然具有思想政治教育价值属性,可以成为新时代大学生思想政治教育的有效载体。

新时代随着社会主要矛盾的变化以及思想政治教育载体的拓展,诞生了很多契合时代发展与学生需求的新载体,然而一些教师对载体的选择与运用并未从教育目标的指向或者载体的价值属性出发进行考量,而是出于教学惯性或个人惰性,凭着经验去选择一些自己较为熟悉的载体,载体运用比较单一、僵化;也有一些教师对新媒体载体的运用滑向另外一个极端,即过分追求载体的新颖性,对教育内容不加认真斟酌与仔细区分,盲目采用短视频、微信平台、公众号等形式进行传播,并未"原汁原味"实现内容的价值传导,很难实现思想政治教育预期效果;一些教师盲目运用活动载体追求形式上的"热热闹闹""红红火火",或者喜欢用参与人数的多少与新闻报道的热烈程度来衡量活动的结果,往往过分关注了载体的工具理性而忽视了价值理性,且对整体性的规划设计有所欠缺,在一定程度上破坏了教育内容的完整性、连续性与稳定性,使学生接受起来"恍恍惚惚";还有一些教师在教学过程中缺乏对教育载体的科学提炼与理性完善,在一定程度上导致载体运用显得落伍滞后、效果不佳。可见,思想政治教育载体属性与思想政治教育目标之间的通约性越高,载体价值属性激发出的效能就越高,就越能助益教育目标的实现,进而提升大学生思想政治教育获得感;反之亦然。

二 载体形式与教育内容之间的适配性

通过内容与形式的辩证关系可知,内容决定形式,形式受内容制约。不同的教育内容有赖通过不同的教育载体进行传导,最大限度实现载体形式与教育内容的相容与相宜。载体形式与教育内容的适配性越高,载体效用发挥程度就越高,内容传播效果也就越好。既不能过度重视载体忽视内容,导致内容被消融;也不能过度重视内容而忽视载体,导致内容传播受限。如果载体形式与传导内容的适配性存在隔膜,将会消解思想政治教育意义的表达,使学生产生一种知识错位感与游离感,进而对教育内容产生质疑,导致教育低效甚至无效。

其一,针对不同教育内容应采用不同的载体。例如,针对理论性强的知识点,多宜采取传统的课程载体与理论载体进行展示以更好地凸显知识性、思想性与理论性;相反,片面追求载体形式的多样性与新潮性可能会滑向肤浅化境地。针对一些贴近大学生生活世界的话题,则力避一些抽象的、说教式的载体,而是可以采用艺术化、情景式的灵动活泼的载体,增强教育的亲和力。其二,针对不同的教育对象,也要注意载体形式的恰切性。如文史哲类、理工类、经济管理类和艺术体育类大学生有着不同的知识结构,在长期学习过程中养成了不同的思维方式,在教育载体的运用上如果不加调适地"一刀切",将难以调动学生的学习兴趣。其三,在不同的教育时机采取不同的载体形式。如2021年适逢建党百年,"充分利用重要传统节日、重大节庆日纪念日,发挥礼仪制度的教化作用"[①],借助仪式

[①] 《中共中央 国务院印发〈关于新时代加强和改进思想政治工作的意见〉》,《人民日报》2021年7月13日第1版。

第五章 新时代大学生思想政治教育获得感的影响因素 181

的神圣性创设高峰体验。抑或借助相关影视作品进行思想政治教育。积极文艺作品本身承载着一定的思想政治教育价值,也可成为大学生思想政治教育的生动载体,如建党百年之际,央视上映的重大革命历史题材剧《觉醒年代》《理想照耀中国》《跨过鸭绿江》等,类似的文艺载体可以增强思想政治教育的吸引力与亲和力,更容易被大学生所接受。

尤其需要注意的是,新时代大学生思想政治教育要结合他们的代际特征选择合宜的载体。新时代的"95后""00后"大学生对思想政治教育内容、教育方式、教育载体等都有着新期待。除传统思想政治教育载体外,还期待通过形式多样的新媒体载体进行学习。如在问及学生"贵校主要通过什么途径和方式对您进行思想政治教育?"时,85.6%的大学生选择"思想政治理论课课堂教学",62.8%的大学生选择"专题报告、交流座谈会",55.4%的大学生选择"文化宣传熏陶",40.1%的大学生选择"网络、手机等媒介"(见图5-2)。可见,当前高校还有待提高新媒体载体的阵地意识。

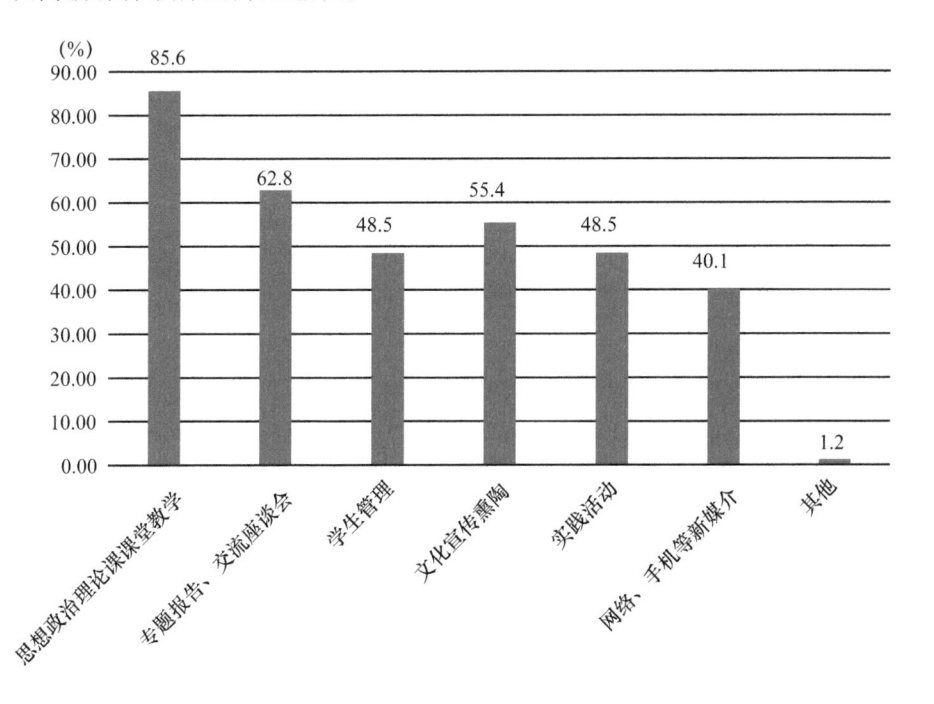

图5-2 高校思想政治教育途径和方式

进而通过"您希望老师通过以下哪些方式方法辅助思想政治教育教学来增强您的获得感?"的调查发现,77.30%的大学生选择"央视影音、抖音、快手、火山、西瓜等视频播放软件",67.90%的大学生选择"'大学生在线''青年大学习''大学生网'等学习网站",63.10%的大学生选择"雨课堂、智慧树、MOOC、爱课程网、超星学习通等网络资源平台",51.50%的大学生选择"思政学者、人民日报、新华网、光明理论、求是网、别笑我是思修课、微言教育等微信公众号",52.70%的大学生选择"手机端App,如学习强国、学习通、人民智云、喜马拉雅等学习平台",43.40%的大学生选择"易班、天涯、猫扑、知乎、B站等网络论坛和社区",27.30%的大学生选择"班级QQ群、微信群、本校的主题教育网站等平台"(见图5-3)。可见,网络新媒体载体深受新时代大学生的喜爱,大学生也对新媒体载体有着很高的期待,他们期待通过不同的内容圈层体系实现自身的发展。既期待通过班级QQ群、微信群进行"熟人圈层"社交,也希望通过天涯、猫扑、知乎、B站等

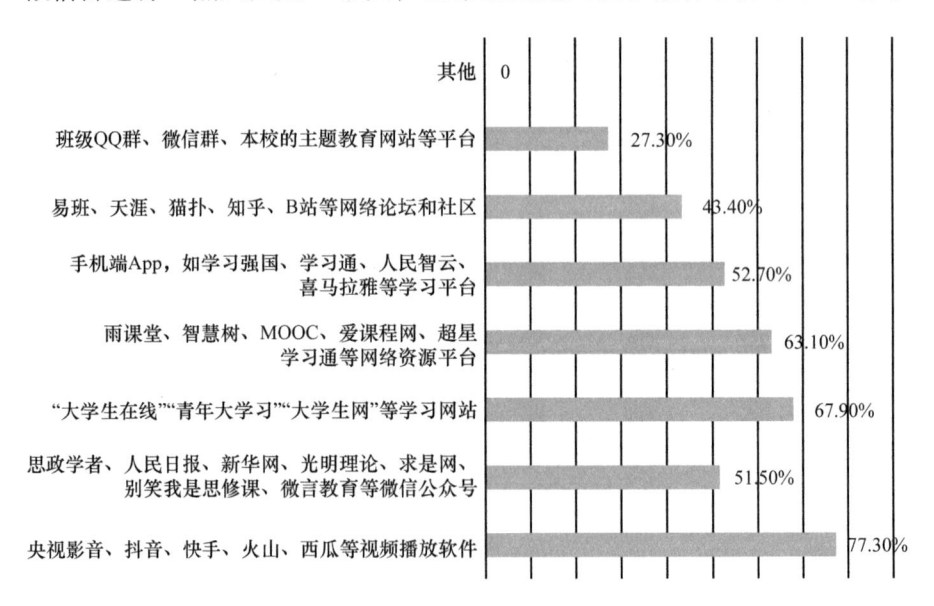

图5-3 大学生对思想政治教育新媒体载体的期待情况

网络论坛和社区进行兴趣社交；期待可以通过微信公众号、各种手机端学习App、网络课程资源平台拓展学习资源，增强学习自主性，随时随地进行学习；希望通过央视影音、抖音、快手、火山、西瓜等视频播放软件增强教育内容接受的生动性；还希望可以融合以上多种载体，最大限度提升获得感。可见，新媒体载体极大地促进了大学生对新鲜事物的接触和互动，这也呼唤高校思想政治教育要善用新媒体载体，充分发挥其时效性强、互动性强、覆盖面广的优势，以激发教育成效。同时，需着力提高新媒体载体与教育内容的适配性，如此方能增强教育实效。

第五节　教育环境因素

思想政治教育是一个耗散结构系统，在与外部环境的互动和协调中不断建构与维护自身的有序状态，因而，其处于一个开放的社会环境中。新时代大学生思想政治教育获得感状况受社会现实环境、网络虚拟环境以及高校制度环境的影响。

一　社会现实环境因素

（一）市场经济负面效应

改革开放40多年来，社会主义市场经济体制对社会生产力起到巨大推动作用，我国经济建设取得了举世瞩目的成绩。然而，与之相伴的是，"市场经济的私利性、盲目性和功利性等负面效应"[①] 容易滋生出拜金主义、享乐主义、极端个人主义等，对人的精神生活维度产生一定的危害。大学生正处于人格养成和价值观定型的关键时期，市场经济负面效应会干扰大学生的价值判断，容易引发价值迷茫与精神困顿。

其一，市场经济负面效应消解部分大学生对思想政治教育的信任度。

---

① 曹洪军：《论马克思道德观的辩证批判性特质及其当代价值——基于"利益"与"道德"关系的视角》，《马克思主义研究》2019年第12期。

经济发展中出现了一些假冒伪劣、恶性竞争、损人利己、唯利是图等道德失范现象。这些负面现象的背后多是错误价值观的怂恿与裹挟，其与大学生在学校接受到的正面教育内容在一定程度上不相"兼容"甚至相背离，使大学生感到迷茫失措，他们内心建构起来的价值秩序被打乱甚至崩塌，进而从心底对所学内容产生质疑，更谈不上将所学内容转化为他们的信仰体系，如此便阻碍了获得感的形成。

其二，市场经济负面效应使部分大学生产生错误思想观念。市场经济发展过程中容易滋生和蔓延拜金主义、极端个人主义等错误价值观念，在这些"物化"价值观的强势冲击下，大学生在一定程度上出现个体价值本位、理想信念淡化、集体主义弱化、社会责任感缺失、目标短期化等思想倾向，加大了正确价值观念在其头脑中建构的难度，在一定程度上也削减了高校思想政治教育的实效性。在错误价值观念的指导下，生活中可能会出现践踏道德底线、模糊理想信仰、只顾个人利益罔顾集体利益、缺乏社会认同感与责任担当等的行为选择，这些都有损于良好社会风气的形成。如在问及大学生"您觉得以下哪些因素会影响您的思想政治教育获得感？"时，61.6%的大学生认为一些社会问题与矛盾会消解其获得感，52.9%的大学生认为会受到金钱至上、享乐主义等不良社会风气的影响（见表5-5）。

(二) 不良社会思潮的传播干扰

从国际上看，西方反华势力一直致力于对我国进行意识形态渗透，企图颠覆社会主义政权。加之当前世界正面临的百年未有之大变局，国际社会以往持守的价值共识正濒临挑战[①]，意识形态话语权纷争竞夺胶着，西方更是不遗余力对我国进行意识形态渗透，旨在瓦解渗透对象原有的信仰体系。并且，近年来，西方国家意识形态渗透策略和手法不断翻新，呈现出一系列新的传播态势。例如：政府有意退居幕后，更多依靠社会组织进行输出，渗透主体多元化；对意识形态内容进行"去政治

---

① 沈湘平、王怀秀：《试论人类命运共同体的底线价值》，《理论探索》2020年第5期。

化"处理,将其夹杂、融入至经济、文化和社会生活中进行"软性"输出,导致迷惑性增强,甄别难度加大;手段不断翻新,如假借扶贫援助、社会调研、学术交流等之名,以出资"赞助"学生活动的形式,参与高校各类活动进行意识形态渗透。这些不良思潮严重荼毒大学生的思想,使大学生对一些现象辨不清、认不明、受误导、走跑偏,给大学生造成了思想迷障,消解并降低了其对主导意识形态的认同感。

从国内看,受社会转型和西方意识形态渗透的影响,多种价值观念交融、激荡,其中不乏一些不良社会思潮。这些错误社会思潮竞相发声、抢占阵地。一些人深谙民粹主义的接受心理,故意将社会转型期的一些暂时的实属正常的社会现象上升至体制层面进行抨击,加剧人们的焦虑心态,进而引发人们对社会主义制度的质疑;一些人假借"还原历史"之名传播历史虚无主义观点;一些人鼓吹"普世价值";如此等等,不一而足。这些异质非主流意识形态或改变叙事方式,或更新产品包装,或巧构思维陷阱,或"巧妙嫁接"日常生活世界进行传播渗透,蛊惑思想,混淆视听,客观上导致一些人游离于主流意识形态之外,或与主流意识形态黏合度不高。大学生由于涉世未深、心思单纯、辨别能力有限,容易受不良社会思潮的干扰与影响,进而对教育内容产生怀疑与抗拒,干扰着其获得感的养成。如在问及大学生"您觉得以下哪些因素会影响您的思想政治教育获得感?"时,44.3%的大学生选择"错误社会思潮(如新自由主义、民粹主义、历史虚无主义、普世价值等)的传播与干扰"(见表5-5)。

二 网络虚拟环境因素

随着网络技术的迅猛发展,人类社会的互动交往由现实世界向网络空间拓展,思想政治教育的场域从传统物理空间向网络拟态环境蔓延。不同于前三次工业革命从科学革命到技术革命再到社会革命,最后才到产业革命的发展路径,新一轮技术革命引发更迅疾的、"共时的"社会革命和产业革命。网络空间和现实生活深度互嵌、交互发展,促使社会面貌和人们生产生活方式发生深刻变化。截至 2023 年 12 月，我国互联网普及率达 77.5%，网民的人均每周上网时长为 26.1 个小时①。网络场域绝非仅仅是一个物理性空间，更是一个复杂关系互相较量争夺的关系构型（configuration）（布迪厄语），而"只要人们聚集在一起并协调行动时，权力就产生了"②，所以网络上不同利益群体和价值群体形成一种事实上的"话语角力场"。当前中国正处在经济转型期、改革攻坚期与社会矛盾凸显期，容易导致各种问题叠加呈现。网络具有低门槛准入机制、匿名性、去中心化、强交互性等特征。一方面网络成为各种言论的集散地与情绪的发酵厂，一些别有用心的人群为吸引人群制造话题爆点、引导舆论吐槽拍砖，对人生阅历尚浅的大学生造成思想迷雾。另一方面，网络上的信息良莠不齐，加之缺乏现实生活世界的道德、舆论等的约束，网民容易在这样无约束或低约束的环境中进行情绪释放宣泄。长此以往，在网络环境中，一方面社会主义核心价值观的正面教育引导意义遭受挑战，另一方面也消解高校大学生的正确价值观。此外，网络算法推荐技术有可能导致学生陷入"信息茧房"困境形成价值壁垒，久而久之加剧价值分化，有可能导致价值极化现象，损害社会价值共识，加大思想政治教育难度。

此外，在网络场域这一思想政治教育的新的阵地上，我们面临着内外挑战。一方面，从技术层面看，我国网络核心技术不占优势，面临"硬件不足"的尴尬境遇；从制度层面看，我国网络思想政治教育体制机制不够健全，面临"软件不足"的尴尬境遇。网络思想政治教育内容、原则、目标、路径等研究都处于起步和探索阶段，尚面临教育主体不清晰、教育制度不完善以及教育路径不系统等问题，网络监管方面也存在漏洞。另一方面，西方国家运用互联网核心技术优势，综合资本和话语优势，加大网络意识形态渗透攻势，通过软性的、隐性的方式进行

---

① 中国互联网络信息中心：《第 53 次中国互联网络发展状况统计报告》，2024 年 3 月，http://www.cnnic.net.cn/n4/2024/0322/c88-10964.html。

② Hannah Arendt, *Communicative Power*, Oxford: Blackwell, 1986, p.68.

文化输出，各种思潮的交锋与博弈在形式上更趋隐蔽化，但态势上更趋白热化。作为网络原住民的大学生身处良莠不齐的信息的海洋，加大了信息甄别难度，容易被错误思想所误导与裹挟，消弭高校思想政治教育的效果。

三 高校相关制度因素

大学生思想政治教育是一个系统工程，从横向结构上看需要思想政治教育各因素的参与，从纵向架构上看需要高校相关制度的贯通、联动与支持。体制机制是更深层次的问题，对具体的教育活动起着基底性的支撑、规约和调适作用，影响着教育的成效，进而影响大学生思想政治教育获得感。

（一）考核评估机制积弊

思想政治教育是一个系统工程，对其考核评估理应建构一套科学可行的评估评价体系。高校现行考核评估机制存在一些积弊，"重结果呈现轻过程跟踪、重静态刻画轻动态审视、重模糊评价轻量化考核以及未给予受教者自身评价应有的重视"[①]。这就导致一方面难以如实反馈思想政治教育的实际效果与大学生的获得感状况，另一方面在不当考核评估机制的导向下，思想政治教育这项系统工程未能实现系统最优化，也影响到了大学生的获得感。

其一，高校现行考核机制对教师的考核存在一些积弊。第一，教师个人考核以科研指标为主，评价一个教师最为重要的指标成为"科研做得好不好"，且其科研水平与职称晋升、薪资待遇、评奖评优等现实利益直接挂钩，这就导致一部分教师将精力主要放在科研而非教学效果提升上。甚至一些青年教师面临在一定时期内"非升即走"的压力，更是削减了其对上课的投入度，备课时难以全情投入，上课过程中也缺乏应有的热情。第二，对教师的上课效果通过一些扁平的、量化的数据进行

---

① 周良发：《智能思政：人工智能时代的思想政治教育变革》，《重庆邮电大学学报》（社会科学版）2019年第5期。

评价。如通过教师所带课程的选课率、学生的出勤率、学生听课期间的抬头率、学期末学生评教分数的高低等。这些数据固然可以反映出一定的问题，但仅用这些数据来评价教育效果就存有机械化与简单化的弊端。同时，对辅导员的考核也存在一些积弊，如通过统计辅导员组织了几场活动、跟学生谈了几次心、深入学生宿舍几次等量化数据来评价辅导员的工作成效。这样非但无法客观呈现辅导员对学生进行思想政治教育的实效，反而还容易加重辅导员工作的形式化和肤浅化。

其二，对学生思想政治教育的考核存在考试导向与成绩导向的弊端。一方面，对学生的考核往往通过其思政课考试成绩与参加党团活动以及各级各类活动的活跃性来展示，这种重知识轻能力的考核方式导致知识考试与品行考试"脱节"，消解了思想政治教育的价值维度。因为思想政治教育是一种特殊的社会实践活动，思政课也不同于其他一般的专业课程，除对学生进行知识传授之外，还重在对学生进行价值引领。价值要想被学生认同必然要经过学生的一番思想矛盾运动，同时，价值功用的彰显也并非立竿见影式的，而是随着受教育者自身认识程度的深化与社会实践具体情境的需要方能在一定的条件下被"激活"。所以，切忌以扁平的成绩对学生思想政治教育状况进行评价定性，这样背离了德智体美劳全面发展的要求，容易误导学生只关注课业成绩而轻视自身道德修养，消减其自身其他方面的发展维度，导致学生难以从精神深处生发出深刻的思想政治教育获得感；也切忌以学生短期对思想政治教育的内化程度来评价其思想政治教育工作，因为思想政治教育是一个长期的战略工程，如此容易诱导学生忽视一些储备性的、发展性的、长远的获得感，消减了其对自身发展未来向度的追求，导致获得感短视化、空泛化。

（二）保障体系不完善

思想政治教育并非一个完全独立的自组织系统，而是不断与外界进行着能量交换与互动。大学生思想政治教育获得感的生成还需要一定的保障体系予以支撑。

第五章　新时代大学生思想政治教育获得感的影响因素

其一，制度保障方面。高校思想政治教育活动不是随意地、盲目地开展的，而是具有明确的针对性、目的性和政治性。制度具有一定的强制力特质，完善的制度可以使教育运行过程"有章可循"，最大限度降低运行成本与不确定性，相反，制度的不完善将会导致思想政治教育开展起来杂乱无章。从宏观上看，一些高校要么对中央讲话精神及教育部相关文件囫囵吞枣，进行简单"移植"，导致可操作性不强，最终流于形式；要么对相关精神的贯彻落实存在缩水现象，工作中存在思想政治教育制度错位、缺位及滞后现象，致使教育凌乱化、随意化以及迟延化，在一定程度上偏离教育的既定目标。从中观上看，一些高校未建立起科学完善的教学管理制度、后勤管理制度、社会实践活动制度等相关配套制度，抑或是缺少配套举措，导致具体的教育活动无法在制度的框架内有效、长效运行。从微观上看，具体的教学单位、行政部门或者教师在制度执行过程中要么使其"走了样变了形"，要么存在"打擦边球"的现象，导致制度偏离原本的价值定位，误导了具体的思想政治教育实践活动。

其二，物质保障方面。近年来，随着国家综合国力的提升，尤其是党的十八大以来党和国家将思想政治教育置于治国理政的重要地位，各级政府加大了对其的财政支持力度，高校在此方面的经费投入有所增加，设备设施也得到了一定程度的改善，然而也存在一些不容忽视的问题。第一，在经费筹集方面，不同办学层次、不同地理区域的高校经费状况有一定的差异，部分学校客观上存在经费不足的窘境，主动筹集争取资金就显得尤为重要。而一些高校缺乏筹集、争取经费的意识和能力，导致一些思想政治教育工作由于缺乏经费支持被迫搁浅。在经费分配方面，一些高校在实践考察、社会调研、志愿活动等方面投入较少，很多教育活动因经费不到位而无法常态化开展。第二，在平台更新方面，一些教育设施设备未能及时优化更新，如校园官网建设滞后、数字化网络设备更新不及时、网络课程资源平台建设不力、主题网站管理不善、官方微博公众号运行不善等，无法满足新时代大学生时代化、多元化的教育需求。第三，在场地建设方面，一些学校未能很好地配备思想政治教育相关软硬件设施，如一些学校没有专门的马克思主义理论图书资料室、固定的党建室和活动室，并且随着我国高等教育的发展和高校招生规模的扩大，硬件设施出现一种"相对化"的短缺，如针对全校学生开展的报告会，同一个报告厅过去兴许可以容纳全校四分之一的学生，现在则可能只支持全校八分之一甚至更小比例的大学生来参加。这些都在一定程度上影响思想政治教育的有效开展。

其三，工作队伍保障不完善。一方面，高校思政课教师队伍数量不足、结构不均。第一，专兼职教师数量不足。2018年，教育部明确发文提出，进一步加强和完善专职教师队伍建设。事实上，近几年几乎每个高校的马克思主义学院都在积极引才、配备队伍，然而还有相当数量的高校思政课教师队伍距离1∶350和1∶550的师生比要求存在较大的缺口。第二，高学历人才区域分布不均衡。东部沿海城市吸引力强，空缺的师资容易得到补充，先前的师资也不易流失，还容易引进高学历高级别人才，而中西部地区存在不同程度的"招才难""留才难""引才难"问题，不同区域的人才禀赋之间存在很大的鸿沟。第三，不同办学层次师资队伍分布不均衡。教育部直属高校、普通本科高校、专科院校和独立学院这四类不同办学层次的院校，思想政治教育工作存有一定的差距。与此同时，相同办学层次的院校是否具有马克思主义理论学科相关学科点，也在一定程度上影响其办学水平和政策保障。第四，部分高校存在思政课教师年龄层次分布不均问题，出现人才断层现象。另一方面，一些高校在按照教育部规定的生师比配齐思政课教师的过程中出现师资泛化现象、部分思政课教师职业认同度低、一些教师教学科研水平较低等问题，这些都在一定程度上影响着新时代高校思想政治教育工作的开展与学生的获得感。

第六章
新时代提升大学生思想政治教育获得感的路径

要想提升新时代大学生思想政治教育获得感需针对性击破各个影响因素，并关照各因素之间的关联。本书尝试从强化大学生时代新人担当、把脉教育者铸魂育人使命、优化教育内容供给、释放教育载体活力、着力净化育人环境五个维度入手，以催生获得感的内生动力、充盈获得感的供给源泉、夯实获得感的认同根基、整合获得感的传播渠道以及营造获得感的良好氛围，进而从整体上提升新时代大学生思想政治教育获得感。

第一节　强化大学生时代新人担当以催生获得感的内生动力

青年的进步与发展影响着国家的前途与命运。"新时代中国青年要珍惜这个时代、担负时代使命"[1]，而"新时代中国青年的使命……为实现中华民族伟大复兴的中国梦而奋斗"[2]。思想政治教育面对的是活生生的

---

[1]《习近平谈治国理政》（第三卷），外文出版社2020年版，第335页。
[2]《习近平谈治国理政》（第三卷），外文出版社2020年版，第333页。

"人",本质上是人的实践关系的呈现。大学生既是教育活动中的能动性因素,也是评价思想政治教育获得感的主体性因素。大学生获得多少、获得强弱并不仅仅是被动接受的结果,其使命担当意识是否觉醒、参与度如何等都会在一定程度上影响其获得感的高低。通过调动大学生的积极受话心理、引导其树立合理预期、激发其主观能动性激活其时代新人担当意识,以此催生获得感的内生动力。

一 以接受为旨归,调动大学生的积极受话心理

接受是获得感形成的前提,如果没有学生的接受,教师讲得再天花乱坠也无异于"单口相声"。而大学生接受思想政治教育绝非通过"给定—接受"的单向度灌输路径,而是在一定受话心理支持下的"建构—生成"之能动参与。受话心理是大学生在思想政治教育接受中的"心理感应器",表征着一种心理接受状态与倾向,既包括大学生的受话个性结构,也包括大学生的受话心理过程。积极受话心理可以帮助大学生积极地"感应"思想政治教育信息,并通过破译、理解、建构等心理加工程序,将思想政治教育内容纳入自身的意义系统。相反,消极受话心理则会阻碍思想政治教育信息的接收与进一步内化。

其一,契合大学生的受话个性结构。大学生的受话个性结构包括受话能力、受话需要、受话动机和受话兴趣四个方面。受话个性结构是一种社会历史性存在,受社会宏观语境和个体先在结构的影响具有一定的个体差异性,思想政治教育唯有与大学生的受话个性结构相契合,才能最大限度实现教育内容的输出与价值意义的传导,促进大学生对内容的解码、理解与认同。因此,第一,适应大学生的受话能力。受话能力是受话个性结构的集中体现,是思想政治教育理解接受的前置性因素,不同受话能力的大学生有着不同的认知理解水平。教师在思想政治教育过程中应针对不同受话能力的学生进行分层、分众教育。第二,激发大学生的受话动机。动机源于人的各种各样的需要,如认知的需要、认同的需要、发展的需要、审美的需要等,本质上是期冀满足生理和心理的不

第六章 新时代提升大学生思想政治教育获得感的路径 193

平衡状态。大学生的思想政治教育受话动机可能是多元复合的,在不同的教育阶段、对不同的教育内容有着不同的话语动机。教师在供给教育内容的过程中应瞄准并聚焦大学生身心发展的需求,以激发其受话动机。第三,满足大学生的受话需要。大学生的受话需要是多种多样的,如安全的需要、爱的需要、自尊的需要以及自我实现的需要等。思想政治教育过程中既要从整体性维度满足大学生群体普遍的受话需要,也要从纵向个体维度满足不同大学生的不同需要,增强教育供给的针对性与层次性。当然,还应注意的是,"需要不同于对需要的意识——'想要'"①,引导大学生纠偏虚假的和不合宜需要。第四,保持大学生的受话兴趣。大学生的思想政治教育受话兴趣表征为一种积极接受、主动悦纳教育内容的心理准备态势,兴趣被激活与否、兴趣的大小直接影响着其思想政治教育接受态度与状况。

其二,紧扣大学生的受话心理过程。这一心理过程是受话认知、情感和意志三个维度互相耦合与动态演进的心理过程。第一,树立受话认知。大学生首先需意识到思想政治教育对自身的价值意义。人总是处于一定社会关系中的现实的人,无法脱离一定的社会关系,也必然受一定社会意识形态的规制。同时,也应意识到,思想政治教育也可以引导促进其思想政治素质的发展,从而树立起积极参与思想政治教育的自觉。第二,培养受话情感。受话情感是在受话认知的基础上,大学生对于所接受的教育内容以及在师生互动中所产生的积极情感。一方面,教育内容中的概念、范畴、判断与推理等满足了大学生一定的求知欲,使其精神境界得以提升或者在实践中体会到切实的效能感,从而生发出对思想政治教育的价值肯定之感。另一方面,在教学过程中师生双方既实现了信息互通与知识的传递,还实现了精神的交往与情感的互动,生发出对思想政治教育的亲近感与认同感。第三,形成受话意志。受话意志是在受话认知与受话情感基础上形成的更高层次的一种心理状态,更具坚定

---

① 李德顺:《价值论》(第 2 版),中国人民大学出版社 2007 年版,第 76 页。

性与深刻性。受话意志越是强烈，越是容易自觉接近教育的预期目标，实现大学生对教育内容的理解、接受与认同。受话认知、受话情感与受话意志三个维度相互沟通、螺旋上升，共同构成大学生受话心理的运演逻辑，影响着大学生思想政治教育获得感。

二 以需求为导向，引导大学生树立合理预期

大学生思想政治教育获得感既是一种事实判断，表征思想政治教育实践成效与大学生实际获得的一种客观状态；同时也是一种价值判断，表征大学生对自身需要满足程度的一种认可与评价。可见，获得感既不是抽象的所指，也不是无意识的实践所致，而是基于主体一定的主观预期，思想政治教育过程某种程度上也是大学生主观预期对象化的过程。主观预期被实现的程度越高，越容易生发出对思想政治教育的价值认同感，其获得感就越高。因而需以大学生的需求为导向，"满足学生成长发展需求和期待"[①]，提升其获得感。

其一，消除大学生的认知偏见，引导其树立合理期待。肃清认知偏见是引导大学生树立合理预期的前提。现实中有部分大学生对思想政治教育存在认知偏见，因为其本身是一种特殊的实践活动，具有长期性与潜隐性，其价值效用很难立竿见影呈现出来，导致一些学生以功利的、短视的眼光评判思想政治教育效果时错误持有了"无用论"；现行的教育体制导致一些学生在学习过程中存在"唯分数论"倾向，将思政课当作一般的知识性课程进行对待，对其价值内涵关注不够；一些学生认为思想政治教育是一种意识形态灌输与理论说教，对教育者存有抵触情绪。以上这些错误认知都在一定程度上遮蔽了思想政治教育的价值，使学生难以树立科学合理的预期"接纳"思想政治教育。因此，要将思想政治教育与大学生的生活有效链接，使其通过学习感受到自身思想素质、道德素质、法治素质等各方面素质的进步与提升，建立起对思想政治教育

---

① 《习近平谈治国理政》（第二卷），外文出版社2017年版，第378页。

的兴趣与期待；引导大学生关心国家和社会发展，不能只囿于自己的"一亩三分地"，还要将目光与思维的触角伸向社会诉求之所在，在宽广的格局中明晰思想政治教育的价值。

其二，满足大学生合理的定向期待。抱有一定的期待是大学生获得感生发的起端。新时代随着社会主要矛盾的变化，大学生对思想政治教育有着很多美好期待。这就要求教育者要了解大学生的定向期待处于什么层次、包括哪些内容、受哪些因素影响等，方能在教育过程中有的放矢。因而，从大学生的需求出发，结合新时代思想政治教育的新形势，将视点聚焦于学生、关照学生的多重需要。一方面，满足学生日益增长的社会交往需要。随着经济全球化、社会信息化和社会变迁的交叠推进，教育各因素均发生变革，学生社会交往需要的广度、深度都在扩展，需要日益复杂多样，不仅仅满足于"单向度"的知识获取，也希望凸显自身的主体性和主动性，希望具备更开阔的视野、涵养更深厚的情怀、拓展更广泛的社会关系、培养更具批判性的思维力，希望可以更有效地参与社会互动和国家发展建设，希望可以打通个人与社会、个人与国家沟通理解的渠道，构建起同频共振相处模式，这些就要求高校思想政治教育聚焦学生多维社会交往"需求侧"变化进行供给侧改革，增强教育的针对性、时代性、实践性和全面性，实现教育教学体系的改革升级。另一方面，满足学生日益增长的精神文化需要。随着社会主要矛盾的变化，学生的精神文化需要层面也面临发展不平衡和不充分的矛盾。一方面体现为发展不平衡，长期以来存在重智育轻德育、重成绩轻能力、重"主科"轻"副科"、重理论轻实践等情况，导致高校育人存在模块化、分割化等弊端，造成学生各方面素质发展的不平衡。另一方面体现为发展不充分，随着社会对人才素质要求的提升和学生自我意识的觉醒，学生诉求更充分的发展。希望教学内容兼具优良的学术品位和深切的人文关怀；学习过程更富审美体验和情趣；学科交流更加务实，打破学科壁垒和思维禁锢，融铸新的学术生长点，碰撞创新思维的火花；知识获取更加全面，能力素质在就业市场更具竞争力；等等。这些都要求新时代高校思想政治教育要满足大学生的定向期待，实现学生需求与教育供给的同频共振。

其三，引领大学生创新期待的升华。在思想政治教育过程中，大学生不是被动接受的角色定位，而是内蕴着一种创生性力量，通过不断打破思维定势拓展认识边界，重构自己的认知系统，达致思想政治教育认知新境界。在这个过程中，大学生的主观能动性得以调动与发挥。这就启发教师在思想政治教育过程中，仅仅满足大学生的定向心理期待还是远远不够的，还需引领大学生创新期待的升华。因为新时代的大学生生活在改革开放取得瞩目成就的年代，自带"网络基因"，他们接触信息的频度、密度比以前更加广泛，且后喻时代的到来打破了教师的知识占有高势位优势。如今大学生的知识储备兴许比想象的要更加丰富，但可能系统性、深刻性有所不及，知识结构面临碎片化、肤浅化、娱乐化倾向，实践运用中容易出现方法论偏颇。这就要求教师以优质的内容供给统合大学生的碎片化认知，使其通过思想政治教育实现认知层次的提升，收获"意料之外"的价值，并建构起新的期待视野，从而以更高的审美经验与更高的精神境界投入思想政治教育学习与实践。需要指出的是，教师在引导大学生的创新期待时，要注意从学生的实际情况出发，既契合其对思想政治教育的定向期待，又保留其对思想政治教育的美好期待，在二者之间寻求契合点，通过合适的悬疑激趣，拉近学生对思想政治教育的心理距离，也拉近学生与教师之间的距离。

三 以参与为基础，提升大学生的主观能动性

思想政治教育是一项培育人、发展人的主客体交互实践活动，其影响对象是人而不是物，这就要求在思想政治教育过程中摒弃物性思维，回归人性思维，"发挥学生主体性作用"[①]，释放其主观能动性。

其一，尊重并凸显大学生的主体地位。主体性是"人作为活动主体

---

① 《习近平谈治国理政》（第三卷），外文出版社2020年版，第331页。

的质的规定性"①，这就指涉出并非所有的人或者个体都是主体。要想成为主体需同时具备以下两条：一是有自觉意识；二是其进行的活动是出于一定的目的指引的。这也就不难看出，在教育双方的双向交往实践中，大学生无疑也是交往的主体，是思想政治教育的"剧中人"而非"局外人"。唯有对学生的主体地位予以应有的重视，才能激发学生的参与动力。然而，从宏观上看，社会上工具理性膨胀湮没了人的主体性，导致人们精神生活失落，人们对精神与意义的追求让位于眼前即时利益，在一定程度上遮蔽了思想政治教育的价值；从微观上看，一些教师在教学过程中为自我为中心，将学生置于被动地位，对学生的思维、感性和个性等主体性因素关照不够，师生之间缺乏平等交流与有效互动，导致"老师讲得热火朝天，学生听得昏昏欲睡"，遮蔽了大学生的主体地位，也挫伤了学生的主动性。而新时代的大学生主体意识凸显，他们个性张扬，有着强烈的内在需求与探索精神，如果教师只是一味地灌输会引发学生的逆反心理。思想政治教育学习并不是一件轻松容易的事情，需要花大力气去钻研、探索、体悟，这就需要构建平等民主的师生关系，充分凸显并尊重学生的主体地位，使他们以饱满的精神状态、认真的学习态度、坚定的意志品质投入学习，在学习过程中审视自身存在的问题并聚焦掘进，以此推动获得感的生成。

其二，增强大学生的内在感知能力。通过内在感知，大学生可以大致评定所学内容的价值与自身需要的满足程度。如若缺乏主观感知能力，则再多的实际获得也无法转变为"获得感"。感知能力越是敏感，则越善于在接受思想政治教育的过程中吸收各方面知识，进而转化为愉悦感、成就感和获得感。而感知能力越低，对外界信息的反应将越迟钝，更容易对教育内容产生消极倦怠心态。因此，大学生应有意识地增强自身的感知能力。一方面，积极投身社会实践，将所学知识内化为自身知识结构。"只有理解了的东西才能更深刻地感觉它。"② 思想政治教育在一定

---

① 郭湛：《主体性哲学：人的存在及其意义》，云南人民出版社2002年版，第30页。
② 《毛泽东选集》（第1卷），人民出版社1991年版，第286页。

程度上是知识、价值、信仰体系的传播过程,通过教师的教学与传授,大学生对其有了初步的理解与认知,但这不足以让大学生产生实实在在的获得感。大学生还需要将理论与实践相联系,在实践中增进对理论的理解,并自觉运用所学知识分析和解决实际问题,感知理论的现实阐释力,激活理论的价值与效用。另一方面,着力掘进日常生活,将所学知识外化为实践效力。思想政治教育越来越持有与彰显"以人为本"理念,除必要的意识形态教育之外,还涉及价值判断、道德选择、法纪教育、社会交往等方面的内容,这些内容都与大学生的生活有着深刻的联系。大学生可以通过学习形成正确的思想观念和积极进取的人生态度,建构起稳定的内心秩序与精神信仰等,以此作为"武器"着力掘进日常生活。大学生在正确思想的指引下参与实践会得到社会和他人的认可,深切感知自身需要的满足,这些都有助于将"获得"转化为一种切实的"获得感"。此外,大学生还要善于同各种错误思潮作斗争,在对决与博弈中彰显思想政治教育的价值与魅力。

第二节 把脉教育者铸魂育人使命以充盈 获得感的供给源泉

铸魂育人是新时代高校思想政治教育的工作定位与本位价值。教育者是思想政治教育的实施者与主导者。通过提升教育者的核心素养、锤炼教育者的教育智慧和整合教育者的教育合力,把脉教育者铸魂育人的使命,据此以充盈大学生思想政治教育获得感的供给源泉。

一 提升教育者的核心素养

从宏观上说,新时代对高校教育者提出"四有好老师""六个要""八个相统一""六种素养"落实教育立德树人的根本任务,培育时代新人"四个引路人"等是教师的使命担当;从微观上说,增强政治定力、

第六章　新时代提升大学生思想政治教育获得感的路径　199

提升理论功力、锤炼道德修养、修炼人格魅力，提升大学生思想政治教育获得感，也是其应该肩负的使命担当。高校的教育内容不会自动进入大学生的头脑，而是需要经过教育者的筛选、设计、整合以及诠释等环节，方能被学生理解与认同。可见，教育者在大学生获得感的生成中处于十分重要的地位。通过提升教育者思想政治素养，发挥引领形塑作用；通过锤炼师德修养，强化示范辐射效果；修炼人格魅力，感染吸引学生，增强大学生的获得感。

（一）提升教育者的思想政治理论素养

思想政治教育并非一般性的知识传授，而是重在引导学生领会、体悟、亲近、认同思想政治教育的深层次价值内核与精神内核，从而增强"四个认同"。这就要求"传道者自己首先要明道、信道"[1]，教育者要做到政治要强。

其一，提升自身的思想政治素养。第一，坚定政治信仰。理想信念在人的政治素养体系中处于最高层次，统领着人的政治观念与政治行为。教育者只有坚定政治信仰，才能"在大是大非面前保持政治清醒"[2]。思政课教师自身首先应认真学习马克思主义科学真理，念好"真经"，教育启迪学生掌握马克思主义的真谛与精髓，增进对马克思主义的政治认同；引领学生从三个维度来立体认识共产主义信仰，即其"指向未来维度来看是我们所追求的制度愿景；从思想层面来说也是一种值得我们信赖与信仰的思想；指向现实维度进行审视可知，它还是一种现实的具体的运动，需要广大人民参与进来"[3]；引导学生深刻了解近代中国所经历的波澜壮阔的峥嵘历史与伟大征程，通过"明史"来回溯性感知、展望式理解信仰的科学性。第二，站稳政治立场。我国的国体和马克思主义政党性质决定了我们的政治立场是维护无产阶级利益。这就要求教师提

---

[1]《习近平谈治国理政》（第二卷），外文出版社2017年版，第379页。
[2]《习近平谈治国理政》（第三卷），外文出版社2020年版，第330页。
[3] 秦宣：《思想政治理论课教师应树立坚定的政治信仰》，《思想理论教育导刊》2019年第5期。

高党性修养,引导学生加强"四史"学习,于历史的脉络与实践的演进中增进对无产阶级价值追求的理解,帮助学生正确认识党性、人民性以及两者的统一性,从而作出正确的立场选择。第三,增强政治定力。思政课教师的政治定力体现为坚决维护党中央权威,因为"没有权威,就不可能有任何的一致行动"①。学生在社会中可能会面对各种各样的政治考验与形形色色的社会思潮,思政课教师应引导学生拓宽政治视野,勾连历史与现实,审视世界与中国,置身党和国家发展的战略高度,自觉运用马克思主义世界观和方法论去分析问题、解决问题,深刻揭示矛盾本质,提升学生的思维水平与理性认识,明辨是非、坚守正道,深化并巩固思想认同基础,增进政治认同。

其二,夯实自身的理论功底,增强思想政治教育说服力。第一,深耕理论知识。"理论上清醒,政治上才能坚定。"② 新时代思政课教师应掌握好马克思主义理论这一"看家本领",将原典学习与社会实践结合起来。将经典著作作为自己的案头卷、枕边书,保持一种常态化学习状态,通过温故知新不断加深理解,弄懂弄通原理,用理论的彻底性征服学生,既向学生展示了教师良好的学识风范,也增进了学生对理论魅力的认可。同时要加强对习近平新时代中国特色社会主义思想的学习,做到真学、真懂、真用,切忌蜻蜓点水、寻章摘句,结合社会实践,将其讲清、析透,揭示理论体系中蕴含的科学思维方法与先进价值取向,用真理吸引和感染学生。第二,加强多维研修。参加教学研修,如积极参加中宣部、教育部举办的思政课教师骨干研修班,加强学习进修,积淀教学经验;加强理论研修,如通过参加国家级、省级举办的思政课教师理论研修班和学术研讨会等,在切磋交流中不断打磨自身的理论功底;开展实践研修,如赴社会实践研修基地开展社会考察。通过以上各类研修项目不断提升理论功底和教学胜任力。第三,切实活学活用。自觉运用马克思主义理论指导实践,并用自己的实践经验与亲身体会向学生

---

① 《马克思恩格斯文集》(第10卷),人民出版社2009年版,第372页。
② 《习近平谈治国理政》(第二卷),外文出版社2017年版,第35页。

"现身说法",方能激发学生的学习兴趣,引导学生增强对马克思主义理论的认同感。

(二)锤炼教育者的师德修养

教育是一种人影响人的活动,思想政治教育更为特殊,其作用于人的精神生活领域。教育者通过锤炼师德师风,发挥榜样示范作用,可以辐射教育效果,于潜移默化之中提升大学生的获得感。"加强师德师风建设,引导教师以德立身、以德立学、以德施教"① 昭示出师德师风在教师素质结构中的重要地位。新时代的好教师应具备"有道德情操"等"四有"素质。教育对象在教育者良好师德师风的浸润之下,会在心中埋下真善美的种子,形成向上向善的道德追求。同时,教师躬身践行会给学生树立起良好的榜样与典范,引导学生上行下效,促进学生对教师所传授知识与价值的亲近与内化,也培养起学生对教师的敬仰和爱戴之情。一要道德品质高尚,做到率先垂范,用高尚的道德情操感召学生,树立起可亲、可近、可信的师者形象,使教育内容犹如汩汩泉水流入学生心田;二是要工作作风严谨,热爱自己的本职工作,"成为大学生,做学生为学、为事、为人的示范"②,认真对待每一堂课,以对思想政治教育的热情感染学生,实现以情动人;三是要生活作风端正,构建起和谐良性的师生关系,以一颗仁爱之心对待学生,扩大师生交往深度与频度,及时帮助学生开解思想困惑、消除心理障碍,而非陷入"下课铃声一响就消失"的尴尬境地,使自己真正成为学生学习上的引路人与生活上的知心朋友。

(三)挖掘个性特质,修炼人格魅力

教育者要做到"人格要正","用高尚的人格感染学生、赢得学生"③。教育者的人格魅力不是抽象的,而是可以通过学识魅力、形象魅力、语

---

① 《新时代公民道德建设实施纲要》,人民出版社2019年版,第10页。
② 《习近平在清华大学考察时强调:坚持中国特色世界一流大学建设目标方向 为服务国家富强民族复兴人民幸福贡献力量》,《人民日报》2021年4月20日第1版。
③ 《习近平谈治国理政》(第三卷),外文出版社2020年版,第330页。

言表达魅力等进行体现。第一,增强学识魅力。教育者要想给学生提供"一碗水",自己首先应具备"一潭水",不断充实与完善自身的知识体系,同时注重借鉴学习相关学科的知识,实现博闻强识、融会贯通,在教学过程中旁征博引、侃侃而谈,分析论证抽丝剥茧、见解独到,最大限度解决学生困惑,以深厚的学识征服学生、赢得学生。第二,提升形象魅力。教育过程不是所谓物理意义上的一个机械的、扁平的知识传输过程,教育内容要想达致学生的思想深处需要一个互动、内化的过程,而形象气质等仪表美是显而易见的。教师应修炼自己的言谈举止,在上课以及与学生交往中表现出自然大方、端庄得体的良好形象;根据自己的年龄、身份、场合等选择合宜的着装,增添个人魅力;通过恰当的、合宜的肢体语言配合课堂内容,增强教育的感染力,营造愉快的教学氛围,提升课堂教育效果。第三,锤炼语言魅力。毛泽东曾指出,"如果真想做宣传,就要看对象"①。思想政治教育内容要使学生听得懂、传得开,就要使用学生能听得懂、能理解得了的话语,力求具体而生动,通俗而深刻,切忌假话、大话、空话、套话。如列宁曾说道:"最高限度的马克思主义=最高限度的通俗化。"② 习近平总书记也有着高超的语言艺术,常用举例子、打比方等方式生动传神地阐释深刻道理。比如,"打'老虎'、拍'苍蝇'""把权力关进制度的笼子"等,可谓是雅俗共赏,简洁到位,生动有力。教育者锤炼充满魅力的语言艺术,可以高效调动学生的感官。如运用幽默风趣的语言,既表达了马克思主义理论的精髓与真谛,又可以给学生耳目一新的体验感,拉近师生的心理距离;运用真诚热情的话语表达,及时关照学生情绪情感变化,实现师生之间情感的流动与共振,增强教育的感染力;注重语言表达的层次性,通过一些精练而生动、形象而深刻的语言深入浅出、由小见大,来表达思想政治教育内容的微言大义,增强教育内容思想的穿透力与吸引力。

---

① 《毛泽东选集》(第 3 卷),人民出版社 1991 年版,第 836 页。
② 《列宁全集》(第 36 卷),人民出版社 1959 年版,第 468 页。

二 磨砺教育者的教育智慧

"教育智慧是一种关于教学践行的知识。"[1] 教育者的教育组织过程、教育管理方式、教育讲授艺术等直接影响着学生对思想政治教育的接受度与获得感。新时代互联网技术的迅猛发展使得教师丧失了知识垄断权和信息先得优势，大学生身处信息的海洋，其主体意识也更加凸显，对课堂教学质量有了更高的期待与憧憬。教育者通过磨砺教育智慧，激发教育活力和提升教育引力，有助于提升学生的获得感。

其一，秉持主体间性教育理念，激发教育活力。这种教育理念是对主客体二元对立模式的超越，架构起了教育双方的交流沟通，使得教育不再是一种单子式的对象化活动，教育过程不再是教师的"独白"而是教师与学生思维的共奏。第一，开展交往式教育。交往是主体间性生成的关键环节与有效机制。教育者与教育对象是有着不同先在结构的异质主体，教育的过程即是双方视域融合达致对内容的理解与掌握的过程，这就要求双方都要摒除"为我性"的思维立场，而是互相从对方的视角去进行体悟与交流，实现情感共鸣与行为一致。新时代思想政治教育面临崭新的时空境遇，尤其是移动互联网技术的发展使得教育载体更加丰富多样，作为"数媒土著"的新时代大学生不再满足于教师的单向度"灌输"，他们思维活跃、求知欲强、需求多元，除知识学习之外，他们还深切拷问生命的价值、关切人类的共同命运等。这就要求教师视野要宽、情怀要深、眼光要准，在教学准备前针对学生的需求进行教育内容的筛选，在教学过程中根据学生的互动状况调整教育节奏以期触动学生的心灵深处，在课堂之外与学生构建起良性的长效的交流机制及时观照学生思想状况。第二，开展对话式教育。主体间性教育超越了"教育者—受教育者"的思维模式，而是搭建起一种"我—你"的关系格局。在教育过程中，教师不再居于居高临下的高势位，而是站在了与学生平

---

[1] 冯刚：《激发思想政治理论课改革创新的深层力量》，《学术论坛》2020年第2期。

等交流的位置。教师和学生都被赋予了双重身份：教师既是教育的供应者与辐射源，也受学生认知、情感等的反向影响；学生不仅是知识的接收者，也在无形中向教师辐射着自身的认识与态度等。师生之间形成一个教育共同体，通过采取"对分课堂""翻转课堂"等教学模式进行平等通畅的对话，一方面最大限度地唤醒教师的教育自觉，另一方面最大限度引领学生对教师的亲近和教育内容的体认。

其二，磨砺教育艺术，提高教育引力。思想政治教育内容具有一定的抽象性，不会自动进入学生的头脑，而是需要教育者将教材体系转化为教学体系，并以一定的艺术形式进行展示从而帮助学生进行理解。第一，吃透教材内容，优化意义建构。教师不是教材的"传声筒"，首先应吃透教材内容，对内容进行梳理、归纳和整合使其体系化，帮助学生架构起知识体系，从而加深对相关知识的理解。新时代媒体技术的发展催生出很多先进的教学手段，如各种主题教育网站、移动端学习 App、微信公众号、网络教育资源平台等，教师应善于用多媒体手段辅助教学，使抽象内容生动化、碎片化知识体系化等，吸引学生的注意力，提高课堂"抬头率"。第二，把握教学时机，创设教育情境。教育者要以"事"为问题导向、注重把握时代脉搏与正确的时间节点、根据国内外发展大势做到因势利导，通过创设合宜的教育情境，增强学生对教育内容的体认。如在中国共产党建党 100 周年之际，央视推出《觉醒年代》电视剧，展示了从新文化运动到中国共产党成立这段波澜壮阔的历史，教育者可组织学生观看此剧增强党史学习教育。第三，锤炼教学技能，吸引学生参与。教师应该是"多面手"，既是"导演"，又是"演员"，也是"旁白者"。教师通过锤炼教学技能提升对课堂的掌控与驾驭能力；通过参加思政课教师"大练兵"等活动，以评促减、以评促改，不断提升教学技能；通过打磨教学设计、优化教学组织与管理等环节，最大限度激发学生的参与热情，满足学生发展需求。

三 整合教育者的育人合力

思想政治教育是一个系统工程，由多个子系统构成。新时代大学生思想政治教育获得感受系统内外部诸多要素的影响，这就要求思想政治教育工作者要树立全局观念、着眼整体，有机整合校内以及校外的育人要素与资源，促使要素之间良性互动、相互协作，实现思想政治教育整体目标最优化。

其一，整合协同育人的校内合力。第一，思政课教师与非思政课教师协同育人。一方面，建立辅导员与思政课教师的交流机制。通过创设马克思主义学院与学生工作部的联席会议制度，进行常态化的"会商"以增进彼此信息互通；鼓励思政课教师与辅导员在"第二课堂"中"结对子"，共同参与思想政治教育活动，最大限度掌握学生思想状况。另一方面，加强课程思政建设。不同学科的学科范式和思维方式大不相同，学科之间客观上存在壁垒，学校教务主管部门、教师发展中心等部门要为学科交流互动创设平台，鼓励多种形式的合作，如组织跨学科研讨会、集体讨论备课、召开专题研讨、合作撰写论文和申报课题等，加强思政课教师与专业课程教师交流与对话。第二，思政课主渠道与日常思想政治教育协同育人。高校党政干部要将管理与育人相结合。管理者要树立"以生为本"的管理理念，建立科学的规章制度并带头践行，营造良好的校园管理氛围；管理者要提升自身素质，不断涵养自身的思想政治理论素养，用自己的优秀品质感染学生。各类职能部门的行政人员要将育人与服务相结合。强化服务意识，以真心和真诚关爱学生、为学生树立学习的榜样。第三，构建大中小一体化的思想政治教育格局。大学生的获得感状况不仅受大学阶段这一时空场域的影响，还与其"上大学之前"即中学、小学阶段的思想政治教育状况有着难以割舍的联系，这就要加强学生思想政治教育的顶层设计，合理设计不同学段的目标定位、内容配置、运行机制等，促使不同学段有机衔接、共同"跑好接力赛"。如教育部组织编写的大中小学《习近平新时代中国特色社会主义思想学生读本》，是推动大中小学思政课一体化建设的重要载体，2021年秋季学期已正式投入使用。各级各类学校应学好、用好读本，将读本与统编思政课教材结合起来，最大限度激发学生的学习兴趣，提升学生的获得感。

其二，整合协同育人的校外联动合力。大学生的获得感不仅与高校教育有关，与其生活的校外场域也有着密切的关系。习近平总书记强调指出，"思政课不仅应该在课堂上讲，也应该在社会生活中来讲"，"'大思政课'我们要善用之，一定要跟现实结合起来"①。新时代要想提升大学生思想政治教育获得感，需联动思想政治教育的"校外"因素，延展思想政治教育的作用场域，构建"大思政"育人格局。一方面，学校家庭社会相联动。构建优良和谐的家风，用传统家庭美德、优良作风品质感染学生；营造民主平等的家庭氛围，帮助学生形成健全的人格；家长与学校积极沟通，共同关注学生成长。弘扬社会正能量，坚持正面舆论引导；"把思政小课堂同社会大课堂结合起来"②，与社会组织、企业单位加强合作，推动产学研相结合；引导学生通过实践活动将课堂所学由书本上的文字转化为一种可感可知的实实在在的力量。另一方面，还要将网上与网下相联动。新时代的大学生是"网络原住民"的一代，网络已然成为他们"身体的一部分"，他们热衷于"网络冲浪"、喜欢在网络上发表自己的观点和见解，教育工作者应积极树立互联网思维。理论骨干和知名学者可开通微博、微信公众号、抖音等平台，宣传习近平新时代中国特色社会主义思想；教师可开设 MOOC 课程，满足学生课外学习需求，并有意识地深入一线与学生互动交流，传播社会正能量。

第三节 优化教育内容供给以夯实获得感的认同根基

大学生思想政治教育获得感始基于一定的精神获益，而这种精神获

---

① 《"'大思政课'我们要善用之"（微镜头·习近平总书记两会"下团组"·两会现场观察）》，《人民日报》2021 年 3 月 7 日第 1 版。

② 习近平：《思政课是落实立德树人根本任务的关键课程》，《求是》2020 年第 17 期。

益源于对一定教育内容的内化与吸收。可见,思想政治教育内容是大学生的获得感衍生的思想触发点与价值依托所在。同时,优质的教育内容供给也可以激励与推动大学生追求更高远的人生目标。通过优化教育内容供给,促使大学生知识上有所增益、情感上有所触动,进而与教育内容实现价值共振,方能夯实获得感的认同根基。

一 关照大学生的生活世界

思想政治教育不是脱离生活世界的乌托邦理念构想,其作用对象是人,因而思想政治教育无法脱离现实的人单独存在。生活世界是现实的人生活的现实场域,也是思想政治教育内容的生发根基。唯有关照生活世界,思想政治教育内容才能被学生所认可与接受,进而提升其获得感。

一方面,思想政治教育内容与大学生的生活世界相关联,实现双方的视域交叠。新时代高校思想政治教育除进行宏大理论叙事之外,还应注重挖掘大学生生活世界中的思想政治教育资源与素材,重视对学生的生命体验与成长历程的关照,择取新时代的鲜活案例进行佐证,使理论化的教育内容与学生丰富、充实的现实生活实现价值勾连,激发学生运用相关理论指导实践的自觉。因为学生现实的内心世界价值冲突蕴藏着宝贵的教育时机,唯有注重从其生活世界中开掘教育资源,提取有价值的教育素材,适时解决其内心的价值冲突,切实回应大学生的现实关切,方能增强教育内容的说服力,避免教育内容沦为一种高高在上的"说教"。教师在诠释思想政治教育内容时,要注重从学生"日用而不觉"的惯常生活细节中,选取合适的素材进行"精准滴灌",使大学生可以真切体验之,进而逐渐内化并纳入自身的意识、价值与素养体系之中。此外,将学生所关注的学习考研、恋爱交友、就业创业等话题纳入课堂教学之中,解决学生的现实思想困惑。

另一方面,思想政治教育内容与学生建立对话关系,实现双方视域融合。伽达默尔主张对文本的理解必须建立在读者和文本间平等对话的基础上,理解过程就是双方在保留原有视域基础上进行互动与交融,以期形成一个开放包容的新视域。同理,思想政治教育内容要想赢得学生的认可也是试图通过对话,调动学生的主体性和主动性,促使思想政治教育内容去"悬浮化"和学生思想意识的"拔高"和"上浮",二者经由交互式对话走向融合,从而在某一个界面上凝聚起学生的沟通理解和价值共识,达成互相"理解",使思想政治教育内容的意义域得以澄明和重现,实现二者精神的会通。第一,选取生活化教育主题。生活化并非抛却历史视野、摒弃宏大叙事、放逐理性理想,也并非沉溺现实、矮化崇高,而是将宏大叙事与生活世界维度有机链接,通过选取生活中有代表性的热点话题、有血有肉的个体命运、有转折意义的历史事件等作为创作题材,以个别表征一般,从而反映趋势和主流,增强思想政治教育内容的亲和力和鲜活性。第二,采用通俗化表达方式。通俗化并非消解思想性和戏谑权威性,而是将精深的思想以浅显易懂、直抵人心的话语表征出来,增强内容的思想穿透力和吸引性。第三,借助感性化传播手段。感性化并非弱化理性思维逻辑和强化浅表思维,而是顺应智能媒体发展形势对文艺传播手段进行迭代更新。当前信息技术的发展衍生出移动 App、微媒体、短视频、Vlog、表情包等景观媒体,通过巧妙"借势"视觉化、形象化等传播手段,增强教育内容的艺术感染力和体验性。

二 对接大学生的话语方式

话语并非语言,也非言语,而是一种符号化的实践活动,其背后是一定的思想意识与价值立场。思想政治教育内容由于理论范式的抽象性和话语表达的凝练性较强,在与大学生生活世界和大众文化对接时容易造成视觉上的"强占"误解和事实上的意义稀释甚至消解。新时代大学生身处互联网信息的海洋,思维活跃、语言新潮,要想占领他们的思想高地,就必须接洽他们的语言和行为,通过一种"思想与理论的表达方式与交流机制"[①] 介质即大众话语,对思想政治教育内容进行转译与传

[①] 常改香:《构建中国特色哲学社会科学话语体系的思考》,《湖南社会科学》2019 年第 1 期。

导,打通大学生与教育内容的交流渠道,破除话语藩篱,使学生在情感体验中"接受意识形态效果却感觉不到这个符码的作用"①,实现大学生对思想政治教育内容的理解与认可,为提升大学生思想政治教育获得感奠定基础。

  话语具有实践性,不同的价值主体由于实践基础的相异造成话语圈层化现象。话语作为意识形态的交流载体,具有强烈的针对性,只有当其表达方式贴合接收对象的思维习惯和现实需求时,才可有效传播。面对我国发展新的历史方位和时代主题,高校思想政治教育内容应就大学生普遍关注的话语内容,以其乐于接受的话语方式、易于理解的话语阐释,进行创造性传播,增强主导价值认同。第一,优化话语内容。立足新时代语境,贴近大学生的生活世界,根据新时代中国特色社会主义实践发展中显现的新思想、新内容、新理论、新困惑和人们道德、情感、价值的需求,将社会主义核心价值观的精髓,转化为富含群体意识和价值追求的议题。从而将艰涩的思想和理论,合理转译为大学生可触可感可知可及的内容,延长话语解释链条,引发精神共鸣。思想政治教育工作者可以通过微博、论坛、课堂、活动等渠道,结合学生的生活与实践发布一些灵动的话题进行互动,如创设"学习某某讲话精神活动""某某事件之我见"等议题,引导学生反省、感悟。第二,转变话语方式。随着社会转型和新媒体的广泛普及,民间舆论场的扩大化正影响和改变着当今舆论格局。新思潮、新词汇、新表述层出不穷,如"斜杠青年""佛系""躺平""打工人""立 flag"等词汇,远非传统政治话语和学术话语所能阐释回应。思想政治教育工作者应注重把脉大学生的体验和感受展开叙事,实现话语方式的结构性改善,运用接地气、有温度的生活话语、大众话语等方式言说传统精深语义的"所指"和补充其"所不及",传播真善美、传递正能量,增强主导价值的话语亲和力。第三,转换话语阐释思维,从宣传思维转向故事思维。一改传统思想政治教育

---

① 杨远婴主编:《电影理论读本》(修订版),北京联合出版公司2017年版,第560页。

"高""大""上"的传播方式，新时代思政课教师可借助积极文艺作品，通过讲述故事、展现情节、流露情感的方式"解构"和隐藏表达主题，抓人眼球，春风化雨。例如，面对重大疫情，通过绘画、歌曲、小品、电视剧等多种形式对党的集中统一领导、全国一盘棋、党的初心和使命、以人民为中心的执政理念等主流意识形态作生动注解，同时在关键时刻起到正向舆论引导作用，使人们切身感受到制度的伟力，思想意识得以提高和升华，自觉凝聚起携手抗疫的广泛共识。

三 回应大学生的思想关切

新时代大学生思想政治教育需立足新时代中国特色社会主义实践的时空场域，科学研判并精准聚焦关乎中国特色社会主义事业发展的重大问题，坚持以问题为导向，锚定教育内容的价值坐标，回应大学生的现实关切，以廓清大学生的思想迷雾、提升价值认知，推动大学生的获得感的形成。

其一，提升教育内容的理论品质以回应学生思想关切。新时代思想政治教育要想感召学生、引领学生，需通过深耕社会现实，提升教育内容的理论品质，即理论的延展性和价值性，从理论上深刻回应学生的关切与困惑。第一，增强本土理论创新，助益重大问题阐释。创新思想政治教育理论体系，以本土理论阐释本土实践中凸显的重大问题。中国特色社会主义实践经历了恢宏的发展历程。新时代"四个伟大"的实践，为高校思想政治教育注入磅礴的动力。然而，高校思想政治教育实效性欠佳。一方面，冷战以来西方话语强势传播并影响全球范围内的话语建构，本土话语体系处于弱势，存在套用西方概念、理论和话语体系解释中国实践发展的尴尬境况。用西方理论裁剪中国现实的"违和"现象难以引起精神共鸣，更遑论赢得学生的价值认同。另一方面，对于我国经济社会转型和发展过程中出现的暂时性矛盾和问题，西方运用固有意识形态偏见和冲突分析框架模式大肆曲解、抹黑，使我们深受负面舆情言论之害。而当前我国国际话语权的不够坚挺，使得我们面对这些误解难以澄清。思想政治教育要进一步增强植根实践的自觉，对中国道路、中国精神、中国实践进行经验总结、理论概括和话语凝练，创作出更多能够在思想领域广泛流通的"知识硬通货"；强化本土社会变革经验的理论阐释力，讲好中国故事，提升文化吸引力和自信力，增强政治认同，凝聚起广泛的社会价值共识。第二，回应社会重大关切，助益重大问题解决。问题是时代呼声的集中体现。习近平总书记指出："要有强烈的问题意识，以重大问题为导向。"① 随着实践的变化发展，主导意识形态客观上存在理论供应相对滞后、解释乏力和话语权疲软等现象，应根据变化发展的实际提升理论整合能力，增强主导意识形态的包容性和解释力，有力回应社会重大关切。"重大社会关切"即社会公众普遍关注、涉及面广、影响力大、关乎国计民生的重大问题，是公众意志的集中体现。要引导公众意志形成集体理性，需瞄准公众意志与国家意志的连接点，通过价值引领实现公众意志与国家意志的交汇。高校思想政治教育通过瞄准社会重大关切，紧扣时代最紧迫的问题，以富有解释力的彻底理论掌握学生，以富有亲和力的艺术表现打动学生，促使学生的思想意志汇入国家意志洪流，使大学生与时代发展同鸣共振，激发起投身中国特色社会主义建设的精神动力。

其二，提升教育内容的价值品位以回应学生思想关切。高校思想政治教育的目的在于缩小大学生思想政治素质发展状况与社会发展要求之间的距离，以最大限度整合与凝聚广大学生对社会主义意识形态的价值认同。新时代大学生思想活跃且接触的信息源比较多元，社会上形形色色的思潮对大学生产生负面影响，而高校思想政治教育内容的认同效力理应源于"其内蕴的知识、价值、规律和表现美等品质的含量高"②。第一，驳斥错误社会思潮，彰显价值真理性。习近平总书记指出："宣传思想阵地，我们不去占领，人家就会去占领。"可见，开展思想政治教育的过程，也是与错误思潮博弈争取思想阵地的过程。以思想政治教育

---

① 《习近平谈治国理政》（第一卷），外文出版社2018年版，第74页。
② 陈秉公：《论社会主义核心价值观"高势位"培育和践行的规律性》，《思想理论教育》2014年第2期。

内容的价值真理性驳斥错误思潮的虚伪性，提升思想政治教育的价值品位。近年来，受社会转型和西方意识形态渗透的影响，文化领域出现多样化社会思潮的文艺形态，干扰人们的价值判断和消解主导意识形态话语权威，思想政治教育内容应在价值观上"突出重围"，驳斥错误思潮背后的资本逻辑、错误世界观和错误价值立场，揭露其虚伪性和错误性，澄清大众的疑惑，保证高校思想政治教育的社会主义发展方向。例如，针对流毒甚广并不断变换策略和手段意图否定国史、党史进而颠覆社会主义政权的历史虚无主义，思政课教师可采取影视作品、理论著述、学术论坛、文艺评论等多种手段，通过学理剖析、学术争鸣、文艺批判对其进行彻底揭露，引导大学生增强甄别力和判断力，消除其存植空间。如革命历史题材电视剧《人间正道是沧桑》通过反映重大革命历史事件表现出历史发展的必然趋势，引导人们树立正确的历史观，让历史虚无主义相形见绌。第二，思想政治教育内容要想凝聚大学生的价值认同，需锤炼其内容的价值内核，保持价值的"高势位"建设和培育，进而统摄、辐射、引领、凝聚多元社会思潮。通过把握时代脉搏，回应时代课题，体现时代精神，增强价值牵引力；通过吸纳一切优秀文化成果和思想精华，提升价值涵容度；通过自我更新反省、动态整合理论体系以保持价值先进性。借此，思想政治教育内容以富有牵引力、涵容度、先进性的核心价值对多元社会思潮进行引领，引导大学生于价值对话、沟通、交流中向核心价值聚拢、靠齐，进而凝聚起社会价值共识，从而心悦诚服接受思想政治教育。

第四节 释放教育载体活力以整合获得感的传播渠道

新时代大学生思想政治教育载体迭代更新速度加快，呈现出传统载体与网络新媒体、显性载体与隐性载体、物质载体与精神载体、有形载体与无形载体等交相辉映的格局。通过用好用活教育载体，释放教育载体的活力，可以提升主客体互动的有效性，提升大学生思想政治教育获得感。

一　善用合宜载体，增强针对性

"思想政治教育具有独特的价值，这也就决定了那些可以充当其传导介质的载体也遵循着一定的价值逻辑。"[1] 新时代高校思想政治教育要选择合宜载体，凸显载体的价值理性，实现载体价值属性与教育价值目标之间的通约。因此，宏观上要适应新时代社会发展与社会交往的新形势，中观上要围绕教育的中心任务，微观上还要适应大学生的精神交往需要与价值期待。

纵观党的思想政治教育发展史可知，中国共产党历来重视对思想政治教育载体的运用与建设。如在土地革命时期，注重利用军队载体进行思想政治教育，后又通过"打土豪、分田地"解决农民的土地问题，增强了民众对共产党人政治主张的认同；抗战时期通过《解放日报》《新中华报》等报刊以及秧歌、绘画、说书、戏曲等多种文艺载体传播党的思想和主张；解放战争时期通过"三查三整"加强党内思想政治教育。这些思想政治教育载体虽形式各异，但都具备一定的价值属性，都具有一定的思想政治教育效益，助益党的教育价值目标的实现。改革开放以来更是发展出活动载体、管理载体、大众传媒载体等形式多样的载体。现如今还诞生了论坛、贴吧、微博、表情包、短视频等各种网络载体。思想政治教育载体的价值属性如果与思想政治教育价值目标相通约，则可以与思想政治教育内容互相配合、同向同行，支撑并推动思想政治教育价值目标的最优化实现。例如，"红色资源是我们党艰辛而辉煌奋斗历程的见证，是最宝贵的精神财富"[2]，天然带有红色基因和教育价值，

---

[1] 倪松根、孙其昂：《思想政治教育载体价值的逻辑意蕴及其实现》，《思想教育研究》2017年第8期。

[2] 《习近平在中共中央政治局第三十一次集体学习时强调：用好红色资源赓续红色血脉 努力创造无愧于历史和人民的新业绩》，《人民日报》2021年6月27日第1版。

通过红色载体开展实践教学可以丰富教学内容，增强教育的感染力与实效性。一些思政课教师利用革命纪念馆、红色革命旧址、革命历史纪念场所等众多看得见摸得着的物质实体进行体验式教学与红色研学，发挥革命旧址所承载的思想政治教育价值，以生动的、鲜活的、灵活的方式对大学生进行教育，使大学生的精神得到洗礼，强化了大学生的理想信念。如2021年中共中央政治局于北大红楼和丰泽园毛泽东故居进行第三十一次集体学习。又如，当今网络化生存之下，新媒体载体成为大学生获取信息的重要窗口，高校应积极探究新媒体的技术支撑、组织架构、传播方式与主流意识形态的通约之处，挖掘与激发新媒体载体的价值属性，使其服务高校意识形态工作，从而增强主流意识形态的传播效力。同时，针对当今的"95后"和"00后"大学生，需从他们的接受心理与接受环境出发，根据不同的教育内容和教育对象选择不同的载体形式进行分层、分众化教育，促使载体形式与思想政治教育内容相得益彰，提升大学生的"出勤率""抬头率"和"点头率"。

二 创新有效载体，增强时代感

思想政治工作的实践性要求思想政治教育载体的运用也应因时而进。新时代社会主要矛盾发生变化，人们社会交往需要更加多元，加之信息技术的发展诞生了许多新媒介，人们的社会交往形式也发生了革命性变革，呈现出个性化、交互化、网络化等交往形式。新时代要想提升大学生思想政治教育获得感，应根据新时代发展境遇创新有效载体，催生高频互动教育新载体、创设沉浸式场景载体，提升载体黏性，增强教育的时代性。

其一，催生高频互动的教育新载体。思想政治教育载体旨在架构起主客体交流沟通的渠道。换句话说，载体如若可以增强教育双方的互动频次，载体功能发挥也就越充分，大学生思想政治教育获得感也就越充分。新时代网络技术迅猛发展，网络新媒体层出不穷，大学生接触的网络新载体也多种多样。网络新媒体载体运用中存在一定程度的盲目性与碎片化倾向。大学生的用网习惯呈现出"垂直搜索"特征，算法推荐技术对大学生的用网痕迹进行"画像"，进而进行精准推送，久而久之容易造成"信息壁垒"，分化价值共识。鉴于大学生既是网络信息的消费者，也是生产者，新时代应着力开发一些黏度高、互动频次高的新媒体App，如"央视频"这样的视频播放App，其严格把关信息投放源，并且采用无广告的"去商业化"运营方式，提升用户的体验感；再如易班平台，创设了一个相对纯净的网络互动社区，可以定期上传文字、图片、音频、视频等教学素材与投放正能量教育内容，既辅助了教师教学，也能满足学生的社交需求，构建师生互动的良好氛围。新时代，大学生既是网络教育内容的"消费者"，也是内容的积极"生产者"，可通过大数据技术对学生的思想偏好和行为特征进行差异性刻画，进而对接大学生的分众化需求供应一些去商业化、高频互动的新载体，切实增强师生互动黏性。这种黏度一方面体现出载体对学生需求的满足程度，另一方面反映出教育者对大学生分众需求把握的针对性。通过催生一些高频互动的新载体，最大限度排除低效载体与"僵尸平台"的干扰，营造高效、纯净的网络教育氛围。

其二，创设沉浸式场景载体。以往传统的思想政治教育注重对教育各显在因素的关注，随着泛在网络连接技术的发展和5G时代的到来，场景应用不断凸显，其对思想政治教育也正发挥着越来越重要的作用。场景是人为建立的一种环境，具有主观性、建构性和价值性等特征。场景的两大显著特点是虚拟和在场，"通过虚拟场景系统、知觉管理系统和用户之间的多重信号传导"[①] 实现内容的景观式呈现，一方面可以满足学生显在教育需求，另一方面也可以挖掘学生潜在的需求，通过相应的价值输入，给学生营造一种沉浸在场感与代入感，引导大学生以"第一视角"来认知并体验思想政治教育内容。大学生在此过程中其主体性与主动性得到激发与调动，其可以自主寻找事实本原，自主建构价值意

---

① 喻国明、王佳鑫、马子越：《5G时代虚拟现实技术对传播与社会场景的全新构建——从场景效应、场景升维到场景的三维扩容》，《媒体融合新观察》2019年第5期。

义，丰富认知维度，相比传统文字与理论形式的教育，更容易对教育内容产生共情与共振。与此同时，更深的沉浸程度会指向更深的在场程度，更容易实现价值的传导。新时代通过开发VR（Virtual Reality）、AR（Augmented Reality）、MR（Mix Reality）等技术新载体、沉浸式学习App等应用至思想政治教育工作中，打破了思想政治教育的空间障碍与时间间距，将不同地理空间的学生连接到同一个空间场域中，使学生自在漫游于思想政治教育内容之中，产生感官沉浸、情感沉浸，并最终升华至价值沉浸。

三 整合多种载体，增强辐射力

新时代思想政治教育载体形式多样，不同载体有着不同的形式与作用。思想政治教育载体与内容之间并不具有一一对应性，有时同一内容可以选择不同的载体进行呈现，有时不同内容也可以选择相同的载体。不同的载体具有不同的作用力。要想最大限度发挥载体合力，需有效整合多种载体。思想政治教育者作为一种特殊的精神交往活动，要想最大限度激发思想政治教育解题效力，需加强顶层设计，促使各种载体优化组合、贯通发力。

其一，将传统载体与新兴载体相整合。随着互联网、云计算、大数据技术的发展，新的思想政治教育载体不断被构建，而新载体的功能在互联网技术的加持下凸显出很强的创新性，也打上了互联网思维的印记，如具有"大数据"意识、注重用户体验、强化网络教育平台建设等。新兴载体往往具有多样性、灵活性以及服务性等特点。然而，很多时候，"我们被动卷入时代变革的旋涡之中，对此茫然失措，并且这是由不得我们选择的"[1]。新时代要想提升大学生思想政治教育获得感，应强化互联网思维，将传统载体和新兴载体有机整合，促进彼此优势互补、互促共进，以期协同发挥育人功能。

---

[1] Sam Hinton, Larissa Hjnorth, *Understanding Social Media*, Los Angeles：SAGE Publication Inc.，2013，p. 32.

其二，将多种载体进行融合与整合。鉴于思想政治教育内容的丰富性与多样性、教育过程的复杂性等因素，新时代要想提升大学生思想政治教育获得感，需在借鉴思想政治工作传统优势之外，观照新时代境遇整合多元教育载体。既保留传统载体，又善用随新技术蓬勃发展而诞生的微博、微信、移动终端等现代载体；既保留书籍、报刊、广播、电视等纸质媒体，又善用互联网进行分众化传播；既保留课堂主渠道，又善用校园文化、后勤管理、志愿服务、社会调研等多种载体形式；既保留校园文化这一文化载体，又积极拓展与企业、社区的对接与交融，开发合适的文化载体；既保留辅导员和心理咨询辅导员的工作"责任田"，又善于通过引导师生互动、朋辈教育等开展思想政治教育；既依赖学校正式规章制度的制约与规范进行管理，又要善于通过非正式的自组织载体进行教育。同时，在思想政治教育过程中，要根据不同的教育情境及时调整载体形式或者在适当的时机穿插使用不同载体；在教育过程中运用调动多种载体时要注意载体的优化配置，促使载体效果超越"简单加和"进而推动教育的整体效应的提升。以此，使得思想政治教育的辐射力得以拓展。

第五节　着力净化育人环境以营造获得感的良好氛围

思想政治教育是处于一定环境中的耗散结构系统。环境既为思想政治教育的开展提供必要的物质基础，也对思想政治教育起着一定的导向、约束和渗透作用，具有"教育的条件"和"条件的教育"双重作用[1]。新时代要想提升大学生思想政治教育获得感，就应与社会主要矛盾的变化相呼应，改善思想政治教育的内外部环境。既需要改善现实环境，也

---

[1] 张耀灿等：《思想政治教育学前沿》，人民出版社2006年版，第127页。

需要改善虚拟环境;既需要改善宏观环境,也需要改善微观环境;既需要改善内部环境,也需要改善外部环境。通过优化文化环境,加强濡化习染;改善网络环境,加强舆论导向;营造制度环境,加强规范引导。以此,净化育人环境,营造获得感的良好氛围。

一 优化文化环境,加强濡化习染

思想政治教育是一种特殊的文化现象,受一定国家、民族和社会文化环境的影响。同时,其也表征为一种"文化场",对教育对象的精神世界起着浸润、濡化与建构作用。习近平指出,"育新人,就是要坚持立德树人、以文化人"[①]。新时代要想提升大学生思想政治教育获得感,应重视文化环境建设,宏观上坚守马克思主义理论的文化自觉、中观上发扬中国特色社会主义文化特质、微观上培育优良校风学风,使学生的思想在无形之中接受濡化习染。

其一,坚守马克思主义理论的文化自觉,坚持"思想政治教育的马克思主义立场"[②]。第一,坚守我国的主导意识形态使之不变色。思想政治教育具有阶级性,实质是为了维护与传播主导意识形态。培养大学生的主流意识形态认同既是高校思想政治教育的题中之义,也是评价大学生思想政治教育获得感的重要维度。"任何一种文化体系的性质,都由其内含的价值观决定、表征"[③],牢牢坚守我国的主导意识形态使之不变色,以马克思主义的立场、观点和方法透视社会现象,揭示社会发展规律;以马克思主义意识形态亮剑、驳斥错误思潮,提升高校思想政治教育的话语权。第二,弘扬社会主义核心价值观。将社会主义核心价值观通过微信小程序、短视频、移动 App 等形式进行形象化、生活化展示,推动其贯穿融入弥散至大学生日常生活,进而转化为学生的思想自觉与

---

① 《习近平在全国宣传思想工作会议上强调:举旗帜聚民心育新人兴文化展形象 更好完成新形势下宣传思想工作使命任务》,《人民日报》2018 年 8 月 23 日第 1 版。
② 白显良:《论思想政治教育的马克思主义立场》,《思想理论教育导刊》2012 年第 11 期。
③ 沈壮海:《论文化自信》,湖北人民出版社 2019 年版,第 92 页。

行为自觉，从而与社会发展同向同行，帮助大学生得到最大程度的社会支持，收获一种实在感、认同感、价值感与效能感。

其二，发扬中国特色社会主义文化特质，提升思想政治教育的文化品质。大学生的获得感在一定程度上源于大学生对思想政治教育文化品质的认可与悦纳，而要想提升大学生的获得感就应以中国特色社会主义文化提升思想政治教育的文化品质，谨防边缘文化的倒灌与异化。中国特色社会主义文化是中国人的共有精神家园，其中包含的中华文化立场、中华文化基因、中华审美风范都是通达中国人精神世界的精神密码。第一，坚守中华文化立场。思想政治教育应保持中华文化的主体性和民族性，彰显中华文化的独特之美和个性之美。继承与转化中华优秀传统文化，激活优秀传统文化在新时代语境下的生命力；弘扬与传承革命文化，通过传承红色基因，激发新时代的爱国奋斗精神；改革与创新社会主义先进文化，增强文化吸引力和感召力。第二，秉承中华文化基因。在教育过程中展示我国文化源远流长所一以贯之的积极因素，包括"讲仁爱、重民本、守诚信、崇正义、尚和合、求大同"[1] 等思想精华，阐发其思想意义和时代价值，为新时代治国理政和大学生价值体认提供有益启示。第三，发扬中华审美风范。借助特定意象展现中华民族追求理想人格、超越二元对立思维、讲求"中和"之美的审美性格，对实现和谐社会与构建人类命运共同体提供思想补益。

其三，培育优良校园文化，创设思想政治教育的文化氛围。校园文化是一种隐形的精神力量，无形之中熏陶着大学生的思想道德观念。习近平指出，"坚持不懈培育优良校风和学风"[2] "广泛开展文明校园创建"[3]，营造良好的文化氛围。第一，优化校园整体环境，包括建筑格局、校园景观、环境绿化等方面，为学生提供一个舒心、静心、安心的学习环境，使其产生心理愉悦感；第二，注重挖掘校本书化资源和精神，

---

[1] 《习近平谈治国理政》（第一卷），外文出版社2018年版，第164页。
[2] 《习近平谈治国理政》（第二卷），外文出版社2017年版，第377页。
[3] 《习近平谈治国理政》（第二卷），外文出版社2017年版，第378页。

将其转化为大学生思想政治教育的鲜活教材。如西迁精神是西安交通大学广大师生共有的精神财富。通过近距离接触西迁老教授、瞻仰西迁老教授雕塑、借助西迁博物馆进行参观学习等可以为大学生提供可触可感的学习素材，使大学生觉得教育内容很"亲切"容易靠近，提升思想政治教育认同感与获得感。第三，以正能量的校园文化氛围熏陶学生思想。通过校风校训建设、营造良好的学术氛围、构建和谐的师生关系、组织积极的校园文化活动等，塑造向上向善的校园文化氛围使学生浸润其中，提升思想政治教育的感染力，促进学生思想道德的发展和人格的升华。

二 改善网络环境，加强舆论导向

网络已然成为现代人的生活方式，其在给人们提供便利的同时，也存在一些负面影响。新时代要想提升大学生思想政治教育获得感，应着力改善网络虚拟环境，增强网络阵地建设。

其一，优化网络舆论环境。第一，加强正面舆论导向。网络空间治理关乎社会安全和人民群众切身利益。网络"去中心化"的技术特征致使传播格局发生重大变革，一反传统"一对一"的传播路径，呈现出多向度的、多点对多点的网状传播结构。同时，在这一传播范式下，信息赋权机制使得大学生不再只是教育的受众，而被赋予了对教育内容与信息进行识别、筛选、再生产和再传播的权利。同时，网络信息通过碎片化的内容、"抓人眼球"的感性传播手段快速、精准"抓住"学生的注意力，对于倾泻而来的信息，大学生容易从自身感性角度进行判断，有时就会存在背离社会价值取向的风险。这就需要主流媒体紧抓重要议题、热点话题、焦点难题等，在关键节点打响舆论宣传，发布权威、正面、主流信息来引导大学生的思想认知，通过深度解读与立体呈现，形成正面强势传播态势。第二，加强网络监管，涵育风清气朗的网络环境。一是加强网络信息监管，通过网络信息过滤技术、安全威胁识别技术、信息过滤软件等严密监控网络信息，从技术层面阻止有害信息的蔓延与扩展；完善信息审查制度，及时阻止威胁国家利益、妨碍公共秩序、有损个人身心健康的虚假信息、垃圾信息的传播与干扰。二是加强网络监管法律法规建设，通过颁布相关法律法规锚定网络行为的合法性边界，规约大学生的"拇指文化"行为。三是加强媒体自查，增强行业自律，严把信息关与信息源，积极与错误思潮作斗争，为主流意识形态的传播开辟出宽阔的通道，以正能量感染与鼓舞大学生。

其二，加强大学生网络思想政治教育建设。网络思想政治教育绝非"网络＋思想政治教育"的简单图式呈现，因为网络不仅仅是一个物理空间，其内在蕴含互联网思维、技术风险与意识形态属性，网络思想政治教育是网络场域与思想政治教育相耦合形成一种崭新的形态，其并不是在既有思想政治教育之中注入网络内涵或维度，而是具有范式转换的意蕴。网络自身的意识形态属性与技术风险正在深刻重构着网络思想政治教育的生态格局，致使其运行逻辑、内在特征、表达方式、叙事风格和传播机理等发生深刻变革。需在思想政治教育分析框架下兼思网络技术维度与思想政治教育内在理路进行综合审视考量。新时代要想提升大学生的获得感，需站稳作为"网络原住民"的大学生所经常活动的网络空间场域，结合大学生的生活实际设置教育议题，以鲜活的教育素材、通俗的话语表达、亲和的叙事方式赢得大学生的认同；培植一批"懂网"、善用网络的教师队伍和意见领袖开展日常思想政治教育，对大学生思想进行无形渗透与引导；注重平台建设，开发新媒体平台，充实平台的教育内容容量、创设教育场景、促进师生互动，增强教育内容的体验感与亲和力；推动网络技术更新，以富有时代感的手段和方式感召学生。

三　营造制度环境，加强规范引导

体制机制属于深层次架构性因素，影响并制约着高校思想政治教育工作的开展成效。制度是较为刚性的行为规范体系，通过一定的制度安排框定了行为主体活动的范围与边界，以他律的权威力保证了行为活动有章可循，并可及时纠偏错误行为。良好的制度环境有助于引导人们形成正向的"路径依赖",即"一个人的行为选择往往会有一定的惯性,当然,这种惯性不是凭空出现的,是历史地造成的。人们现在所作的选择往往会带有过去所作的选择的痕迹,而将来的选择也会受现在所作的选择的影响"[①]。新时代要想提升大学生思想政治教育获得感,既需要制度来托底保障,又需要其发挥规范引导作用。通过优化宏观政策环境、中观制度结构、微观制度安排,疏通体制机制的堵点和痛点,营造出良好的制度环境氛围,发挥制度的辖制力。

（一）优化思想政治教育的宏观政策环境

思想政治教育具有鲜明的意识形态属性,其有效开展离不开党和国家相应纲领、政策、原则和指导意见的支持。进入新时代以来,党和国家高度重视思想政治教育工作,思想政治教育逐渐延展为治国理政层面的一种全域性活动。以习近平同志为核心的党中央就思想政治教育工作发表了一系列的讲话、作出一系列的部署、颁布了一系列的规章制度,为大学生获得感的生成与积淀提供了政治上的方向指导和政策上的支持保障。新时代,应进一步优化大学生思想政治教育的宏观政策环境。坚持全面深化改革,为思想政治教育发展提供良好的物质支撑;紧扣时代发展脉搏,优化制度的顶层设计,力避制度滞后;优化社会利益格局,根据发展变化着的时代环境调整制度结构。

（二）优化思想政治教育的中观制度结构

思想政治教育的开展不能脱离高校其他配套制度的支持,而制度结构直接影响着制度运行状况与高校思想政治教育的功能发挥,进而影响着大学生的获得感。新时代优化思想政治教育的中观制度结构要做到以下三点：第一,理顺制度运行关系。纵向上看,高校思想政治教育要与上级行政部门搭建起和谐的关系;横向上看,与高校其他配套制度彼此协作、系统互动,创设和谐的校园制度环境。第二,优化制度运行系统。高校思想政治教育工作的开展是多项制度以一种结构化的状态互相耦合、

[①] [美]道格拉斯·C.诺思：《经济史中的结构与变迁》,陈郁、罗华平等译,上海三联书店、上海人民出版社1994年版,第1—2页。

互动的结果。高校应加强对制度的顶层设计，促使各项制度之间逻辑同向、内容互补、价值共进，且制度体系内部有机协调与沟通，实现"1+1>2"的运行效果。第三，畅通制度运行机制。高校各项制度建立之后，通过优化组织形式、配足人员编制、健全规范体系，确保"上有决策、下有执行"，畅通制度运行机制。

1. 改进考核评估机制。改进大学生思想政治教育获得感的考评机制，一方面对思想政治教育的既有成效进行监督与反馈，另一方面激励和改进思想政治教育工作。第一，评价维度立体化。除考量学生短期的知识掌握之外，还应将其情感体验、意志磨砺、价值判断、行为处世等内在因素纳入考核范围，立体呈现学生的获得状况。第二，评价主体多元化。大学生的获得感状况如何，除了学生自评之外，还应参照党和政府教育目标的落实状况、用人单位对学生素质的评价、教师对学生的评价以及第三方机构的评价等，通过多元主体尽量客观勾描学生的获得感状况。第三，评价方式多样化。除了通过期末卷面考试对学生进行量化数据评价之外，还要结合学生不同的专业背景进行差异化考核，如通过撰写读书笔记、创作短视频、小组讨论PPT汇报等形式，形成一定的价值判断，立体呈现学生的思想政治素质与思想政治教育成效。同时，新时代还可借助大数据、云计算、人工智能技术等加强对学生课内与课外、网上与网下学情的数据追踪与精准分析，增强考核评估的精度。第四，评价标准层次化。对大学生实施差异化评价，增强评价的针对性与客观性。将对学生的思想政治教育目标分为不同的层级，如重要的与一般的，短期、中期与长期的。将学生不同阶段的获得状况与整体教育目标进行对标、校正，促进学生获得感的梯度升级与教育效果的整体优化。第五，评价过程动态化。学生的成长与发展是一个连续的动态的过程，思想政治教育接受与内化也是一个动态发展过程，需以一种"弹性"的增值性评价考核学生成长状态。关注大学生综合素质的提升向度、幅度和变化倾向；将学生过去的学习情况和其对未来学习的方向、路径和策略展望贯通起来进行长波段的考核。

2. 完善保障体系建设。新时代高校思想政治教育正朝着更加制度化、规范化的方向发展，需要建立与之相配合的保障体系，为提升新时代大学生的获得感构筑坚实基础。其一，加强组织保障。高校党委在高校思想政治工作中发挥着提纲挈领的作用。"高校党委对学校工作实行全面领导……把方向、管大局、作决策、保落实。"[1] 新时代提升大学生思想政治教育获得感首先要发挥党委的政治核心作用。高校党委高度重视，统筹规划，调动各方，全盘考虑管理机制、运行机制、考评机制等的顶层设计。加强对教学、科研、管理、服务等各项工作与各个环节的领导；构建"党委统一领导下的院、系两级管理，党、政、工、团齐抓共管"[2]的组织保障格局，加强基层党建工作；锤炼精干、高素质的党政团干部、思政课教师、辅导员队伍、班主任等思想政治教育工作队伍；组织富有思想政治教育意义的班级活动、党团活动。其二，加强物质保障。大学生思想政治教育的有效开展离不开一定的物质支持。积极争取更多的国拨专项经费和地方财政拨款，加大思想政治教育专项资金投入；与企事业单位建立合作关系，吸引社会资金投入。规范资金审批流程，"好钢用在刀刃上"，提高资金使用效率。及时优化更新学校教育设施设备，如加强校园官网和官方微博公众号建设、更新数字化网络设备、优化网络课程资源平台建设等。其三，加强队伍保障。完善选拔机制，从学科专业背景、师德师风素养、业务能力等方面着力把好思政课教师"入口关"，配齐配优思政课教师队伍；完善培训进修机制，积极鼓励教师参加相关培训、攻读更高学历，不断提高思政工作者的专业化水平；优化思政课教师职称评定制度、提高薪资待遇，提升思政工作者的积极性，保持思政工作队伍的稳定性；改革校内奖惩机制、分配制度等，健全队伍激励机制，激发思政工作者的工作热情。

---

[1] 《习近平在全国高校思想政治工作会议上强调：把思想政治工作贯穿教育教学全过程 开创我国高等教育事业发展新局面》，《人民日报》2016年12月9日第1版。

[2] 符长喜、陈喜月：《理论自觉和理论自信视阈下的高校思想政治理论教育创新探析》，《贵州师范大学学报》（社会科学版）2017年第6期。

（三）优化思想政治教育的微观制度安排

对大学生进行教育理应是一个有机的系统结构，包含着科学规范的教育内容、教育过程、教育保障、教育评估以及教育管理等方方面面。通过细化相关制度，如教育内容标准化、教育过程程序化、教育评估轨制化和教育管理组织化等，推动制度的落地生根，保障思想政治教育沿着规范的轨道运行。新时代提升大学生思想政治教育获得感可从以下方面发力：匡正制度内容的价值本位，以人的需要作为逻辑起点，优化思想政治教育内容生产；规范教育过程的程序化，规范教育双方的权利与义务关系，合理规划与安排教育过程；完善教育评估机制，构建过程性评价与多元评价主体体系立体展示思想政治教育成效，通过科学反馈校正大学生思想政治教育的方向与效果。

第七章
结论与展望

本书立足新时代的宏观语境，以大学生思想政治教育获得感为论题，以获得感的提升为旨归，借助文献研究法、调查研究法和跨学科研究法，对新时代大学生思想政治教育获得感进行了理论层面的探索阐释，并从实证角度予以分析，力图剖析其存在的问题并针对性给予对策建议。为了清晰地呈现本书整体思路，现对书中的主要结论进行简要总结，提炼出本书可能的创新之处，并对未来的研究展望作出进一步的说明。

一 主要研究结论

本书以马克思主义人学理论、社会存在与社会意识的关系理论、思想政治教育要素理论以及习近平关于高校思想政治教育的重要论述为指导，从"获得感"概念入手，首先对大学生思想政治教育获得感进行"理论一般"的学理阐释，如其内涵实质、构成维度与基本特征；其次切入新时代这一特定研究论域，从生发语境、生成来源、生成过程以及生成规律四个方面探索了新时代大学生思想政治教育获得感的生成轨迹与逻辑进路；再次基于问卷调查与实证分析，剖析新时代大学生思想政治教育获得感的实然状况，甄别了影响大学生思想政治教育获得感的具体因素；最后根据影响因素提出相应的对策建议。本书主要得出以下结论：

第一，"获得感"作为一个本土概念，诞生于全面深化改革的特定时代背景，其首次亮相是置于党治国理政的宏大叙事框架，基于共享发展理念的宏观语境，折射出中国共产党"以人民为中心"的执政理念，是立足中国实践、观照中国现实，以本土概念和范畴来回应中国问题、阐释中国道路和中国精神的生动典范，具有鲜明的本土特色、时代气息和唯物史观意蕴。获得感因其坚定正确的价值立场、深刻的思想内涵、包容的理论品格、生动的话语表达方式成为党政文件、新闻报道、学术研究以及日常生活领域之中的高频热词，适用范围逐渐扩展，由一个抽象的政治理念向老百姓具体感性的日常生活延展。将获得感移植至思想政治教育领域，昭示出思想政治教育的研究视点和实践发力点聚焦至学生群体，彰显出"以学生为中心"的教育理念与价值追求。

第二，新时代大学生思想政治教育获得感有着自身的生成理路。首先，新时代思想政治教育形势变化、高校思想政治教育范式转换以及大学生思想政治教育论域变化三者共同构成了新时代大学生思想政治教育获得感命题的生发语境；其次，新时代大学生思想政治教育获得感具有经验整合、实践反思和逻辑推理三种生成来源；再次，新时代大学生思想政治教育获得感的生成历经"匹配适应—有效传输"的触发萌生阶段、"同化顺应—图式优化"的受益形成阶段和"评估反馈—调控强化"的迭代升华三个阶段；最后，新时代大学生思想政治教育获得感的生成遵循主客统一律、情理交融律、优势积累律和适应超越律四大规律。

第三，新时代大学生思想政治教育获得感存在一些亟待重视的困局。通过文献考察和问卷调查研究，大学生思想政治教育获得感不乏向好的一面，如获得需要强烈且个性多样、获得动因复杂且多维交织、获得渠道多元且交互联动以及获得心态积极且开放包容。同时，不容忽视的是部分大学生获得感欠佳，如获得感的全面性有待优化、获得感的发展性有待引导、获得感的高阶性有待升华、获得感的持久性有待延伸。而影响新时代大学生思想政治教育获得感的因素是多维的，包括教育者、教育对象、教育内容、教育载体和教育环境五大因素，这些因素需在对策设计中着重考虑并给予回应。

第四，提升新时代大学生思想政治教育获得感需着眼影响获得感的"五大因素"，并关照各因素之间的关联，从强化大学生时代新人担当、把脉教育者铸魂育人使命、优化教育内容供给、释放教育载体活力、着力净化育人环境五个维度入手，以催生获得感的内生动力、充盈获得感的供给源泉、夯实获得感的认同根基、整合获得感的传播渠道、营造获得感的良好氛围，进而从整体上提升新时代大学生思想政治教育获得感。

二 可能的创新之处

本书可能的创新之处体现在以下三个方面：

第一，从马克思主义哲学角度揭示"获得感"与"大学生思想政治教育获得感"的内涵实质。现有文献多从政治学、公共管理学或社会学的视角对"获得感"进行研究，且研究多处于宏观政策阐释层面，微观论述有所不足。对于"大学生思想政治教育获得感"的研究多局限于知识论和方法论范畴，对其"何以可能""如何生成""如何运行"等本体维度的探讨还不够深入，缺乏系统思辨。鉴于此，本书从获得感的语义着手，立足思想政治教育的特性，基于马克思主义哲学视角进行致思，从本体层面、认识层面、价值层面和方法层面四个维度全方位揭示大学生思想政治教育获得感的内涵实质。概言之，作为一个评价范畴，大学生思想政治教育获得感是对思想政治教育活动与大学生主体之间关系样态的表征，是大学生的实在感、认同感、超越感和效能感统合而成的系统感受，具有"物质性与精神性并存""过程性与结果性同在""趋同性与差异性俱在""现实性与发展性共进"的特征。具体而言，从本体层面看，是大学生"先在结构"优化发展的一种实在感；从认识层面看，是大学生实际获得与思想政治教育价值承诺之间契合产生的一种认同感；从价值层面看，是大学生接受思想政治教育之后精神境界得以提升的一种超越感；从方法层面看，是大学生在思想政治教育实践中产生的一种效能感。

第二，学理性厘清新时代大学生思想政治教育获得感的生成轨迹与逻辑进路。本书以大学生思想政治教育获得感为研究论题,以新时代为研究论域,可见,新时代既是获得感研究的时空论域,也是获得感生发的具体语境。语境作为一种客观存在,是社会存在的具体场所。新时代的社会存在发生巨大变化,作为社会意识范畴的思想政治教育随之发生域意转换。然而,当前关于新时代场域下大学生思想政治教育获得感研究的文献数量相对有限,且研究处于散点式、经验化的探索阶段。本书以历史唯物主义的科学精神和辩证唯物主义的实践理性为基点,从宏观—中观—微观"三维"探究新时代大学生思想政治教育获得感的生发语境;扭住"先在结构"优化发展的三种方式厘清新时代大学生思想政治教育获得感的生成来源;根据获得感生成所历经的准备阶段—确立阶段—迭代阶段三个阶段厘清新时代大学生思想政治教育获得感的生成过程;提炼出大学生思想政治教育获得感生成所遵循的主客统一律、情理交融律、优势积累律以及适应超越律四大规律。既体现了本书的论域之新,也深化了学理研究。

第三,尝试建构新时代大学生思想政治教育获得感的理论分析框架。本书在思想政治教育学科视域下,综合接受美学、哲学解释学、教育学等学科的理论工具,提出"问题—解答"式的理论研究模型。从问题导向出发,通过回应"何以生发""如何生成""何以影响""如何应对"等新时代大学生思想政治教育获得感的基本问题,初步建构起一个相对自洽的新时代大学生思想政治教育获得感的分析框架,系统论述了新时代大学生思想政治教育获得感的生成理路、实然状况、影响因素和提升策略,深化了对新时代大学生思想政治教育获得感的分析与认识。

三 研究展望

第一,在研究内容上:一是有待进一步细化、深化对"获得感"与"大学生思想政治教育获得感"本真内涵的研究。本书尝试从微观的、本体维度对大学生思想政治教育获得感进行研究,但总体还是将获得感作为一个"实心"的整体进行论述,接下来可以以不同标准将其划为不同维度、不同层次进行细化研究，增强研究的深度，更加立体、丰富地展示获得感与大学生思想政治教育获得感的本真内涵；二是有待进一步挖掘大学生思想政治教育获得感的新时代意蕴。本书虽在一定程度上探索了新时代大学生思想政治教育获得感生发境遇、生成来源、生成过程与生成规律，但对这一问题的研究还比较肤浅，后续研究可更加深入地探赜与揭示新时代大学生思想政治教育获得感的新特征，如其生成机理、表现形态等，使其更加"具体化"。

第二，在研究方法上：一是有待进一步扩大研究样本的区域性和代表性。本书选取全国18所不同层次院校的968名学生作为样本来源，调查所得出的结论可为我们进一步研究提供参考，但并不能完全代表全国所有高校以及大学生的实际情况。此外，新时代大学生思想政治教育获得感影响因素的考察大多采取了描述性统计法，对于各变量和因素之间的内在联系有待深入探究。未来的研究中可以考虑在更多城市内广泛收集样本，与本书研究结果进行对比、修正，得出更普遍性的结论。二是有待建立与完善大学生思想政治教育获得感的测评体系。现有研究多侧重从"大学生"视点出发去进行"自评"，对"他评"关注较少，且缺乏系统、明确的测评体系。如此，一方面存在"正向偏见"[①]之流弊，另一方面存在经验论倾向，导致评价的客观性有所不够。因而，后续的研究需树立"多维"评价理念，并尝试构建起一套较为科学合理的测评体系。本书虽尝试建构了调查大学生思想政治教育获得感的测评指标体系，但由于专业和能力的局限略显粗糙，下一步可结合心理学与社会学的相关研究方法，进一步完善指标体系内容并将其进行量表转化，使其具备更好的操作性。

第三，在研究结论上：有待进一步深化应对措施的推广和应用问题。本书基本上还是基于思想政治教育"因素说"的思路进行对策设计。提升大学生思想政治教育获得感的部分对策某种程度上也适用于提升大学

---

① 正向偏见：从心理学上看，人们普遍有把自己评价得比实际要高的倾向。

生思想政治教育亲和力、思想政治教育实效性等方面。毋庸置疑，这几方面确实具有一定的共性，但也使这些对策具有了笼统的局限性。未来研究中需要加强针对大学生思想政治教育获得感的个性化对策研究，并就其实践推广、检视反馈和调整优化予以重点关注，以更好提升新时代大学生思想政治教育获得感。

参考文献

一 经典著作

《马克思恩格斯全集》（第1卷），人民出版社1956年版。
《马克思恩格斯全集》（第2卷），人民出版社1957年版。
《马克思恩格斯全集》（第3卷），人民出版社1960年版。
《马克思恩格斯全集》（第40卷），人民出版社1982年版。
《马克思恩格斯全集》（第42、46卷），人民出版社1979年版。
《马克思恩格斯文集》（第1—4、10卷），人民出版社2009年版。
《马克思恩格斯选集》（第1—4卷），人民出版社2012年版。
《列宁选集》（第1、4卷），人民出版社2012年版。
《列宁全集》（第14、55卷），人民出版社2017年版。
《列宁全集》（第36卷），人民出版社1959年版。
《列宁全集》（第39卷），人民出版社2017年版。
《毛泽东选集》（第1—3卷），人民出版社1991年版。
《毛泽东文集》（第1卷），人民出版社1993年版。
《毛泽东文集》（第7、8卷），人民出版社2009年版。
《毛泽东新闻工作文选》，新华出版社1983年版。
《邓小平文选》（第2卷），人民出版社1994年版。
《习近平谈治国理政》（第一卷），外文出版社2018年版。
《习近平谈治国理政》（第二卷），外文出版社2017年版。
《习近平谈治国理政》（第三卷），外文出版社2020年版。

习近平：《决胜全面建成小康社会 夺取新时代中国特色社会主义伟大胜利——在中国共产党第十九次全国代表大会上的报告》，人民出版社2017年版。

习近平：《在网络安全和信息化工作座谈会上的讲话》，人民出版社2016年版。

习近平：《在全国党校工作会议上的讲话》，人民出版社2016年版。

中共中央党校（国家行政学院）：《习近平新时代中国特色社会主义思想基本问题》，人民出版社、中共中央党校出版社2020年版。

新华通讯社课题组：《习近平新闻舆论思想要论》，新华出版社2017年版。

《中共中央关于坚持和完善中国特色社会主义制度 推进国家治理体系和治理能力现代化若干重大问题的决定》，人民出版社2019年版。

中共中央文献研究室编：《习近平关于协调推进"四个全面"战略布局论述摘编》，中央文献出版社2015年版。

中共中央宣传部：《习近平新时代中国特色社会主义思想三十讲》，学习出版社2018年版。

二　中文著作

北京大学哲学系外国哲学史教研室编译：《古希腊罗马哲学》，商务印书馆1982年版。

陈尚志主编：《人的自由全面发展论》，中国人民大学出版社2004年版。

陈万柏、张耀灿主编：《思想政治教育学原理》（第二版），高等教育出版社2007年版。

成伯清：《格奥尔格·齐美尔：现代性的诊断》，杭州大学出版社1999年版。

邓福庆：《和谐文化建设视野中的思想政治教育研究》，人民出版社2014年版。

郭湛：《主体性哲学：人的存在及其意义》，云南人民出版社2002年版。

何卫平：《通向解释学辩证法之途》，上海三联书店 2001 年版。
教育部思想政治工作司组编：《思想政治教育原理与方法》，高等教育出版社 2010 年版。
李德顺：《价值论》（第 2 版），中国人民大学出版社 2007 年版。
梁建新：《穿越意识形态终结的幻象：西方意识形态终结论思潮评析》，中国社会科学出版社 2008 年版。
刘英杰：《作为意识形态的科学技术》，商务印书馆 2011 年版。
罗国杰主编：《伦理学》，人民出版社 1989 年版。
沈壮海：《论文化自信》，湖北人民出版社 2019 年版。
沈壮海：《思想政治教育有效性研究》（第三版），武汉大学出版社 2016 年版。
隋宁：《思想政治教育先在结构研究》，人民出版社 2015 年版。
孙其昂、黄世虎主编：《思想政治教育学基本原理》（第四版），河海大学出版社 2015 年版。
孙正聿：《超越意识》，吉林教育出版社 2001 年版。
王凤志：《思想政治教育美学方法论》，浙江大学出版社 2017 年版。
王建华：《思想政治教育的理论与实践》，中央文献出版社 2001 年版。
项久雨：《思想政治教育价值论》，中国社会科学出版社 2003 年版。
徐向东：《理由与道德》，北京大学出版社 2019 年版。
燕连福：《大学生思想政治教育范式转换研究》，光明日报出版社 2013 年版。
杨远婴主编：《电影理论读本》（修订版），北京联合出版公司 2017 年版。
张耀灿等：《思想政治教育学前沿》，人民出版社 2006 年版。
张耀灿、郑永廷、吴潜涛、骆郁廷等：《现代思想政治教育学》，人民出版社 2006 年版。
《思想政治教育学原理》编写组：《思想政治教育学原理》（第二版），高等教育出版社 2018 年版。
中国社会科学院语言研究所词典编辑室编：《现代汉语词典》（第 6 版），

商务印书馆 2012 年版。

三　外文译著

［德］H. R. 姚斯、［美］R. C. 霍拉勃：《接受美学与接受理论》，周宁、金元浦译，辽宁人民出版社 1987 年版。

［德］黑格尔：《精神现象学》（上卷），贺麟、王玖兴译，商务印书馆 1979 年版。

［德］康德：《康德著作全集》（第 4 卷），李秋零主编，中国人民大学出版社 2005 年版。

［德］乌尔里希·贝克：《风险社会》，何博闻译，译林出版社 2003 年版。

［德］西美尔：《货币哲学》，陈戎女等译，华夏出版社 2002 年版。

［法］法布里·帕陶特（Fabrice Pataut）：《实在论，可判定性和过去》，张清宇译，华夏出版社 2001 年版。

［美］道格拉斯·C. 诺思：《经济史中的结构与变迁》，陈郁、罗华平等译，上海三联书店、上海人民出版社 1994 年版。

［瑞士］让·皮亚杰：《智力心理学》，商务印书馆 2015 年版。

四　中文期刊

白显良、崔建西：《中国特色社会主义新时代的特征论析——兼论中国社会主要矛盾的转化》，《重庆大学学报》（社会科学版）2018 年第 4 期。

白显良：《论思想政治教育的马克思主义立场》，《思想理论教育导刊》2012 年第 11 期。

白显良：《论隐性思想政治教育的受教特性》，《学校党建与思想教育》2013 年第 22 期。

曹剑波：《论伽达默尔的先见学说》，《唐山学院学报》2004 年第 3 期。

曹现强、李烁：《获得感的时代内涵与国外经验借鉴》，《人民论坛·学术前沿》2017 年第 2 期。

查朱和、陈娟：《"中国特色社会主义进入了新时代"的几个理论问题探讨》，《学校党建与思想教育》2018年第3期。

常改香：《构建中国特色哲学社会科学话语体系的思考》，《湖南社会科学》2019年第1期。

常开霞、李挺挺：《需求侧视域下思想政治教育获得感及其提升》，《中北大学学报》（社会科学版）2020年第5期。

陈秉公：《论社会主义核心价值观"高势位"培育和践行的规律性》，《思想理论教育》2014年第2期。

陈红娟：《中国特色社会主义进入新时代的历史逻辑与价值意蕴》，《思想理论教育》2018年第1期。

陈金龙：《中共建党纪念活动的情感意蕴》，《中山大学学报》（社会科学版）2021年第4期。

陈来：《诠释学中的"前见"——以〈真理与方法〉为中心的分析》，《文史哲》2021年第3期。

陈念、金林南：《思想政治教育在公共空间中的出场思考》，《思想理论教育》2021年第2期。

陈曙光：《中国时代与中国话语》，《马克思主义研究》2017年第10期。

陈扬勇：《深刻领会中国特色社会主义进入新时代的重大政治论断》，《党的文献》2018年第1期。

程仕波：《论大学生思想政治教育获得感的三种样态》，《思想教育研究》2020年第10期。

程仕波、熊建生：《论思想政治教育获得感》，《思想教育研究》2017年第7期。

邓纯东：《新时代中国特色社会主义的若干问题》，《马克思主义研究》2017年第12期。

丁远坤：《建构主义的教学理论及其启示》，《高教论坛》2003年第3期。

杜萍、田慧生：《论教学智慧的内涵、特征与生成要素》，《教育研究》

2007 年第 6 期。

冯刚：《改革开放以来高校思想政治教育质量评价的回顾与思考》，《教学与研究》2018 年第 3 期。

冯刚：《激发思想政治理论课改革创新的深层力量》，《学术论坛》2020 年第 2 期。

付安玲：《大数据时代思想政治教育"获得感"的人学意蕴》，《思想教育研究》2018 年第 2 期。

高松：《论中国特色社会主义进入新时代的五重维度》，《社会主义研究》2018 年第 3 期。

韩庆祥、陈曙光：《中国特色社会主义新时代的理论阐释》，《中国社会科学》2018 年第 1 期。

郝清杰：《中国特色社会主义进入新时代的多维辨析》，《思想教育研究》2018 年第 1 期。

何旭娟、张星星：《基于耗散结构理论的思想政治教育获得感研究》，《当代教育论坛》2020 年第 6 期。

黄冬霞、吴满意：《思想政治教育获得感：内涵、构成和形成机理》，《思想教育研究》2017 年第 6 期。

黄金辉、王驰：《理解新时代中国特色社会主义历史方位的三个基本维度》，《理论视野》2019 年第 12 期。

黄蓉生、丁玉峰：《中国特色社会主义进入新时代重大判断的四维理解》，《学习与实践》2017 年第 12 期。

金民卿：《理解中国特色社会主义新时代重大意义的三个维度》，《青海社会科学》2017 年第 6 期。

匡宁、王习胜：《思想政治教育基本矛盾与主要矛盾的差异和关联》，《思想理论教育》2019 年第 8 期。

李合亮：《"获得感"视阈下高校思想政治教育实效性建设》，《教学与研究》2021 年第 7 期。

李合亮：《要深化对思想政治获得感的认识》，《思想理论教育》2021 年第 2 期。

李合亮、张旭：《思想政治教育获得感内涵的全面性认识》，《思想理论教育导刊》2020 年第 8 期。

李辉：《新时代与思想政治教育新定位》，《马克思主义理论学科研究》2018 年第 4 期。

林伯海：《中国特色社会主义新时代的基本特征》，《邓小平研究》2018 年第 1 期。

刘贵芹、本刊记者：《深入贯彻落实全国高校思想政治工作会议精神 切实增强大学生对思政课的获得感——访教育部社会科学司司长刘贵芹》，《思想理论教育导刊》2017 年第 5 期。

刘建军：《试论新时代思想政治教育的精神气质》，《文化软实力》2017 年第 4 期。

刘经纬、郝佳婧：《高校思想政治教育获得感生成探赜》，《思想教育研究》2018 年第 4 期。

刘梅敬：《新时代思想政治教育获得感的生成逻辑》，《社会科学战线》2019 年第 7 期。

刘力红：《马克思主义生命观视阈下新时代思想政治教育意蕴探微》，《思想教育研究》2019 年第 8 期。

刘书林：《论思想政治教育的本质——坚守"灌输论"的缘由》，《思想理论教育导刊》2012 年第 10 期。

鲁晴、张秋辉：《大学生思政课获得感刍议》，《辽宁工业大学学报》（社会科学版）2019 年第 6 期。

骆郁廷、余晚霞：《科学家精神融入思想政治教育刍议》，《思想理论教育》2021 年第 1 期。

梅荣政：《中国特色社会主义进入了新时代》，《思想理论教育导刊》2017 年第 11 期。

倪邦文：《新时代青年马克思主义者培养研究》，《中国青年研究》2018 年第 12 期。

倪松根、孙其昂：《思想政治教育载体价值的逻辑意蕴及其实现》，《思想教育研究》2017年第8期。

宁文英、吴满意：《思想政治教育获得感：概念、生成与结构分析》，《思想教育研究》2018年第9期。

潘建红、杨利利：《习近平"人民获得感思想"的逻辑与实践指向》，《学习与实践》2018年第2期。

齐卫平：《论党治国理政能力与公众获得感的内在统一》，《人民论坛·学术前沿》2017年第2期。

钱学森：《关于新技术革命的若干基本认识问题》，《计划经济研究》（现名《宏观经济研究》）1984年第24期。

秦宣：《思想政治理论课教师应树立坚定的政治信仰》，《思想理论教育导刊》2019年第5期。

邵雅利：《共享发展增强人民获得感》，《人民论坛》2018年第3期。

沈湘平、王怀秀：《试论人类命运共同体的底线价值》，《理论探索》2020年第5期。

沈壮海：《讲出思想政治理论课应有的精彩》，《求是》2019年第16期。

沈壮海：《思想政治教育学科的新自觉与新未来》，《马克思主义理论学科研究》2015年第1期。

盛春、李晓庆：《大学生精神成长视域下思想政治工作的现实反思与实践优化》，《思想理论教育》2020年第11期。

石文卓：《高校思想政治理论课获得感的影响因素分析》，《思想理论教育导刊》2019年第8期。

孙丽芳、何祥林：《思想政治教育话语"意义危机"探究》，《社会主义研究》2015年第6期。

孙明增：《中国特色社会主义进入新时代的历史意义与时代价值》，《红旗文稿》2018年第6期。

唐钧：《在参与与共享中让人民有更多获得感》，《人民论坛·学术前沿》2017年第2期。

唐小林：《布洛说反了：论审美距离的符号学原理》，《中国人民大学学报》2015年第1期。

田克勤：《中国特色社会主义新时代内涵的多维思考》，《马克思主义理论学科研究》2018年第2期。

田霞、范梦：《新媒体环境下大学生社会主义核心价值观教育影响因素及对策研究》，《思想理论教育导刊》2016年第12期。

田旭明：《"让人民群众有更多获得感"的理论意涵与现实意蕴》，《马克思主义研究》2018年第4期。

汪康：《大学生思想政治教育获得感探析》，《河北工业大学学报》（社会科学版）2019年第1期。

王娟：《思想政治教育沟通的人学特质》，《思想政治教育研究》2006年第4期。

王立峰、潘博：《政治系统论视角下新时代党内政治生态建设研究》，《学习与探索》2019年第2期。

王润芳：《新时代：中国特色社会主义事业的历史新坐标——浅析中国特色社会主义新时代的新内涵、新意义和新使命》，《中共珠海市委党校珠海市行政学院学报》2017年第6期。

王淑芹、李文博：《"思想政治教育"概念的廓清与释义》，《思想理论教育导刊》2018年第8期。

王伟光：《当代中国马克思主义的最新理论成果——习近平新时代中国特色社会主义思想学习体会》，《中国社会科学》2017年第12期。

王习胜：《"思想咨商"助力提升思想政治教育"获得感"》，《教学与研究》2018年第1期。

王秀阁：《论思想政治教育研究取向的问题——马克思主义实践观视角》，《马克思主义研究》2019年第5期。

王学俭、许斯诺：《"理直气壮开好思政课"的战略意义、力量来源、基本要求和实践举措》，《新疆师范大学学报》（哲学社会科学版）2019年第4期。

王易、茹奕蓓：《论思想政治教育获得感及其提升》，《思想理论教育导刊》2019 年第 3 期。

王易、岳凤兰：《建设符合新时代要求的高素质思想政治理论课教师队伍》，《思想理论教育》2020 年第 5 期。

翁列恩、陶铸钧：《地方政府公信力影响因素研究》，《理论探讨》2019 年第 3 期。

伍廉松：《论社会主义核心价值观对大学生精神生活的引领》，《思想政治教育研究》2020 年第 2 期。

伍麟、刘天元：《社会心理服务体系建设的现实困境与推进路径》，《中州学刊》2019 年第 7 期。

项久雨：《论主体性思想政治教育的四个维度》，《江汉论坛》2015 年第 9 期。

项久雨、张畅：《用"温度"提升高校思想政治教育质量》，《思想理论教育》2018 年第 8 期。

谢林霞：《论姚斯的"期待视野"理论》，《内蒙古农业大学学报》（社会科学版）2008 年第 4 期。

谢首军、陈庆庆：《建设思想政治理论课"金课"的标准与类型》，《中国大学教学》2019 年第 2 期。

邢盈盈：《论新时代高校思想政治教育的供需矛盾》，《扬州大学学报》（高教研究版）2019 年第 4 期。

邢占军、牛千：《获得感：供需视阈下共享发展的新标杆》，《理论学刊》2017 年第 5 期。

熊建生、程仕波：《试论习近平关于人民获得感的思想》，《马克思主义研究》2018 年第 8 期。

阎国华：《高校思想政治理论课获得感的内在要素与形成机制》，《思想理论教育》2018 年第 1 期。

颜晓峰：《人民日益增长的美好精神生活需要对思想政治教育提出的新课题》，《思想教育研究》2018 年第 3 期。

杨金龙、张士海：《中国人民获得感的综合社会调查数据的分析》，《马克思主义研究》2019年第3期。

杨威：《思想政治教育发生论初探》，《思想理论教育》2006年第5期。

杨晓慧：《高等教育"三全育人"：理论意蕴、现实难题与实践路径》，《中国高等教育》2018年第18期。

杨宜音：《个体与宏观社会的心理关系：社会心态概念的界定》，《社会学研究》2006年第4期。

姚元军：《中国特色社会主义新时代的意义、内涵及主要任务——基于马克思主义时代观的解读》，《中共四川省委党校学报》2018年第1期。

叶方兴：《从"悬浮"走向"融合"——论现代性语境下思想政治教育与日常生活的关系》，《探索》2019年第6期。

叶方兴：《论思想政治教育在国家治理现代化中的角色定位》，《思想理论教育》2021年第2期。

余斌：《试论思想政治教育的目的、本质、原则和方法》，《中国高等教育》2011年第7期。

喻国明、王佳鑫、马子越：《5G时代虚拟现实技术对传播与社会场景的全新构建——从场景效应、场景升维到场景的三维扩容》，《媒体融合新观察》2019年第5期。

袁银传、郭亚斐：《试论当代中国价值共识的凝聚机制》，《思想理论教育导刊》2018年第7期。

张桂敏、吴湘玲：《文化堕距理论视角下农民工市民化"困境"与"出路"的分析》，《云南社会科学》2018年第3期。

张品：《"获得感"的理论内涵及当代价值》，《河南理工大学学报》（社会科学版）2016年第4期。

张学亮：《论大学生思想政治理论课获得感的逻辑生成》，《思想理论教育》2017年第7期。

张艳涛、吴美川：《"百年未有之大变局"之哲学分析》，《吉首大学学报》（社会科学版）2020年第1期。

张业振:《论思想政治教育获得感的内涵、逻辑及其实现》,《思想政治教育研究》2018年第6期。

张一:《大学生思想政治理论课获得感的制约因素及提升策略》,《思想理论教育导刊》2018年第12期。

张毅翔:《新时代思想政治教育的新使命和新要求》,《思想教育研究》2017年第11期。

赵静:《大学生思想政治教育获得感的内涵与结构》,《思想理论教育》2020年第3期。

赵丽涛:《复杂性视域下思想政治教育的认同问题及其出路》,《思想教育研究》2018年第6期。

郑敬斌、王立仁:《论思想政治教育内容体系的系统构建》,《东北师大学报》(哲学社会科学版)2012年第2期。

郑永廷:《论思想政治教育的内涵、外延与规范》,《教学与研究》2014年第11期。

周志荣:《形式:亚里士多德〈形而上学〉中一个奇特的概念》,《北方论丛》2009年第5期。

朱宏强:《大学生思想政治教育获得感的时代蕴涵》,《学校党建与思想教育》2020年第21期。

五 英文文献

Coelho Márcia, Menezes Isabel, "University Social Responsibility, Service Learning, and Students' Personal, Professional, and Civic Education", *Frontiers in Psychology*, Vol. 12, 2021.

D. Mochon, M. I. Norton & D. Ariely, "Getting Off the Hedonic Treadmill, One Step at a Time: The Impact of Regular Religious Practice and Exercise on Well-being", *Journal of Economic Psy-chology*, Vol. 29, No. 5, 2008, pp. 632–642.

Donbavand Steven, Hoskins Bryony, "Citizenship Education for Political Engagement: A Systematic Review of Controlled Trials", *Social Sciences*, Vol. 10, Issue 5, 2021, p. 151.

E. M. Suh, E. Diener & J. A. Updegraff, "From Culture to Priming Conditions: Self-construal Influences on Life Satisfaction Judgments", *Journal of Cross-Cultural Psychology*, Vol. 39, No. 1, 2008, pp. 3 – 15.

M. A. Busseri, S. W. Sadava, "A Review of the Tripartite Structure of Subjective Well-being: Implications for Conceptualization, Operationalization, Analysis, and Synthesis", *Personality and Social Psychology*, Vol. 15, No. 3, 2011, pp. 290 – 314.

Sam Hinton, Larissa Hjnorth, *Understanding Social Media*, Los Angeles: SAGE Publication Inc., 2013, p. 32.

附录 A
新时代大学生思想政治教育获得感访谈提纲

◆学校名称（　　　）大学生访谈提纲

1. 基本信息

姓　名：_____　　　性　别：_____

年　级：_____　　　专　业：_____

访谈者：_____　　　记录者：_____

时　间：_____　　　地　点：_____

2. 访谈提纲

（1）您觉得您当前的思想政治教育获得感状况如何？

（2）您觉得您在哪些方面有思想政治教育获得感？

（3）有了一定的思想政治教育获得感之后，您觉得自己有哪些变化？

（4）高校思想政治教育是否符合并满足您的期待？您认为当前思想政治教育还存在哪些问题？

（5）您认为哪些因素会影响您的思想政治教育获得感？（从自身、学校以及社会等方面谈一谈）

（6）在您看来，高校通过哪些举措可以提升大学生思想政治教育获得感？

◆学校名称（　　　）思想政治理论课教师访谈提纲

1. 基本信息

姓　名：_____　　　性　别：_____

入职时间：＿＿＿＿＿＿　　授课年级：＿＿＿＿＿＿

授课名称：＿＿＿＿＿＿　　访谈者：＿＿＿＿＿＿

记录者：＿＿＿＿＿＿　　　时　间：＿＿＿＿＿＿

地　点：＿＿＿＿＿＿

2. 访谈提纲

（1）在您看来，当前大学生思想政治教育获得感状况如何？

（2）请您简要介绍下当前"00后"大学生有什么明显的代际特征？他们对思想政治教育的接受态度如何？在教育过程中您是如何调动学生的积极性的？

（3）您在育人过程中，比较重视培养学生哪些方面的能力与素养？

（4）您是否会将社会上一些热点话题引入课堂教学？您是否会及时回应学生的思想关切？您通常会采取哪些措施来提升大学生思想政治教育获得感？

（5）如果对科研与教学进行排序，您将如何选择？您对教学的投入度如何？您属于何种教学风格？您的教学形式多样吗？

（6）您对新媒体技术手段的运用程度如何？您是否善于运用新媒体技术开展教育教学工作？

◆学校名称（　　　）辅导员访谈提纲

1. 基本信息

姓　名：＿＿＿＿＿＿　　性　别：＿＿＿＿＿＿

入职时间：＿＿＿＿＿＿　　所带年级：＿＿＿＿＿＿

所带专业：＿＿＿＿＿＿　　访谈者：＿＿＿＿＿＿

记录者：＿＿＿＿＿＿　　　时　间：＿＿＿＿＿＿

地　点：＿＿＿＿＿＿

2. 访谈提纲

（1）如果用一句话或一个词来形容您目前的工作，您会怎么描述呢？

（2）您认为要想胜任您当前的工作岗位需具备哪些必备的知识、技能与个性品格？

（3）您以及所在学校是否注重辅导员品牌建设？您通常通过哪些方式对学生进行思想政治教育？请您简要介绍一下。

（4）据您观察，当前大学生思想政治教育获得感状况如何？您认为哪些因素会影响大学生思想政治教育获得感？

（5）您在日常工作中，是否会主动与班主任、思政课教师以及专业课教师进行沟通互动以了解所带学生的思想状况？你们之间是否建立起常态化联动机制？请您简要介绍一下。

◆学校名称（　　　）管理人员访谈提纲

1. 基本信息

姓　名：＿＿＿＿＿＿　　　性　别：＿＿＿＿＿＿

职　务：＿＿＿＿＿＿　　　岗　位：＿＿＿＿＿＿

访谈者：＿＿＿＿＿＿　　　记录者：＿＿＿＿＿＿

时　间：＿＿＿＿＿＿　　　地　点：＿＿＿＿＿＿

2. 访谈提纲

（1）您是否经常会对学生进行管理教育？

（2）您认为贵校现行的学生日常管理制度是否符合大学生的个性发展与实际需求？

（3）您所在部门具有哪些育人功能？育人功能的发挥状况如何？

（4）您所在部门通常通过哪些方式对大学生进行思想政治教育？（请从相关规章制度、体制机制、政策举措等方面进行简要介绍）

（5）您认为当前大学生思想政治教育获得感状况如何？哪些因素会影响大学生思想政治教育获得感？

（6）在日常工作中，您（以及所在部门）是否会主动与其他相关部门沟通联动以提升大学生思想政治教育获得感？

（7）您所在部门是否开通微博、微信等新媒体平台，这些平台是否会对大学生进行思想政治教育？成效如何？

附录 B
新时代大学生思想政治教育获得感调查问卷

亲爱的同学：

您好！非常感谢您能参加本次调查活动！

为了客观、准确地了解新时代大学生思想政治教育获得感的实际状况，我们特进行此问卷调查。本问卷采用无记名形式，收集的数据仅用于统计分析，不涉及您和家人的隐私，请各位同学根据实际情况填写。请在备选答案上画"√"，如果是"_____"，请填写，如果没有特殊要求，请单选。非常感谢您的支持与参与，祝您学业顺利！

注：题目中未特殊注明的，均为单选。

第一部分：个人基本情况

1. 您的性别是____。

A. 男　　　　　　　　　　　　B. 女

2. 您的政治面貌是____。

A. 中共党员（含预备党员）　　B. 共青团员

C. 群众　　　　　　　　　　　D. 民主党派

3. 您的学科类型是____。

A. 文史哲类　　　　　　　　　B. 理工类

C. 经济管理类　　　　　　　　D. 艺术体育类

4. 您所在学校属于____。

A. 985/211 院校　　　　　　　B. 省属本科院校

C. 民办院校　　　　　　　　D. 高职高专

5. 您的信仰情况是____。

A. 宗教　　　　　　　　　　B. 马克思主义

C. 自由主义　　　　　　　　D. 享乐主义

E. 其他

第二部分：关于新时代大学生思想政治教育获得感状况的调查

6. 您是否了解并能区分"思想政治教育获得感""思想政治理论课获得感""思想政治教育有效性"这三个概念？

A. 不知道、不了解，区分不出来　　B. 听说过但不了解

C. 心里清楚但说不出来　　　　　　D. 知道大概但不能完整表述

E. 知道并能说出各自的含义

7. 在接受高校思想政治教育后，您的获得感如何？

A. 很强　　　　　　　　　　B. 比较强

C. 一般　　　　　　　　　　D. 不太强

E. 不强

8. 您对思想政治理论课的态度是什么？

A. 对大学生成长成才具有重要意义

B. 是必修课，自己也比较感兴趣

C. 是必修课，然而自己并没太大兴趣

D. 无聊，可有可无

E. 没有必要，浪费时间

9. 您对于思想政治理论课上的理论知识的掌握程度如何？

A. 完全掌握　　　　　　　　B. 较好掌握

C. 掌握一般　　　　　　　　D. 较少掌握

E. 没有掌握

10. 您认为学习思想政治理论课对自己有什么帮助？【可多选】

A. 有助于提升个人素养与理论水平

B. 必要的意识形态教育，有助于增强政治认同

C. 好的思想政治素质可以帮助自己以后找到好工作

D. 指导社会实践

E. 没什么帮助，只是为了完成学分要求

F. 其他_____（请注明）

11. 您的思政课老师在上课过程中会涉及以下哪些方面的知识？【可多选】

A. 重大理论与现实问题分析

B. 关于道德培养、品质塑造、人格养成等方面

C. 社会热点、难点、焦点问题分析

D. 关于交友、生活、人生规划等自身实际问题

E. 其他_____（请注明）

12. 通过思想政治理论课，您在以下哪些方面有获得感？【可多选】

A. 思想水平方面　　　　　　B. 政治觉悟方面

C. 道德素质方面　　　　　　D. 文化素养方面

13. 通过思想政治理论课以及高校日常思想政治教育，您在以下哪些方面有获得感？【可多选】

A. 理论知识层面　　　　　　B. 个人情感层面

C. 观念价值层面　　　　　　D. 综合能力层面

E. 行为遵从层面　　　　　　F. 思想境界方面

14. 以下情形会使您产生多大程度的思想政治教育获得感？请勾选符合您情况的选项。【可多选】

	很强	比较强	一般	不太强	不强
A. 在思想政治理论课上取得的学分绩点					
B. 参与党团活动获得的奖励与证书					
C. 科学的思维方式与能力的习得					
D. 塑造积极的理想信念					
E. 意志得到磨炼，日常生活中能够迎难而上					
F. 思想境界得到升华					

续表

	很强	比较强	一般	不太强	不强
G. 未来可以找个好工作					
H. 学到的知识有助于考研考公务员					
I. 收获终身受用的价值					
J. 所学知识以后可以为社会发展做贡献					
K. 教育过程中体会到自己被尊重					
L. 成长需求得到满足					
M. 其他_____（请注明）					

15. 您是否认同"高校思想政治教育对我塑造科学的世界观、人生观和价值观起到积极作用"？

  A. 非常认同   B. 比较认同   C. 一般

  D. 不太认同   E. 不认同

16. 您通过以下哪些途径接收思想政治教育内容并有所获得感？【可多选】

  A. 思想政治理论课   B. 书籍报刊   C. 广播影视

  D. 网络新媒体   E. 社会实践活动

  F. 学术会议与学术讲座   G. 朋辈群体

  H. 其他_____（请注明）

17. 在日常学习和生活中，您是否会自觉运用思想政治理论课所学方法解决实际问题？

  A. 不会   B. 不太会   C. 一般

  D. 有时会   E. 会

18. 当现实生活中听到或者网络上浏览到攻击、抹黑我国社会主义制度的言论时，您会怎么做？

  A. 评论反驳   B. 喝止举报   C. 不予置评

  D. 火上浇油   E. 人云亦云   F. 不知所措

19. 您对习近平新时代中国特色社会主义思想的了解情况如何？

A. 非常清楚　　　　B. 比较清楚　　　　C. 一般

D. 不很清楚　　　　E. 不清楚

20. 中国特色社会主义进入新时代，您最直观的感受是什么？

A. 备受鼓舞，对国家发展充满信心

B. 国际形势复杂变化，对未来的不确定性深感担忧

C. 绘就中国特色社会主义发展的新蓝图，中国特色社会主义制度优势越来越彰显

D. 具有划时空的里程碑意义，体现了科学社会主义的蓬勃生机

E. 这只是一个时空定位，没有实际意义

F. 不关心，也没有太多的感受

G. 其他_____（请注明）

21. 通过"全国大学生同上一堂疫情防控思政大课"您有什么体会？

A. 感受到了中国特色社会主义制度的优越性

B. 疫情防控是一场伟大的人民战争

C. 青年一代是大有可为的一代，勇担时代使命

D. 深化了我对思政课堂上老师教授的知识与理论的理解

E. 秉持人类命运共同体理念，为全球疫情防控贡献中国智慧

F. 其他_____（请注明）

第三部分：关于新时代大学生思想政治教育获得感影响因素的调查

22. 您接受思想政治教育的主要动力是什么？【可多选】

A. 增强理论素养，坚定马克思主义信仰　　B. 有助于评奖、评优

C. 提升自身综合素质，争做时代新人　　　D. 满足自身的求知欲

E. 学习带来的愉悦感

F. 有助于考取一个好的课程成绩

G. 追求真善美，宣传社会正能量

H. 提高意识形态辨别力，向错误思潮"亮剑"

I. 掌握国家发展大势，努力将个人发展融入社会发展洪流

J. 其他_____（请注明）

23. 您认为实际的思想政治教育与您的心理预期相差远吗？

   A. 高于预期　　　　　B. 跟预期差不多　　　C. 低于预期

   D. 离预期很远　　　　E. 不知道

24. 您在思想政治理论课上所收获的东西是否满足您的需要？

   A. 非常满足　　　　　B. 比较满足　　　　　C. 一般

   D. 不太满足　　　　　E. 不满足

25. 为了更好地掌握思政课上老师讲授的重要理论（或知识），您课下是否会花时间去钻研？

   A. 会的，通过各种渠道　　　B. 感兴趣的话题会去钻研

   C. 不太会，得过且过吧　　　D. 不会，有点浪费时间和精力

26. 您每天花多长时间使用网络？

   A. 5 小时以上　　　　B. 3—5 小时　　　　　C. 2—3 小时

   D. 2 小时以下

27. 您上网一般会做些什么？【可多选】

   A. 了解体育、文化、娱乐、财经新闻

   B. 了解国内外时事政治新闻

   C. 查找自己专业方面的学习资料

   D. 交友聊天、休闲娱乐

   E. 玩网络游戏

   F. 其他_____（请注明）

28. 贵校主要通过什么途径和方式对您进行思想政治教育？【可多选】

   A. 思想政治理论课课堂教学　　B. 专题报告、交流座谈会

   C. 学生管理　　　　　　　　　D. 文化宣传熏陶

   E. 实践活动　　　　　　　　　F. 网络、手机等媒介

   G. 其他_____（请注明）

29. 您希望老师通过以下哪些方式方法辅助思想政治教育教学来增

强您的获得感？

　　A. 央视影音、抖音、快手、火山、西瓜等视频播放软件

　　B. 思政学者、人民日报、新华网、光明理论、求是网、别笑我是思修课、微言教育等微信公众号

　　C. "大学生在线""青年大学习""大学生网"等学习网站

　　D. 雨课堂、智慧树、MOOC、爱课程网、超星学习通等网络资源平台

　　E. 手机端 App，如学习强国、学习通、人民智云、喜马拉雅等学习平台

　　F. 易班、天涯、猫扑、知乎、B 站等网络论坛和社区

　　G. 班级 QQ 群、微信群、本校的主题教育网站等平台

　　H. 其他_____（请注明）

30. 您的思想政治理论课老师在教学过程中运用过哪些教学方法？

　　A. 理论讲授　　　　B. 专题教学　　　　C. 案例研讨

　　D. 实践教学　　　　E. 多媒体教学　　　F. 情景剧教学

　　G. 微电影展示　　　H. 其他_____（请注明）

31. 您认为思想政治理论课的课堂教学内容存在哪些问题？

　　A. 不够接地气，有点抽象晦涩，难以亲近

　　B. 与大学生实际生活的关联度不高，难以产生共鸣

　　C. 与社会现实存在一定的背离，难以形成说服力

　　D. 其中一些内容与中学阶段存在重复交叉

　　E. 其他_____（请注明）

32. 思想政治理论课教师的下列情形，会在多大程度上影响您的思想政治教育获得感？（请在适当的地方打"√"）

	影响很大	影响比较大	影响一般	影响不大	基本没影响
A. 政治信仰坚定					
B. 理论水平较高					
C. 富有人格魅力					

续表

	影响很大	影响比较大	影响一般	影响不大	基本没影响
D. 教学富有艺术性					
E. 教学理念先进					
F. 说理比较透彻					
G. 语言生动具体					
H. 联系学生实际					
I. 结合社会热点					
J. 突出教学重点					
K. 教学态度认真					
L. 尊重关心学生					

33. 您的任课教师（除思想政治理论课教师外）是否会挖掘专业课程中的思想政治教育资源对您进行思想政治教育？

  A. 经常   B. 偶尔   C. 一般

  D. 很少   E. 从未

34. 您的辅导员会对你们进行思想政治教育吗？

  A. 经常   B. 偶尔   C. 一般

  D. 很少   E. 从未

35. 请评价您在高校日常思想政治教育中的获得感状况，请在适当的地方打"√"。

	很强	比较强	一般	不太强	不强
A. 基层党组织建设					
B. 校园文化活动					
C. 团组织建设					
D. 社会实践活动					
E. 心理健康教育					
F. 社团活动					
G. 创新创业教育					
H. 网络思想政治教育					
I. 日常事务管理					

续表

	很强	比较强	一般	不太强	不强
J. 职业规划与就业指导					
K. 后勤服务					
L. 资助帮扶					

36. 您觉得以下哪些因素会影响您的思想政治教育获得感？【可多选】

　　A. 我国经济社会发展中存在的问题与矛盾

　　B. 部分领导干部的违法、贪腐行为导致的党和政府的公信力下降

　　C. 网络虚拟空间的一些负面信息

　　D. 功利主义、金钱至上、享乐主义等不良社会风气

　　E. 错误社会思潮（如新自由主义、民粹主义、历史虚无主义、普世价值等）的传播与干扰

　　F. 思想政治教育对大学生的实际用处不大

　　G. 思政课的课堂效果

　　H. 个人所在学校、班级、社团、宿舍等其他人的思想观念

　　I. 其他_____（请注明）

后 记

本书稿是在我博士学位论文的基础上修改完成的。仔细一想，毕业至今已近两年。两年来，随着真正踏上思政课教学的讲台，我对大学生思想政治教育获得感、思想政治教育实效性等问题也有了一些基于"教师视角"的新思考，也常常督促自己要站在学生的角度去复盘与反思自己的教学供给。每每这时，总觉得书稿当中的一些论述，其实还有进一步优化、拓宽、深挖的空间。因而，这两年时常会把书稿拿出来作进一步的修改。现如今书稿即将付梓，内心感慨万千。

大学生思想政治教育获得感是高校思想政治教育重点关切的话题。本书的选题是与导师卢黎歌教授经过商讨确定的。卢黎歌老师作为国家级教学名师，多年来深耕思想政治教育理论与实践领域，提出思想政治教育要着眼"学习侧"特征、提高"影响侧"活力，重视"学生端"的感受与反馈，这启发着我从学生"获得感"的角度去思考高校思想政治教育的实效性问题。在此，首先要感谢我的导师卢黎歌教授。从书稿的选题、构思到定稿，从理论的探究到实践的调查，卢老师一次次不厌其烦地悉心指导，总能一针见血地指出问题所在，使我在无数次的困惑中豁然开朗，也是他的鼓励鞭策帮助我度过了一段难挨的时光。毕业之后，卢老师依然在学术上不断地指导与帮助我，在此，向卢老师致以衷心的感谢。同时，还要感谢燕连福教授、马忠教授、李景平教授、张云龙教授等，在我论文开题、中期和撰写过程中提出诸多宝贵的修改意见。感谢我的师门同窗，在学业的道路上与我并肩作战，在生活的旅程中为我排忧解难，使我倍感温暖。感谢我的家人，一直以来尊重并支持我的选择，让我始终勇敢前行。感谢我的工作单位长安大学马克思主义学院对本书出版的大力支持。最后，还要感谢中国社会科学出版社的刘艳老师，感谢她在本书的出版过程中给予的帮助。

虽经多次修改，但由于本人学识所限，书稿仍有不完善之处，以后定会加倍努力。敬请各位学界前辈批评指正！

吴凯丽
2023 年 12 月